聊城大学学术著作出版基金资助

中国
双向投资动态演变及
决定因素研究

马 霞◎著

Research on the Dynamic Evolution and
Determining Factors of
China's Two-way Investment

经济管理出版社
ECONOMY & MANAGEMENT PUBLISHING HOUSE

图书在版编目（CIP）数据

中国双向投资动态演变及决定因素研究 ／ 马霞著.

北京：经济管理出版社，2024. -- ISBN 978-7-5096
-9829-7

Ⅰ．F832.48

中国国家版本馆 CIP 数据核字第 2024PE5393 号

组稿编辑：曹　靖
责任编辑：杜　菲
责任印制：张莉琼
责任校对：王淑卿

出版发行：经济管理出版社
　　　　　（北京市海淀区北蜂窝 8 号中雅大厦 A 座 11 层　100038）
网　　　址：www. E-mp. com. cn
电　　　话：(010) 51915602
印　　　刷：唐山昊达印刷有限公司
经　　　销：新华书店
开　　　本：720mm×1000mm/16
印　　　张：16. 75
字　　　数：258 千字
版　　　次：2024 年 8 月第 1 版　　2024 年 8 月第 1 次印刷
书　　　号：ISBN 978-7-5096-9829-7
定　　　价：88. 00 元

前　言

　　经过 40 多年的改革开放和外向型经济发展，中国外商直接投资流入规模保持稳定，对外直接投资快速发展，迄今为止中国已成为全球最大的国际直接投资东道国和来源国之一，在双向投资格局中的地位不断提升。作为发展中国家"领头羊"的中国虽然在双向投资方面表现突出，却没有充足的双向投资发展经验，"摸着石头过河"成为双向投资发展常态，明确双向投资的协调发展道路、制定行之有效的发展战略、权衡东道国与母国双重身份下的利益分割等问题迫切需要关注。本书试图建造一个双向投资指数用以反映一个国家或地区的双向投资地位，并研究其双向投资地位的动态演变及决定因素。

　　研究发现，中国已经从一个单纯注重引资的东道国转变成一个兼具投资母国与投资东道国双重角色的国家。美国、日本和韩国的双向投资经验各具特色，对中国具有一定的借鉴意义，但需要根据中国国情的特殊性加以甄别和调整。纵观主要发达国家的双向投资发展过程，仍以对外直接投资（OFDI）规模超过外商直接投资（IFDI）规模为主要特点，而中国长期以来是 IFDI 规模大于 OFDI 规模。中国双向投资按照发展规模可以分为双向投资空白期、IFDI 试探期、双向投资形成期、双向投资调整期和双向投资协调转型期五个阶段。以美国、日本和欧盟为代表的发达国家（地区）和以东盟等为代表的发展中国家（地区）与中国的双向投资情况各有差异，需要有针对性地对双向投资进行引导。

本书借鉴双向贸易指数，建立新双向投资指数（TI 指数）对 IDP 理论进行调整，旨在更科学地度量双向投资的部分情况，双向投资指数越高的国家，其双向投资程度越深，相反则双向投资程度越弱。比较全球 119 个国家 TI 指数与人均 GDP 之间的关系，发现 TI 指数较小的国家多数是低收入发展中国家，这些国家处于开放经济起步阶段，对外投资能力很弱，以吸收外商直接投资为主。TI 指数较高的国家往往是高速发展的新兴经济体或发达国家。新指数下的 IDP 理论的适用性在总体样本、发达国家样本、发展中国家样本之间都得到显著提高，并呈现二次型特征，其中发达国家样本呈现倒 U 形特征，发展中国家样本呈现 U 形特征。本书预测随着经济的发展，双向投资指数将围绕 1 上下波动，双向投资趋于均衡。

新指数下的 IDP 理论虽然证实了 TI 与 GDP 之间存在相关关系，但二者之间不一定是因果关系，双向投资与发展之间的关系犹如一个"黑箱"。中国地区双向投资发展极其不平衡，各省份投资情况参差不齐，TI 指数差异较大，地区性的双向投资不均衡趋势仍未改变。为了打开中国省际双向投资路径"黑箱"，需要进一步研究中国双向投资动态演变的决定因素。本书通过建立 8 个假设对 IDP 理论进行扩展，决定因素贸易开放度（TRA）、劳动力成本（LC）、环境规制（ERS）、技术水平（TEC）、人口素质（EDU）、经济结构（TER）、政府行为（MON）及金融危机（SHOCK）的计量结果与理论假设一致。

IFDI 与 OFDI 对经济多方面具有重要影响，不同类型的 IFDI 与 OFDI 往往存在不一致或冲突，促进二者的相互协调成为必要。从战略意义上，本书分析了双向投资协调对国际贸易、产业升级及全球价值链提升的重要作用。为防止中国地区间双向投资差异的进一步扩大，本书提出了在宏观上重视新常态的经济发展背景，兼顾中国投资国与东道国的双重身份，提高市场作用与政府导向协作效率等政策建议；在具体环节上，分别针对外商直接投资和对外直接投资给出了针对性的策略调整。

本书最终得以出版，特别感谢聊城大学学术著作出版基金、聊城大学博士科研启动基金项目（321051713）的资助，感谢聊城大学商学院和南开大学经济学院在本书研究和写作过程中给予的大力支持。由于笔者水平有限，书中的不足之处和需进一步完善之处在所难免，希望广大读者不吝赐教！

目　录

第一章　导论

第一节　研究背景与研究思路

一、研究背景

经过 40 多年的改革开放和外向型经济发展，中国外商直接投资流入规模保持稳定，对外直接投资快速发展，迄今为止已成为全球最大的国际直接投资东道国和来源国之一。中国双向投资的发展并不是一蹴而就的，其间经历了多个关键节点。例如，根据联合国贸易发展会议（UNCTAD）《2015 年世界投资报告》显示：2014 年中国首次超过美国成为全球第一大外资流入国，吸收外商直接投资金额约为 1290 亿美元，同比增长4.03%；对外投资第三大国，对外直接投资金额约为 1160 亿美元，同比增长 14.9%。另外，根据中国商务部统计，2014 年，中国实际使用外资约为 1196 亿美元，同比增长 1.7%；非金融类对外直接投资为 1029 亿美元，同比增长 14.1%；如果包括中国企业在境外利润再投资和第三地投资，中国实际上已经成为资本净输出国家。《2019 年世界投资报告》统计显示，全球外国直接投资流量持续三年下滑，这种负面趋势是消极的投资情绪及保护主义抬头的具体体现。2020 年全球外商直接投资（FDI）同比降幅 35%，创 2005 年以来的新低，然而《2020 年度中国对外直接投资统计公报》显示，2020 年中国对外直接投资流量达到 1537.1 亿美元，首次位居全球第一，同比增长幅度为 12.3%，并且对外直接投资与外商直接投资基本持平。《2021 年中国国际收支报告》统计数据表明，2021 年中国跨境双向投融资持续活跃，来华直接投资较 2020 年增长 32%，创历史新高。在国际局势纷繁复杂的背景下，中国仍然保持着较高的吸引力和活跃度。

综合数据显示：中国仍然是世界范围内的最具投资吸引力的目的地之一，对外直接投资发展迅猛，参与国际化生产的程度持续加强，中国在双向投资格局中的地位不断提升，这是中国开放型经济发展到较高水平的重要标志。

在第四次工业革命和世界产业结构重构的大背景下，综观世界各国经济政策，几乎所有国家都把 IFDI 与 OFDI 作为参与全球化生产的重要路径，努力把握时机在价值链中占有一席之地。近年来，中国经济水平处于发达国家与不发达国家之间的位置，成为新兴的发展中大国，长期以来是接受全球 FDI 流入的主要目的地之一，位列发展中国家第一位，并且逐渐发展成为 FDI 流出的最大发展中国家。然而，作为发展中国家"领头羊"的中国虽然在双向投资方面表现突出，同时具备多元化的特征和优势，却没有充足的双向投资发展经验，"摸着石头过河"成为双向投资发展常态，明确双向投资的协调发展道路、制定行之有效的发展战略、权衡东道国与母国双重身份利益均衡等问题已经迫切需要关注。

然而，中国乃至大多数国家都没有在宏观上对引进外商直接外资与对外直接投资进行逻辑统一的管理和控制；从浅层次看，吸收外商直接投资与对外直接投资只是一个国家对外开放的两条反方向的道路；但从逻辑关系来看，二者既具有相互区分、相互独立的表面关系，也具有相互协调、相互联系和相互制约的深层关系。关于吸引外资与对外投资的研究，长期以来以约翰·邓宁提出的投资发展路径理论为主（IDP 理论），但 IDP 理论主要描述一国从"外资流入"到"对外投资"单方向的发展历程，并指出吸引外资为对外投资能力的积累起到了积极的推动作用。双向投资应该是一个有机的作用整体，其动态演进、决定因素，及其对经济的影响需要科研工作者进行更深入的研究，在新形势下为中国和其他发展中国家的双向投资提供理论依据，具有非常重要的现实意义。

并且，中国现阶段还是一个特殊的发展中转型经济体，面临经济结构调整和增长方式转变的双重压力。2014 年 5 月，中共中央总书记习近平在河南考察时首次以"新常态"描述新周期中的中国经济状况，并指出"新常态"将给中国带来新的发展机遇。2010 年以来中国经济增长速度明显下降，国内生产成本升高、投资收益下降，技术进步方式变化，出口导向型经济的不可持续性促使中国进入一个增长动力切换和发展方式转变的"新常态"。在双向投资方面，中国引进外资经历 40 多年的发展，增速放缓将是长期趋势；而对外投资的增长则正处于新兴、加速的过程。伴随着中国经济转型升级带来的比较优势转换，以及国际经济环境的不断变化，未来中国对外直接投资超过外商直接投资趋势已是不可逆转。如何在中国经济新常态时期实现"高水平引进来"和"大规模走出去"战略相互促进、平衡发展，主动引导、塑造国际经济体系，打造全球价值链、产业链和供应链，是当前引发各界深入思考和研究的重要论题。2020 年 4 月习近平总书记在中央财经委员会第七次会议上首次提出，要构建国内国际双循环相互促进的新发展格局。中国双向投资与双循环格局在理念上、目标上及作用机制上保持高度契合。双循环格局为中国双向投资的高质量发展提供了一个更深刻的思路和蓝图。

长期以来，引进外资和对外投资都受政策的影响较大；加入 WTO 以后，中国市场经济改革不断加深，市场作用对双向投资的引导逐渐加大。在转型经济环境中，市场作用和政策导向这两种力量既存在矛盾性，也存在共存性，研究如何测度和平衡政策导向与市场作用对双向投资的影响，可以减少市场与政策的冲突，为更好地制定双向投资政策提供有益指导，可改善我国的投资环境并增强本国的对外投资能力。

二、研究思路

本书的主要研究思路是在主要国际直接投资研究成果的基础上，建造新的双向投资指数，对世界整体、发达国家及发展中国家进行检验，结果发现，新指数下的 IDP 理论对发达国家和发展中国家适用性比传统 IDP 理论更好；为进一步打开发展水平与双向投资之间关系的"黑箱"，以我国的双向投资为研究对象，运用我国各地区样本探索决定中国双向投资发展路径的因素，并对双向投资协调发展进行战略性分析，提出行之有效的政策建议。

具体来说，按照以下逻辑思路展开：首先提出问题，结合当前全球经济增速放缓、中国经济新常态、双循环发展格局的研究背景，提出研究双向投资发展规律的必要性；其次分析问题，全面分析代表性国家和中国双向投资的现状、发展趋势及特点，建立理论假设并运用计量方法对双向投资的影响因素进行检验；最后解决问题，从国际贸易、全球价值链、产业升级、国际政策和法规、区域贸易和投资协议等角度论述中国双向投资协调发展的具体步骤，同时，有针对性地就如何制定双向投资制度提出相关政策建议。

本书共 11 章，研究路线如下：第一章导论，分析双向投资的研究背景和研究意义，并对相关的概念和原理给予界定和厘清，交代了研究方法和创新点。第二章对经典的国际直接投资理论进行了详细的理论综述，并且特别分析 IDP 理论的内在逻辑、发展过程和有关的实证检验。此外选取代表性国家（地区）的双向投资经验（美国、日本、欧盟、韩国）进行详细比较研究，给出双向投资的一些不同演变过程的特例。第三章重点讲述中国双向投资的动态演变、原因及困境。首先分析了中国双向投资的整体情况，其次分析了中国与代表性发达国家和代表性发展中国家之间的双向投资，全面而直观地看到中国从 2005 年以来对外直接投资对外资流入的赶超趋势，中国面临双向投资协调发展的问题。第四章进一步比较了中国地区性双向投资演变及差异性，分为东中西视角和代表性省份视角。第五章提出了新的双向投资指数，利用跨国面板检验了新指数下的 IDP 理论，其拟合度比传统指数要高，对发达国家和发展中国家均具有适用性。第六章测度了中国省际的双向投资指数，进一步探索影响中国双向投资差距和演变路径的决定因素，并通过理论假设和实证检验证明了包括贸易依存度、劳动力成本、环境规制、技术水平、人口素质、经济结构、政府行为和金融危机在内的八大影响因素。第七章研究了中国双向投资的影响，并进行了实证分析。第八章为新形势下中国双向投资新趋势及战略调整，基于数字经济背景、RCEP背景、逆全球化背景。第九章测度了中国双向投资的风险情况。第十章从国际贸易、产业升级、全球价值链的角度分别论述了双向投资协调发展的重要性和战略意义，同时有针对性地对中国双向投资协调发展提出政策建议。第十一章得出主要结论并提出研究的不足和未来研究方向。

图 1-1 为本书的研究框架和技术路线：

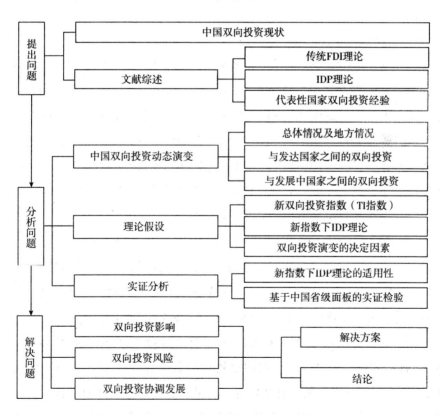

图 1-1 本书的研究框架和技术路线

第二节 相关概念界定

一、双向投资的几种含义

双向投资这一名词在很多领域都各自定义，如在金融投资领域、资产管理领域、审计与财务领域等都对双向投资赋予了特定含义，本书所研究的双向投资属于跨国直接投资（Foreign Direct Investment，FDI）领域的范畴，具体指外商直接投资与对外直接投资的总称，该定义由单向的 FDI 延伸而来。

跨国投资领域关于双向投资的提法有以下四种：

第一种：内向型外商投资（Inward of FDI，IFDI）与外向型外商投资（Outward of FDI，OFDI）。IFDI 和 OFDI 是按照资金方向原则下所使用的术语，该术语起源于 2008 年 OECD 发布的《OECD 外国直接投资基准定义（第 4 版）》（BD4）。BD4 的出台标志着 FDI 统计对象、范围和方法的规范化程度取得了新进展，BD4 根据方向原则将 FDI 分为内向 FDI（Inward FDI，IFDI）和外向 FDI（Outward FDI，OFDI），BD3 虽然已经考虑按照方向原则处理反向投资，但 BD4 进一步考虑了成员企业之间的投资。国际收支平衡表、《中国统计年鉴》和《中国外资统计》都有关于 IFDI 和 OFDI 交易数量的数据，由于统计方法和统计误差的存在，所公布的数据往往有所出入，但所指范围大致相同。也有一些文献简单地用 FDI 流入和流出来定义双向投资，内容大致与 IFDI 和 OFDI 相同，一并归入第一种含义。

第二种：外商直接投资（FDI）和对外直接投资（Outward Direct Investment，ODI）。这是国内对双向投资使用较多的一类名词。对中国来说，改革开放 40 多年来，引进外资一直是研究的热点，政府文件和法律条文对其有较统一的称谓，即外商直接投资，领域内权威的名词术语为

FDI，国家对引资政策的制定也非常丰富。由于我国对外直接投资的研究起步较晚，政府和学术界对其重视程度逐步加深，所以对其命名并不统一，如海外直接投资、企业对外投资和境外直接投资等；根据《中国统计年鉴》和《对外直接投资公报》等权威统计资料的使用名称，沿用对外直接投资（OFDI）这一名词来表示中国对外国的直接投资。

第三种：FDI 与逆向性 FDI。在双向投资研究初期，文献里较早反映方向性投资的研究议题为 FDI 与逆向性 FDI。因为中国的 FDI 起步较早，而对外直接投资较晚，因此早期文献把中国对外直接投资看作是 FDI 的逆向流动。随着研究的深入和中国对外直接投资的发展，广大学者发现 FDI 与逆向性 FDI 只属于双向投资的一种特例，这种定义具有狭隘性和片面性，不应与双向投资混为一谈。

第四种：双边投资（Bilateral Investment）。双边投资也属于双向投资的一种更狭义的名词，较多地在双边投资协定研究中出现，特指中国与境外一国（或地区）进行的双向直接投资，是双向投资重要的组成部分。

二、本书定义并研究的双向投资

尽管国内外学者由于研究的侧重点不同，对双向投资这一概念的分析与表述存在差异，但其中心观点却是一致的，即国际直接投资流动的非单向性。综合以上关于双向投资的提法，本书将根据研究的广义范畴和狭义范畴把双向投资分为两个层面进行研究，广义层面综合第一种和第二种定义，把双向投资定义为外商直接投资与对外直接投资，为突出方向性，以英文缩写 IFDI 与 OFDI 进行符号代替。狭义的双向投资是指双边投资，即研究中国与别国（地区）双向投资的情况。

三、其他概念界定

直接投资流出的国家被称为投资来源国（简称投资国或母国），直接投资流入的国家被称为东道国。同一投资行为对东道国来说是外商直接投资的流入（IFDI），而对母国来说则是直接投资资本的流出（OFDI）；同样，一个国家由于同时具有直接投资的流入和流出，往往兼备东道国和母国的双重身份。从事这种国际直接投资活动的企业称为跨国公司（Transnational Corporations，TNCs or Multinational Corporations，MNCs）。

发达国家（Developed Country）是指经济发展水平较高，技术较为先进，生活水平较高的国家，又称为已发展国家、工业化国家、高经济开放国家等。发达国家大多具有较高的人均国民生产总值，但是通过开发自然资源也可以达到较高的人均国民生产总值，这样的国家则不一定有较为先进的技术，如中东石油输出国的人均国民生产总值比发达国家高，仍然不能称为发达国家。根据联合国经济合作组织的概念，广义的发达国家有24个；2007年国际货币基金组织（IMF）的世界经济展望报告中所指发达经济体为29个，其与联合国经济合作组织分类标准的差异之处为：IMF把亚洲几个新兴经济体韩国、新加坡、中国台湾、中国香港[1]和以色列划分到发达国家（或地区）。联合国贸易与发展会议（Unite Nation Conference of Trade and Development，UNCTAD）按照人类发展指数分类标准把发达国家归为28个。

本书研究不纠缠于对发达国家和发展中国家的定义，综合三种标准，把小样本发达国家归为如下28个：

亚洲：日本。

美洲：美国、加拿大、巴哈马。

欧洲：法国、英国、德国、意大利、瑞典、芬兰、丹麦、挪威、荷兰、比利时、瑞典、奥地利、土耳其、希腊、冰岛、爱尔兰、卢森堡、葡萄牙、西班牙、马耳他、塞浦路斯、捷克。

大洋洲：澳大利亚、新西兰。

由于亚洲四小龙[2]已经具备发达国家特征，并与中国经贸来往密切，用小样本的28个国家加亚洲四小龙作为大样本发达国家（或地区）。

---

① 按照经济主体的分类习惯，本书把来自我国香港特别行政区、澳门特别行政区和台湾省的直接投资归于 IFDI；把对香港特别行政区、澳门特别行政区和台湾省的直接投资归于 OFDI。

② 亚洲四小龙是指亚洲的中国香港、新加坡、韩国和中国台湾。

发展中国家（Developing Country）是与发达国家相对的概念，经济上比较落后，人民生活水平普遍不高，包括亚洲、非洲、拉丁美洲等地区的130多个国家。发展中国家占世界陆地面积和总人口的70%以上，并且地域辽阔、人口众多、有广大的市场和丰富的自然资源。世界上主要的发展中国家有中国、印度、巴西、俄罗斯①，非洲各国，亚洲（除日本、韩国、新加坡以外）各国，东欧及拉丁美洲各国。

本书在研究中选取了在利用外资和对外直接投资中具有一定影响和代表性的国家或地区进行了对比分析，试图总结出双向投资演进过程中的部分特点。

另外，使用的世界各国 IFDI 与 OFDI 数据源于联合国贸易与发展会议（UNCTAD）的数据库，该数据库的统计口径与 OECD 和 IMF 统计口径一致，且具有较高的权威性，但这一统计数据过分宏观，无法分析 FDI 的产业和区域流向，因此，在对各个国家 FDI 产业和区域的分析过程中，又采用国别的统计数据。从理论上分析，世界总 IFDI 与 OFDI 数值应该是相等的，因为总的外资流入也是总的外资流出，但是因为统计方法和国际数据统计误差较大等原因，全球 OFDI 与 IFDI 并不一致。

第三节　研究方法与创新点

一、研究方法

本书在探讨中国双向投资动态演变和协调发展的过程中，注重理论与实际相结合，从多视角、多层次、多方法全面而深入考察问题的整体与局部。综合全书，使用的研究方法主要有以下四种：

---

① 以俄罗斯为主的转型经济体，由于其经济特征与发展中国家类似，故归入发展中国家。

（一）时事追踪与文献总结相结合的研究方法

中国双向投资与国内外复杂的经济环境密切相关，时事追踪可以针对经济事件做出评价和估测，回答国内外经济事件的"为什么"、"是什么"和"应该是什么"等问题，为双向投资演变找到原因和事实依据。本书系统梳理双向投资相关的理论和实证文献，为建立双向投资指数，测度双向投资演变的决定因素打下坚实的理论基础。在收集大量相关中外文献时，通过获得国内外印刷资料、网络资料、领域内知名专家和学者的个人网页资料、相关机构和政府网站资料、国内外著名电子数据库提供的资料，内容翔实、丰富、全面，力求掌握最新的研究成果、把握新的研究方向。时事追踪与文献梳理相呼应体现了学以致用，实践与理论相结合的研究思路。

（二）归纳和演绎相结合的研究方法

立足于大量统计数据的收集、归纳和演绎的基础上，归纳与演绎相结合的研究方法将贯穿于全书章节，如在分析中国双向投资演变过程中，对中国双向投资的发展阶段运用归纳和演绎的方法总结出一般规律和经验，并指出中国这一代表性发展中国家与其他代表性国家双向投资存在的差异和共同点，为扩展 IDP 理论做好铺垫。归纳与演绎虽属不同的推理方式，但矛盾与统一并存，是认识事物内在规律较为常用的辩证方法，体现了从个别到一般的过程。

（三）理论分析与实证分析相结合的研究方法

为对新指数下 IDP 理论进一步扩展，通过前文分析和更深层次的理论分析做出中国双向投资演变影响因素的理论假说，在对该理论假说深入探讨后，利用中国省际双向投资指数和其他变量的面板数据对本书的理论假说进行了计量检验，力图对理论假设进行验证，证明了贸易开放度、劳动力成本、环境规制、人口素质、技术水平、经济结构、金融危机对中国双向投资的演变起到了非常显著的作用。这种理论假设与实证分析相结合的研究方法不但明确了研究的基础和方向，并且通过严谨的计量方法对假设进行求证和检验，体现了研究的规范化。

（四）比较分析与政策分析相结合的研究方法

本书不但对代表性国家的双向投资进行比较分析，还对各国外资政策进行总结，对比其经验和教训，并进一步与中国双向投资的演变过程和经济政策进行对比。此外，把中国和发达国家之间的双向投资与中国和发展中国家之间的双向投资进行比较分析，试图寻找全球化背景下各经济体存在的特殊性和统一性。对中国外商直接投资和对外直接投资进行比较分析，权衡中国作为东道国和母国的利弊，并对比政府和市场在协调中扮演的重要角色，为促进 IFDI 与 OFDI 的协调发展寻找更有效的政策方针。

二、主要创新点

关于跨国投资的相关研究已经很多，然而大部分都是分别考察 IFDI 或 OFDI，极少文献将双向投资放在同一框架下研究，因此，本书的撰写也是对以往文献的补充和完善。

本书的主要创新点总结如下：

（一）研究视角方面

以往众多关于跨国投资文献通常把外商直接投资与对外直接投资分为独立的两条分析线路，较少考虑把 IFDI 与 OFDI 放在同一框架下研究，随着经济的发展，双向投资协调发展已经成为必然，而相关研究却"凤毛麟角"。本书从新的研究视角出发，考察一国具有东道国和投资国双重身份的统一性与差异性，进一步揭示双向投资发展规律。

（二）经验研究方面

系统分析了中国广义和狭义双向投资的趋势和特点，分别从世界和国别的角度，总结出中国双向投资演变路径；通过把中国与代表性国家双向投资经验进行对比分析，得出中国与其他国家双向投资的异同，以便为中国双向投资自身发展提供经验与对策。

（三）理论假说方面

国际直接投资理论大致分为从东道国视角研究的外商直接投资理论（IFDI 理论）和以投资国或母国为研究视角的对外直接投资理论（OFDI

理论），两条线路往往相互独立。随着全球化的不断加深和各国经济的发展，大部分国家广泛开展双向投资，已经具有投资国和东道国的双重身份，将 IFDI 理论与 OFDI 理论放在同一框架内研究成为值得探究的新领域。本书对双向投资理论进行了详细的理论综述和新的解读，对双向投资理论做了进一步探索。

基于 IDP 理论，建立了一个新的双向投资指数（TI 指数）。世界总样本和发展中国家新双向投资指数与人均 GDP 呈现 U 形特性，与发达国家呈现倒 U 形特征，并且显著性水平很高，提高了投资发展路径理论在世界范围内的适用性。为深入考察影响中国双向投资演变的因素，试图打开决定双向投资与发展水平之间动态关系的"黑箱"，理论上解释了双向投资变动的原因，通过理论假设总结出包括贸易开放度、劳动力成本、环境规制、技术水平、人口素质、经济结构、政府行为、金融危机在内的八个决定因素，并通过计量分析方法对其进行实证检验，进一步拓展了新指数下的 IDP 理论。

（四）政策建议方面

中国双向投资近年虽然取得了跳跃式的发展，但实际是处于"似强非强"的状态，需要从国际贸易、产业结构调整与全球价值链等方面进行政策的战略调整，促进双向投资协调发展。此外，本书重点从中国双向投资协调发展的角度给出政策建议，并强调与各省份经济发展相适应，在全国统一的大目标下进行异质化的地区管理。

第二章　相关理论综述与
代表性国家经验

第一节　国际直接投资理论

国际直接投资理论可以分为外商直接投资和对外直接投资两条线路，其中外商直接投资（IFDI）理论是从东道国的视角研究，而对外直接投资（OFDI）理论则是以投资国或母国为视角进行分析，两条线路往往是相互独立的。随着全球化的不断加深和各国经济的发展，大部分国家广泛开展双向投资，已经既具有投资国身份，又具有东道国身份，将 IFDI 理论与 OFDI 理论放在同一框架内研究成为必然。

一、对外直接投资理论：投资国角度

"二战"以后，发达国家的经济实力得到了快速发展，大批企业进行跨国经营活动。发达国家没有经历中国这样的引资过程，而是从对外直接投资开始参与国际化生产。因此，最早的外商直接投资理论源自发达国家为投资国（母国）的经济状态，即 OFDI 理论。

（一）垄断优势理论（Monopolistic Advantage Theory）

20世纪60年代，海默（Hymer Stephen）和金德尔伯格（Charles P. Kindle Berger）提出了垄断优势理论，又名海默—金德尔伯格理论。垄断优势理论认为企业拥有的垄断优势是对外直接投资的决定性原因。从产业组织学来分析，企业的垄断优势源自市场的不完全性，如：①不完全的产品市场，如企业产品的差异化、价格操纵、商标和品牌等；②不完全的要素市场，如保密技术、特有专利、各种资源专用等；③规模经济和外部经济的不完全；④宏观调控的不完全，如税收政策、汇率政策等。导致这种市场不完全性的原因有国内市场因素和国际市场因素，如：①基础设施与技术因素，如落后的基础设施往往会造成当地信息流通性差，商品覆盖率低下等问题，必然导致市场交易成本的增加；②市场结构因素，不完全市场普遍存在，只有少数为完全市场，大多数行业具有垄断性竞争、寡头垄断或独家垄断；③体制方面的因素，包括关税、税收、汇率和利率等，都会造成市场分割，导致不完全市场。

自垄断优势理论问世后，其他学者以此为基础不断进行完善，主要贡献有：①技术优势。包括知识和信息等无形资产，因为技术优势可以体现投资企业的独特性，因此是新产品、新工艺最具核心的构成部分，最受东道国青睐。②低成本优势。包括投资国企业能够达到东道国国家达不到的生产规模，利用该优势对外直接投资，进行规模化生产，从而降低成本。③强势货币优势。美国对外直接投资企业大多实力雄厚，企业的知名度、信誉、经济地位可以使其更容易获得贷款或筹集资金；另外，坚挺的美元货币在一定程度上获得了通货溢价的额外收益。④管理优势。对外直接投资的企业在管理和组织上都具有较高水平，具有大批经验丰富的管理人员和高效的组织机构，以上这些因素都是当地竞争对手无法具备的特殊优势。

垄断优势理论对跨国投资理论具有重要意义，从垄断优势理论可以分析当代跨国投资的很多问题。然而随着经济的多样化发展，垄断优势理论的局限性逐渐显现，解释力不断下降。当垄断优势理论产生时，全球的国际化水平较低，垄断优势可以解释大部分的投资行为，而经济高速发展的时候，垄断优势并不是跨国企业开展对外直接投资的充分条件，只是必须条件，如具有垄断优势的企业可以通过国内扩展、技术转让、出口等方式获得可观收益，而不必进行对外直接投资。此外，垄断优势理论无法解释发展中国家企业日益增多的对外直接投资行为，从动机上分析，这些发展中国家企业正因为缺乏技术优势才通过进行对外直接投资获得技术和管理经验。

（二）比较优势理论（The Theory of Comparation Advantage）

小岛清（Kojima）第一次把国际贸易理论中的比较优势引入到国际投资领域以研究日本的对外直接投资行为，并将其与美国的对外直接投资行为对比，由此提出了比较优势理论。比较优势理论以比较成本和利润率为切入点展开分析，指出具有比较优势的企业，采用出口扩展国际市场，而失去比较优势的企业则应需要开展对外直接投资。

小岛清以日本对外直接投资为例，总结出两种可以进行对外直接投资的情况。第一种情况：东道国生产成本低且资源丰富，但自身无法利用，日本可以通过对其进行直接投资，发挥自身比较优势，取得较高利润。

第二种情况：东道国由于缺乏资金、技术及管理经验而无法培养有潜在发展能力的优势企业，而日本恰恰在该行业已经失去比较优势，可以对该东道国进行直接投资。小岛清从投资国的角度认为日本对外直接投资动机分为寻求自然资源、寻求廉价劳动力、寻求市场及生产和销售国际化四种类型。

比较优势理论虽然以日本对外直接投资为研究对象，但对东道国和投资国的比较利益给予了同等重视，兼顾二者的利益异质性，使东道国乐于接受日本的投资，达到双赢的局面，并且与贸易导向并行不悖。比较优势理论反映了发达国家对发展中国家直接投资的动因和方式，它对中国的IFDI 与 OFDI 都有一定的借鉴意义。

比较优势理论的局限性在于其分析以投资国为主体，忽视了企业本身的因素对对外直接投资的影响。在经济实践中不同企业对外直接投资的目的是不一致的，比较优势理论难以解释复杂世界经济环境下的企业对外投资行为。比较优势理论仅从发达国家向发展中国家进行直接投资的方向进行分析，发展中国家一直处于被动地位，无法解释发展中国家向发达国家的直接投资行为，其主要目的是解释 20 世纪 70 年代日本的对外直接投资。

（三）内部化理论（Internalization Theory）

1976 年巴克莱（Peter J. Buckley）和卡森（Maik C. Casson）通过把科斯关于交易费用的观点引入到企业的对外直接投资中来，提出了内部化理论。该理论指出市场的不完全和交易成本促进企业建立内部市场来取代外部市场。需要注意的是该理论强调市场不完全并非垄断优势理论认定的产品差异、规模经济、市场障碍等，而是指因市场不完全或垄断因素的存在而导致的市场交易成本的上升。

过去对外直接投资理论较少考虑生产领域之外的活动，如研发、筹供、市场营销、管理等，这些活动相互依赖，并与中间产品有关，中间产品不只是实物形态的原材料、半成品，也包括技术、专利、人力资本等知识形态。尤其是与知识有关的中间产品定价困难，市场交易成本较高，影响公司盈利。内部化是否产生，取决于内部化的净收益是否能达到决策者对预期收益水平的要求。内部化理论实际上从主观方面寻求对外直接投资的特点，只能解释纵向一体化的 OFDI，无法对交易内部化做出有力证明，因此存在较大的局限性。

（四）国际产品生产周期理论（Product Life Cycle Theory）

雷蒙·费农教授于 1966 年在研究美国制造业的 OFDI 与产品生产周期的关系时，首次提出了国际产品生产周期理论。通过考察美国 OFDI 的流向、动机与时间的特点，费农把产品生命周期分为产品创新阶段、成长阶段和标准化阶段。在第一阶段，国内市场潜力巨大，公司对技术具有绝对垄断能力，因此该阶段一般在国内生产，并不进行 OFDI。在第二阶段，产品生产技术已经成熟，国内外需求量增大并且伴有国外企业的竞争，垄断优势开始丧失，这时本国企业开始对外直接投资，以阻止其他竞争者抢占市场。在第三阶段，生产技术完全扩散，垄断优势完全丧失，价格竞争成为常态，为了降低生产成本，企业开始对发展中国家进行直接投资，以获得廉价劳动力和其他生产材料。

产品生命周期理论将时间维度引入对外直接投资领域，把跨国投资研究从静态扩展到动态，并将贸易、流通、生产及投资联合一体，极大地丰富了对外直接投资理论。然而，该理论只能解答发达国家向发展中国家投资的理由，对发达国家之间的双向投资和发展中国家的对外直接投资行为无法解释。

（五）发展中国家对外直接投资理论

自20世纪60年代以来，OFDI理论长期以发达国家为研究对象。随着80年代部分发展中国家的崛起，其跨国企业不断展开境外投资活动，以往的投资理论均无法很好地解释这种现象。众多学者对发展中国家对外直接投资做出了解释。例如，美国经济学家提出的小规模技术理论、英国经济学家拉奥提出的技术地方化理论、市场控制理论等。

二、外商直接投资理论：东道国角度

上节的理论主要是西方经济学家分析投资国对外投资的动因，虽然也涉及东道国吸引外资，但研究主体仍然为投资国。随着跨国企业的蓬勃发展，理论逐渐从以投资国为研究主体扩展为以东道国为研究重点的跨国投资理论——外商直接投资理论（IFDI理论）。

（一）区位优势理论

区位优势是指某一个东道国能为其境内从事直接投资的跨国企业提供的便利条件。便利条件可以由该地区的经济状态、自然条件决定，也可以由东道国政府的政策、法规所决定。东道国吸引外资的区位优势表现在以下几个方面：①原材料因素。为了保证原材料的供应，跨国企业为了实现纵向经济一体化，往往会对拥有这种原材料的东道国进行直接投资。②政府政策。东道国政府的外商直接投资政策和法律法规往往会吸引外商直接投资的流入，成为外商直接投资重要的决定因素。但是部分税收政策、对外汇的管制和控制也可能阻止外资的进入。③廉价劳动力。技术标准化的企业往往注重降低成本，从而把企业转移到劳动力低廉的发展中国家。④贸易壁垒。投资国为了绕过东道国的贸易壁垒，成为决定区位优势的重要因素。

区位优势理论从东道国角度说明了外商直接投资流入的决定因素，扩大了 FDI 理论的解释能力，解释了为何跨国企业愿意到 A 东道国投资而不是 B 东道国。区位优势理论同其他理论相结合往往可以解释更为复杂的双向投资活动。区位优势理论也并不是完备的，区位理论无法解释出口与 FDI 之间随时间而替代的关系，因为一个国家的区位因素大体是稳定的，但贸易与 FDI 的选择却在不断变化，所以，区位优势理论不是动态而是静态的理论。

（二）双缺口理论

钱纳里（Chenery）和斯特劳特（Strout）从东道国的角度，提出了双缺口模型，双缺口是指储蓄缺口和外汇缺口，认为引进外资可以弥补储蓄与投资之间的差额，改善国际收支逆差问题，走出国内资金短缺困境，当 IFDI 正好等于东道国资金缺口时，东道国的经济资源得到充分使用，促进经济增长。双缺口模型已经引起了发展中国家的广泛重视，按照该理论的指导，在债务负担较重时，发展中国家应该积极吸引外资并合理使用外资，刺激经济活力和增强抗压能力，不断地调节国内经济状况，彻底解决国际收支危机。

（三）外部效应理论

FDI 的外部效应是指东道国在利用外商直接投资的过程中获得的收益或损失。跨国企业到东道国经营，一定程度上对东道国产生外部效应，这种外部效应既包括正的外部效应，也包括负的外部效应，正的外部效应称为溢出效应，负的外部效应称为挤出效应。关于 FDI 外部效应研究最多的是溢出效应。IFDI 的溢出效应最早由 MacDougall 在 1960 年提出，他通过研究 IFDI 对东道国福利的影响把溢出效应扩展到外商直接投资领域。在后来的研究中，学者们广泛认为溢出效应主要由 IFDI 的外部效应决定，跨国企业不能获得所有的经营收益，东道国由于其带来的技术进步等正的外部效应，提高了本国的生产率，即获得了技术溢出效应。溢出效应也分为广义和狭义的溢出效应，广义的溢出效应是指外商直接投资对东道国国民经济的作用，如外商直接投资与东道国经济增长，包括 GDP、国际贸易、就业水平等；狭义的溢出效应是指外商直接投资对东道国企业的作用，主要包括技术水平和劳动生产率等。

第二节　IDP 理论

一、IDP 理论的发展过程与逻辑

（一）国际生产折中理论（OLI）

20 世纪 70 年代末，英国经济学家 John Dunning 提出了国际生产折中理论（The Eclectic Theory of International Product），也称为国际生产综合理论。Dunning 考虑到传统的直接投资理论已经不能解释越来越复杂的投资行为，试图将现有投资理论进行组合，以形成更为完整的分析框架，其具有代表性的成果就是国际生产折中理论。

Dunning 指出，当代国际直接投资理论大致可以分为工业组织理论、金融理论、厂商理论三种，这些理论对国际直接投资的解释都是片面的，所以把以上三种理论结合起来形成一种可以解释更复杂投资行为的综合理论，即国际生产折中理论。国际生产折中理论可以用公式：国际直接投资＝厂商优势＋区位优势＋内部化优势来表示。厂商优势是 A 国企业拥有或能够得到 B 国企业无法拥有的要素禀赋、创新能力、生产工艺、管理方法、专利发明、品牌商标等。区位优势是指一个企业对外进行直接投资，在语言、运输、国际惯例等方面拥有的优势，这些优势最终取决于市场的情况和要素的投入状况。内部化优势是指企业把交易保持在企业内部以克服市场不完全性。

国际生产折中理论综合了各派精华，使得国家直接投资理论研究框架更为完整。Dunning 分析了跨国投资的各种主观条件和客观条件，并指出经济水平对一个国家对外直接投资能力起到决定性作用，但对厂商优势、区位优势和内部化优势的相互关系的假设停留在静止状态，没有动态分析。

（二）投资发展路径理论（IDP）

1981 年，Dunning 以国际生产折中理论（OLI）为基础提出了投资发展路径理论（IDP 理论），其奠基性论文 *Explaining the International Direct Investment Position of Countries* 通过对 67 个国家 1967~1978 年双向投资差额与经济发展水平之间关系的阐述，提出一国的净投资（OFDI-IFDI）与经济发展阶段有密切联系，净投资将按照特定的路径演变，并经历四个发展阶段。在以后的研究中，Dunning 在 1986 年把四阶段扩展为五阶段，并与 Narula 对此进行了全面分析，如图 2-1 所示。

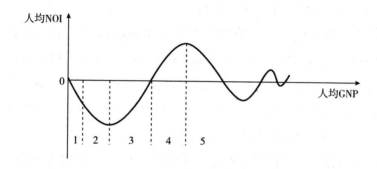

图 2-1 投资发展路径理论（IDP 理论）的五个阶段

第一阶段的国家 IFDI 与 OFDI 都很小或者没有，其双向投资差额为零或为接近零的负值。处于第一阶段的国家，经济发展水平较低，人均 GNP 在 400 美元以下，消费需求很弱，基础设施严重不足。综上因素导致一国没有区位优势，无法吸引 IFDI 的流入，并且在该阶段的国家没有积累有效的所有权优势，也没有能力开展 OFDI。

第二阶段的国家 IFDI 逐步增加，开始对邻国有少许投资，然而 OFDI 仍旧处于低级水平，投资额绝对值不断提高，但净投资额但仍小于零。在此阶段，人均 GNP 在 400~1500 美元，市场有效需求不断提高，跨国企业被一定的区位优势吸引而来，并通过自身的所有权优势利用该国的自然资源和廉价劳动力进行生产。同时，本国的所有权优势也在逐渐形成，但主要集中在初级产业和半成熟产业，并尝试对邻国进行 OFDI。

第三阶段的国家 IFDI 的增长率放慢，OFDI 的增长率加速，但 OFDI 规模仍然小于 IFDI 规模，净投资仍为负。在该阶段人均 GNP 在 2000～4750 美元，本国人均消费水平大幅提高，对高质量产品有较旺盛的需求；本国企业在技术、资金和管理水平的所有权优势不断提升，外国企业倾向于向高科技产品领域进行投资，输出新技术。国内企业在很多领域已经可以与发达国家相竞争，面临国内生产成本的增加和市场的饱和，本国企业开始寻求国外市场，到国外投资设厂，以追求利益最大化。第三阶段的国家对外投资流向第一阶段和第二阶段的国家较多，目的是寻求国外市场，进行贸易替代。而对第三阶段和第四阶段的国家进行投资，主要是为了提高本国企业的优势，属于战略性投资。

第四阶段的国家 OFDI 规模超过 IFDI，且 OFDI 的增长快于 IFDI，净投资不断增长。国内人均 GNP 在 2600～5600 美元，国内企业的竞争能力已经开始超过外国企业，不仅与国内的外资企业相抗衡，还开始打开国外市场。这一阶段的国家 IFDI 主要也是来自高收入国家的企业，这些企业的优势来自跨国性而不是资产性。部分 OFDI 投资于同阶段国家，其目的是战略性和市场寻求性。OFDI 的不断增多规避了贸易壁垒，加速了过剩产业和落后产业的转移，并倾向于市场内部化，提高了本国的竞争优势。

第五阶段的国家人均 GNP 大于 5600 美元，同时存在大规模和高质量的 IFDI 和 OFDI，净投资先经历下降的过程，继而围绕零中心上下浮动。此阶段与前四个阶段有所不同的是收入水平对投资的影响大大减小，处于该阶段的国家可以应用更多所有权优势进行资本运作，获得更多的投资利益。第五阶段的国家以 20 世纪末的发达国家为代表。

二、IDP 理论的经济意义

IDP 理论一被提出就被国际投资领域的学者和专家广泛讨论，其把全球化与一国的经济发展紧密联系起来进行了系统的阐述，IDP 相比于独立的增长理论与全球化理论，属于更复杂和大胆的前沿理论，为一国的参与国际化提出了明确的建议。

IDP 理论适用于世界上所有国家，并把这些国家分为五个不同的发展阶段，这使得 IDP 理论受到了几乎所有国家经济学家的关注。对于正处于经济起步阶段的发展中国家，IDP 理论进行了重点分析，这为发展中国家提供了一条明确的发展之路，随着全球化的不断加深，发展中国家必将经历一个吸引外资的过程，获得对外开放的福利，通过积累最终形成对外直接投资的能力。需要注意的是目前的世界经济形势比 IDP 理论提出的年代复杂，全球化程度更高，在此新背景下，发展中国家双向投资策略需要面对更多新的困难和挑战。

我国作为最大的发展中国家，从 1978 年就开始实施对外开放政策，并一度成为世界上吸引外资最多的发展中国家；从 2003 年，中国开始转变开放策略，不断鼓励对外直接投资，使得 OFDI 大幅增长。中国的开放式发展之路对发展中国家的可持续发展之路有很深的借鉴意义。

三、双向投资的实证检验

国内外关于双向投资的实证检验，分为以下四个方面：

第一个方面：IDP 发展阶段的检验。IDP 理论问世后引发了国际经济学界对其适用性的广泛检验，不同的学者对不同国家进行检验时，往往会得到不同的结论。例如，Narula（1996）对传统 IDP 理论的实证检验证明了大多数国家的 IFDI、OFDI 与人均国民收入之间存在相关性。Ozawa（1996）将日本贸易与投资发展周期相对照，提出了著名的技术发展周期理论（TDP）。高敏雪和李颖俊（2004）首先利用 46 个国家的面板数据计算出了各阶段 GDP 临界值，认为中国处在第二阶段，然后应用二次模型拟合中国双向投资和人均国民收入数据，证明中国双向投资曲线呈现 U 形。杨先明和赵果庆（2007）认为中国的人口数量巨大，且分布不均，尝试应用"技术创新能力指数"① 替代人均 GDP，来分析一国双向投资发

---

① 技术创新能力指数为研究与开发投入量与 GDP 之比。

展路径，结果发现中国双向投资落后于技术创新能力指数对应的投资能力。

第二个方面：双向投资相互作用。Potter 等（1968）的研究结论表明英国对外直接投资与吸收外商直接投资的关系不明显。Swenson（1994）研究了美国对外直接投资对美国经济的影响，认为美国对外直接投资能促进国内产业结构的调整，提高国内生产效率，增加本国国民收入，扩大国内市场，有利于进一步吸引外国直接投资。中国大多数学者认同中国对外直接投资对外商在华直接投资有正向影响作用，如王志民（2003）认为，"走出去"战略会改善国内市场环境，进而带动外商在华直接投资的发展。英国学者 Srivastava（1984）在研究发展中国家对外直接投资时认为，发展中国家不仅能模仿外商在东道国直接投资所带来的技术，也能对外商带来技术的局部环节进行改进或创新，进而以改进或创新技术为基础进行对外直接投资，这就是发展中国家对外直接投资局部技术变动理论。英国里丁大学教授 Bornstein 等（1998）从技术积累角度分析发展中国家对外直接投资，认为外商在东道国直接投资能促进东道国产业结构升级，在这一过程中发展中国家的企业技术吸收能力得以不断提高，发展中国家企业的技术吸收能力提高和技术积累增加则促进发展中国家对外直接投资的发展，因此发展中国家对外直接投资是其前期外商直接投资增长、本国企业技术吸收能力提高和技术积累的结果。

Dunning（1993）认为，外商在东道国直接投资能促进东道国经济增长和技术在当地的溢出，进而提高当地企业的国际竞争能力，并从事对外直接投资。中国学者江小涓等（2004）的实证研究表明，外商在华直接投资促进了中国技术进步和经济增长，增强了中国企业的国际竞争力，推动了中国对外直接投资的发展。Dunning（1988）在对国际生产折中理论的进一步论述中提出，一国如果具备区位优势而吸引外资，将增加本国的所有权优势进而促进对外直接投资。Noor Bakhash 等（2001）对美国和日本的双向投资数据进行分析，结果表明存在显著的外溢效应；作为外国直接投资东道国的发展中国家通过溢出效应提升了自身技术水平后，便具有对外直接投资的能力；发展中国家外商直接投资迅速增加，通过外资企业的示范效应和溢出效应，可能导致发展中国家 OFDI 的增加。外国直接投资通过产业升级效应促进本国对外直接投资，如 Lankes 和 Venables（1996）发现，外国直接投资的流入有助于东道国产业发展。Kojima（1985）把这种对外直接投资从处于比较劣势产业开始的规律称为边际产业扩张理论。外国直接投资进入本国市场，将加剧市场竞争程度，而在高度竞争市场中成长的企业更容易取得对外直接投资的成功；进一步以日本为研究对象，发现国内竞争激烈的企业在对外直接投资中获得了成功，而国内处于保护或者竞争不激烈的产业则不具备竞争优势。国内学者对外国直接投资与对外直接投资的关系也进行了研究，如江小涓（2006）运用中国数据证明了外国直接投资对经济增长、产业结构的促进作用，而本国产业结构升级，将促使落后产业向外转移，形成对外直接投资。杨志学（2004）认为吸引外资额增加反映了一国对外资本流动管制的放松，这有助于增加对外直接投资。赵奇伟（2009）研究发现外资流入提高了本土企业的生产率和管理水平，具有显著的溢出效应，外商直接投资对对外直接投资水平有促进作用。

　　第三个方面：双向投资的决定因素。政策支持是一国政府通过制定相关政策以期对 OFDI 和 FDI 产生直接影响。例如，Ozawa（1996）以日本为例，说明政府对于增强企业 OFDI 竞争能力和促进对外直接投资的显著影响。Dunning（2001）指出，在对外直接投资的早期发展阶段，母国政府的作用是十分重要的。Luo 等（2008）发现发展中国家对外直接投资快速增长是由于得到政府的支持，母国政府可以采取 7 项支持 OFDI 措施，包括提供财政刺激（例如税收激励、税收减免、低息贷款）；提供政治风险保险；通过政府机构（商会、商务部、国家商业委员会）为企业的国际扩张提供帮助；签署避免双重征税协定；签署双边或者区域投资保护协定；加入双边或者多边自由投资框架；帮助跨国公司与东道国政府协商。他们以中国为研究对象，分析了"走出去"政策和政府 OFDI 管理机构的变迁以及不同时期的 OFDI 支持政策，认为政府支持对于发展中国家对外直接投资的促进作用十分明显，其他发展中国家可以借鉴中国的经验。

关于政策支持对OFDI影响实证研究的文献，学者从不同的衡量角度进行了探讨。尹音频和高瑜（2009）研究中国政府政策对OFDI的作用，通过总结不同时期政策取向，可分为相对限制或积极鼓励两种，运用实证检验得出政府政策在促进对外直接投资方面具有重要作用。阎大颖等（2009）认为中国制度转型为企业提供了特殊的"制度性优势"，如关系资源对贸易类OFDI影响较大，融资能力对OFDI具有普遍影响力。当前，政策支持因素对OFDI影响的研究刚刚起步，政策支持变量的选取还在摸索之中。本书将在双向投资方面探索政策在东道国和母国双重身份下的利益权衡。

第四个方面：双向投资的影响。Krishnan Kutty（1999）使用1980~2009年数据对印度的双向投资关系做了回归分析，指出贸易开放程度、资本形成总量、经济稳定程度、印度对外直接投资是外国对印度直接投资的决定因素，OFDI使用的劳动成本、市场规模、经济稳定度及IFDI是OFDI的决定因素，同时OFDI能够促进一国吸引IFDI的能力。孙华平等（2012）基于国际产业转移理论对IFDI与OFDI的互动机制进行解释，认为OFDI与IFDI需要构成一个良性循环，共同推动我国经济的发展。首先，IFDI促进了中国的产业升级，壮大后的中国企业将具有对外直接投资的能力，成功的OFDI提升了中国经济实力，提高了承受外债的能力，从而能更多地吸引外资。邢厚媛（2008）明确提出"引进来"和"走出去"应相互融合，因为"引进来"和"走出去"是一种相互促进的双向关系，同时作者批评了中国地方政府在实际工作中把"引进来"和"走出去"割裂开来的做法，认为"引进来"可以促进经济发展、"走出去"有损经济建设的思想是错误的，但作者并没有给出该观点的实证基础。万丽娟等（2007）运用中国1980~2004年的数据对中国对外直接投资的宏观绩效进行测定，实证结果却表明中国对外直接投资与外商在华直接投资之间的长期均衡关系并不存在，而且也没有短期因果关系，由此看来，实证分析结果似乎不支持"引进来"和"走出去"的双向促进作用，理论研究的观点与实证分析的结论截然对立。

孟秀惠和张宏（2011）将引进外资与对外直接投资结合起来，分析其对自主创新的作用，结果表明虽然中国 IFDI 与 OFDI 数量逐年增长，但是质量有待改进。发展经济学者进一步将日本经济学家赤松要在 20 世纪 50 年代完成的"雁形产业发展模式"，应用于对东亚各国第二次世界大战后产业转移和产业结构优化升级过程的研究，提出东亚地区"雁形产业梯度转移"理论，为后期国家通过"承接—消化、吸收、创新—再转移"的产业转移过程，实现本国产业结构优化升级，提供了现实的成果范例和理论基础。

姜巍和傅玉玢（2014）指出，中国已经兼备了投资国和东道国的双重身份，孤立地研究 IFDI 与 OFDI 是片面的，因此把中国双向投资结合起来分析其对进出口贸易的影响。贾妮莎等（2014）使用 1982～2012 年中国时间序列数据实证检验了中国双向投资与产业升级之间的关系，具体指出在短期内，IFDI 对产业结构升级的贡献比 OFDI 突出，而在长期，IFDI 更显著地促进了产业结构的高度化、OFDI 更显著地促进了产业结构的合理化。

第三节　代表性国家（地区）的双向投资经验

跨国投资最早发生于殖民时期，以宗主国对殖民地国进行单向的资本输出为典型特征。到资本主义工业革命时期，跨国投资表现为资本主义工业国对发展中国家的资本输出，仍属于单向流动。第二次世界大战结束后，美国经济迅速强大、欧洲经济逐渐复苏，美国从战前的最大债务国成为国际直接投资的最大来源国，跨国投资开始呈现双向流动趋势，即一个国家既是国际直接投资的东道国也是国际直接投资的来源国。20 世纪 80 年代后，日本的崛起和亚洲新兴国家经济的高速发展，使得更多的国家和地区加入到双向投资活动中，美国的地位有所下降，双向投资在区域上表现出更多元化、产业上呈现多层次化趋势。随着国际生产分工的不断细化和深化，全球几乎所有国家和经济体都主动或被动、自觉或不自觉地融入国际生产网络中来，双向投资成为常态。

一、美国双向投资

美国仍然是当今世界上最大的发达国家，不仅进行大量的对外直接投资，并且积极地引进外资，一直以来都是非常注重双向投资协调发展的国家，美国双向投资水平在投资规模和结构上都居于世界首位。随着双向投资政策的调整，美国双向投资呈现波动中增长的趋势（见图2-2）。

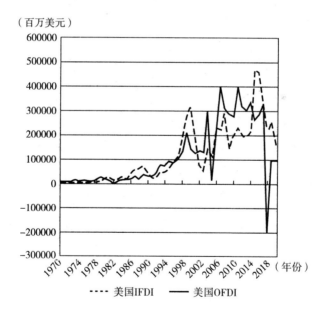

图2-2 美国双向投资规模

资料来源：UNCTAD，http://unctadstat.unctad.org/wds/ReportFolders/reportFolders.aspx。

在殖民时期，美国是当时世界上最大的国际资本输入国，欧洲列强对北美的早期投入以金融资本为主，直接投资以商业资本为主。随后以参与北美国家的铁路和公用基础设施建设的间接投资为主，对北美的直接投资主要集中于矿山开采、动植物养殖、肉食品加工、商业贸易等行业。Wilkins（1974）指出殖民时代欧洲对美国的直接投资分为两类：一类是在投资公司母国国内并没有相关业务，也没有相关业务经验，仅仅进行资本的筹集，这一类公司的直接投资往往以失败告终；另一类具有现代跨国公司的特点，进行产业资本、生产技术、管理经验等生产要素的一揽子输出。在殖民地后期美国也参与对外投资，其原因有：第一，殖民时代的北美殖民统治者感到在国外主要贸易中心城市建立自己的贸易代理机构或分支机构有利于自己在美国生产产品的出口，则进行商业贸易类的对外直接投资。第二，欧洲对美国进行了大规模的产业投资，促进了美国制造业的发展。截止到第一次世界大战前，世界各国国际直接投资的存量达 145 亿美元，这些国际直接投资的主要来源国是英国、法国、德国、荷兰，主要的目标国是美国，世界各国对美国的投资存量高达 79 亿美元；美国对世界其他国家的投资存量为 35 亿美元，主要投资国为北美洲的加拿大和拉丁美洲国家。

第一次世界大战结束后，美国 OFDI 增加、IFDI 减少，美国逐步由战前的国家资本净流出入国变为资本净流出国，实现了由债务国向债权国的转变。第一次世界大战挫伤了欧洲的经济实力，大大提升了美国的经济地位。同时，战前和战后欧洲与美国之间的双向投资带动了科技知识和技术人才的双向流动，使二者间的产业发展水平逐步接近，双方的投资地位也发生了较大的变化。英国失去了世界第一债权国的地位，美国成为国际资本新的重要来源国。

1939 年欧洲战争爆发，标志着第二次世界大战开始。1940～1941 年美国政府对外资采取了控制措施，冻结了大部分国家在美国的大量外国资产，以防止资本外流。1940 年起美国的对外直接投资规模超过其对外投资总量的一半以上，但在第二次世界大战中，美国政府又扩大了对欧洲参战盟国的借贷投资，到 1950 年美国政府对外借贷规模是私人对外投资规模的两倍。

第二次世界大战结束后直到 20 世纪 60 年代，美国 OFDI 规模大大超过 IFDI，美国成为世界上第一对外投资大国。美国在双向投资中的地位呈现双重化，既是对外直接投资资本的主要提供者，也是国际直接投资的主要接受者。美国成为世界上第一大双向投资国，其在国际上的经济地位举足轻重。在全球化浪潮下，美国双向投资协调发展获得了全球化优势而大受其益。1980 年以后，美国吸引外国直接投资一直占世界直接投资的 20%以上，美国对外资管理的核心内容是只要不涉及国家安全问题，不对外资准入进行过多限制。

美国在 2008 年金融危机以后，经济陷入困境，这种困境由多年高消费高借贷积累而成，是具有结构性的经济下滑而不仅仅是周期性的经济波动。这是自金融危机以来，美国双向投资环境变化的本质特征。为了走出困境，美国政府及跨国公司对全球化进行了深入的反思，提出重返亚太和重振制造业等重大举措，这也体现了美国对自身问题的深刻分析。2007 年美国商务部宣布"投资美国"新措施，用以吸引外资，旨在为美国创造更多就业机会和促进经济繁荣，尤其是研发投资支持了就业和高度创新。美国吸引的外商直接投资主要来自世界工业发达国家，2010～2018 年，日本、加拿大、澳大利亚、韩国以及 7 个欧洲国家①，占美国总外商直接投资流入的 80%以上。中国和巴西等新兴经济体投资虽规模较小，但增长速度快。美国拥有世界最大的消费市场、技能与效率较高的工人、高度创新的环境、适当的法律保护、可预见的监管环境，以及不断发展的能源工业。凭借这些优势条件，美国为全世界的公司提供了一个具有吸引力的投资环境。

二、日本双向投资

与美欧相比，日本是较晚进行对外直接投资的国家，也是唯一较少利

---

① 按投资规模由大到小排列，7 个欧洲国家包括英国、瑞士、卢森堡、荷兰、德国、法国和比利时。

用国际直接投资的发达国家，并且 OFDI 规模远远高于 IFDI 规模（见图 2-3）。日本是一个资源稀缺的国家，同时由于其交通运输不便，缺少国际直接投资流入的区位优势，另外，在日本的历史文化中认为外国直接投资或者商业活动是对日本民族精神的打击，所以对外商直接投资有一种排斥力。

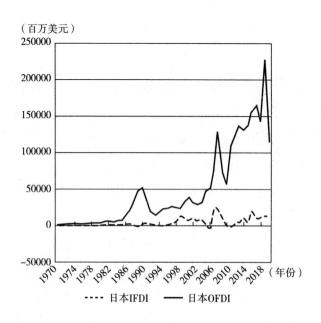

图 2-3　日本双向投资规模

资料来源：UNCTAD，http：//unctadstat. unctad. org/wds/ReportFolders/reportFolders. aspx。

　　日本长期奉行"贸易立国"方针，因此其 OFDI 必然集中在经济发展水平较低国家的资源开发企业和劳动密集型企业，其属于资本导向型和劳动力导向型直接投资。第二次世界大战以后，在进口替代和出口导向的贸易政策指导下，伴随日本经济的复苏，日本集聚了大量的贸易资本，需要在世界范围内寻找投资场所。1966 年日本对外直接投资存量为 227 亿美元，1973 年达到 349 亿美元。石油危机期间其对外直接投资规模下降，但其后不断扩大。日本政府在 1980 年解除了对外汇的管制，为其国内金融资本、保险业资本和产业资本对外直接投资创造政策环境。到 1989 年，日本成为国际直接投资的第一大来源国，对外直接投资规模达 670 亿美元，同年美国对外直接投资是 400 亿美元、英国是 350 亿美元。

美国是日本的第一大投资目标国，日本对美国的直接投资主要源于美国对日本的贸易政策改变和日本对美国市场的扩张需求。1978~1984 年美国逐步提高日本产品向美国出口的贸易壁垒，从而使日本在汽车、家用电器制造产业方面的贸易壁垒规避式直接投资增加。而由于日本不具有原发型的科学技术，所以在光电产品、半导体及电子产品等方面，日本对美国进行技术寻求型投资。美国联邦政府对国际直接投资的政策相对宽松和各州政府积极引进外资政策，为日本直接投资的进入提供良好的政策环境。美国较大的市场需求、产业工人较高的技术水平和较低的能源价格也使日本在美国投资具有规模经济效应，产品生产成本下降。1989 年日本对美国的直接投资占其国际直接投资的 48.2%，20 世纪 90 年代后由于日本国内经济不景气，对美国投资有所下降，但美国仍然是日本的第一大投资目标国。2019 年以后日本对外直接投资下降较为明显，但外商直接投资流入量并没有受到影响。

从整体来看，日本双向投资呈现一边倒的状态，即侧重于对外直接投资，双向投资差额不断扩大。日本的"投资立国"政策，把轻纺业等处于夕阳期的产业转移到亚洲国家，随着时间的推移，又把高污染与高耗能的钢铁和炼油产业转移出去。

三、欧盟双向投资

《欧洲共同体条约》相关内容表明，欧盟各国成员对本国的投资政策掌握决定权。在不违背共同体条约和欧盟投资法律的前提下，各成员国可根据情况制定各自的投资管理政策。欧委会贸易总司设有服务、投资、知识产权和政府采购司，但其主管业务是投资领域对外谈判，而非投资和外国投资管理。欧委会还没有专门的对外直接投资及外商直接投资的主管部门及机构，投资管理职能仍由各成员国掌握。投资方式由成员国自行具体规定；外商投资行业准入分为欧盟层面及成员国层面，通常由双边投资保护协定予以确定。英、法、德是欧洲最重要的经济体，其经济规模之和占到整个欧洲的一半，在一定程度上决定着欧洲经济的政策走向，它们还是欧洲最重要的投资目的地。下面选取三个具有代表性的欧盟国家，总结并对比其发展轨迹及经验。

（一）英国双向投资

英国作为最早的资本主义国家，其政治制度相对稳定，整体经济实力雄厚，科技领先，金融业及相关服务业发达，是欧盟国家进行双向投资的重要代表。

英国是世界上最早开始进行工业发展过程的国家，但是两次世界大战，使英国经济遭受了相当大的损失。英国在1973年加入了欧洲共同体，逐渐加强了对外贸易和投资联系，并在1979年经济得到了显著的恢复。从19世纪80年代开始，资本积累高居世界之冠的英国走上了大规模和高速增长的对外直接投资之路，所吸引的外商直接投资虽然不断增长，但规模要低于对外直接投资。1990年英国经济开始衰退，1992年恢复。英国在2000年吸引的外国直接投资达到1221.6亿美元，创出历史新高。2000年以后，世界跨国并购活动进入低迷阶段，并且由于欧盟开始发行欧元货币，英国外国直接投资流入持续了三年大幅度降低。随着后续经济增长动力不断加强，金融业和制造业并购活动日益活跃，英国在2004年吸引的外商直接投资增长了两倍，高达780亿美元，位居全球外商直接投资目的国第一。2008年金融危机爆发后，英国经济再一次受到严重打击，根据联合国贸易和发展会议发布的报告，在世界直接投资受金融危机影响总量下降1/3的大背景下，英国吸引的外商直接投资幅度下降了90%多，位列欧盟国家的第12，然而在2008年英国吸引外商直接投资位列全球第3。在对外直接投资方面，英国在2009年的并购金额只有249亿美元，比2008年降低80%多，只有五起大的跨国并购涉及英国公司。此后英国双向投资呈现不断下降的趋势。

2013年1月，英国首相卡梅伦首次提及脱离欧盟公投计划。2016年英国脱欧公投结果是脱欧派以51.9%的选票取胜，"英国脱欧"超出预期，被称为震惊世界经济的"黑天鹅事件"，国际社会和市场普遍对英国和欧盟的经济发展持消极态度。外国投资对英国经济的稳定起着十分重要的作用，当英国脱欧已成定局，英国的对外直接投资和外商直接投资迅速恢复。

（二）德国双向投资

德国作为全球第四大经济体、欧洲市场最大国家，政治环境稳固、经济科技极具竞争力、制度健全、地理位置优越。德国是全球第三大出口国，对外直接投资规模巨大，并且是重要的外商直接投资目的国。德国的法制制度完善，其《经济法》起步早、内容全面、法律与政策界限分明，政策透明且稳定，不确定性小。分析德国的营商环境有利于归纳德国双向投资规律。

20世纪七八十年代，德国双向投资规模偏低，增长缓慢。1990年两德统一，此后不断优化的政策渐渐消除了贸易壁垒，弥补了先前的政治鸿沟，渐渐的国际间投资增速加快，经济全球化不断深入，德国与世界经济的一体化发展程度越来越高。德国企业强力谋求产品优势，争夺销售市场，不但注重对外国进行绿地投资设厂，完善本企业的生产及销售网络，还进行了大规模的跨国并购和收购，原来已经存在的德国跨国大企业更是利用其充裕的资金和先发优势开展广泛并购活动，以期在全球市场上占据更强的领先地位，这成为德国在90年代双向投资最明显的特点。

德国企业一般资金雄厚，其对外直接投资往往采用参股性自有资本，其中一半的企业对外投资承担有限或无限责任的自有资本。自有资本区别于借贷资本，自有资本包括名义注册资本、盈余公积金、资本公积金、结转金以及年度总盈余等。外国企业对德国进行的外商直接投资则是参股性自有资本不足，以贷款融资为主，原因是在德国通过借贷资本进行投资可以在税收上有更多的政策优惠，纳税时只计算资本收益减去利息剩余的部分。

2000年左右，德国吸引外商直接投资的力度不断增强，德国地理位置优越、经济基础雄厚、基础设施先进、法治环境完备、政府廉洁度高、市场环境开放、服务业发达，对投资者具有相当的吸引力。同时，德国还有各种经济促进措施，其数量多达600多种，在德国外国资本基本实现国民待遇，在投资限制和投资激励方面同本国人几乎没有区别。最近20年，德国双向投资波动幅度较大，而且对外直接投资长期大于外商直接投资，新冠疫情对德国对外直接投资影响较大，对外商直接投资影响较小，2020年德国的外商直接投资规模还超过了对外直接投资，这可能与英国宣布脱欧导致德国外商直接投资的吸引力进一步加强有关。

德国认为，对外资进入的领域没必要制定限制政策和采取措施，只是在审批过程中按有关规定对不允许的项目不予受理就可达到限制的目的。但是2017~2018年德国先后两次修订了《对外经济条例》，明确了审查重点行业、延长了审查时间并大幅降低审查门槛，进一步强化外商直接投资国家安全审查，监管政策呈现出对外商投资态度越来越保守、在审查改革路径上越发趋同以及特别警惕中美两国企业的特点。

（三）法国双向投资

法国在全球最具投资潜力的国家排名中位居前列，其核能、航空、高铁、精密器械、医药卫生等高科技领域处于国际领先地位。法国吸引外资的投资行业格局正在不断优化，其中以研发领域成果最为显著。法国能源、通信和交通等公共设施非常发达，航空和海洋运输便利，是对外贸易大国，世界第四大出口国和第五大进口国，为欧洲第二大市场，仅次于德国。法国地处欧盟大市场的中心地带，欧盟的高度一体化为法国的对外直接投资和外商直接投资提供了相当便利的条件。法国属于部分外汇管制国家，对经常项目不加约束，对资本项目进行一定的管制。外资企业的外汇可以自由地汇入和汇出法国。对现金出入境实行管制，主要是为了防止洗钱操纵，外国人出入境时只能携带低于1万欧元的现钞，超过需要向海关进行申报，详细解释其用途和现金来源。

法国一直鼓励外资进入法国市场，法国的外商直接投资在其整个国民经济中占据十分重要的角色，30%的工业产值是由外商直接投资完成的，巴黎证券交易所的上市公司有 40% 多为国际投资企业。自 2016 年以来，法国就与德国和英国这两个主要竞争对手拉开了差距。2014~2018 年，法国吸引的对外直接投资增长 47%，德国增幅为 7%。而英国自 2017 年以来持续下降，2018 年减少了 15%。2018 年吸引外资工业入驻和扩展项目达 339 个，项目总数达到 1323 个。很多外国投资者将法国作为投资首选地，希望立足于法国，辐射整个欧洲。外商直接投资在法国主要集中于服务业、制造业、房地产业和能源行业，特点是商品服务业比重高，几乎吸收了一半的外商直接投资。外资进入法国市场基本不需要行政审批，但当外资投资于军工等敏感部门或具有龙头性质的企业时，则需先获得财政部的审批。为保护国民经济，确保本国利益，法国对一些具有全球领先地位的企业还实行政府控股策略，外国资本很难对这些企业实施并购。

法国是境外投资活动历史非常悠久的对外投资大国，经历过不同的发展阶段。在近现代法国对外直接投资阶段性比较明显，可以分为三个阶段：

第一阶段，20 世纪 70 年代到 80 年代中期。其间法国的对外直接投资规模低下，增长慢，几乎处于停滞状态。这与法国国内的经济状况息息相关。1974 年经济危机后，法国陷入"滞胀"，失业率不断攀升，物价上涨，产业结构不合理，财政收支失衡。

第二阶段，1986~1998 年。随着生产国际化和资本国际化的深入发展，法国政府越发意识到发展境外投资对本国经济的促进作用。对外直接投资增长幅度增大，在 1985~1988 年增长了 2.3 倍。

此后为第三个阶段，法国对外直接投资额一直保持较高的水平，2005年，法国超过美国成为全球对外直接投资流出量最大的国家，形成了对外直接投资大于外商直接投资的双向投资结构，但是波动较大。例如，在1998 年金融危机时期、2008 年美国次贷危机时期、新冠疫情时期都出现了大幅下降的情况。在多周期全球经济危机的冲击下，法国的实体经济都受到不同程度的影响，法国政府对其经济战略进行了反思，提出了振兴工业发展等目标，从而使其对外直接投资规模多次恢复。法国对外投资主要集中在欧盟成员国，对美国和石油输出国组织成员国、非洲、拉美的投资也较高，并以工业、能源、服务部门为多。大多数投资采用企业兼并或购买公司股份的形式。

四、韩国双向投资

亚洲四小龙率先在亚洲经济体中实现了腾飞，综合发展水平达到了先进标准，并且根据多年的世界投资报告总结，作为亚洲四小龙之一的韩国较早地利用外商直接投资和对外直接投资进行经济发展，其演变历程有一定的借鉴意义。

韩国经济在半个多世纪中从一个贫穷农业国迅速发展成为高收入水平的新兴工业化国家，不能忽视双向投资对其经济发展的重要作用。韩国在长期外资政策中交替地鼓励 IFDI 和 OFDI，而作为投资母国的角色要远远大于东道国的角色，其双向投资的演变过程可以作为发展中国家进化为高收入发达国家的经典案例。韩国双向投资的阶段性比较明显，大致可以分为三个阶段（见图2-4）。

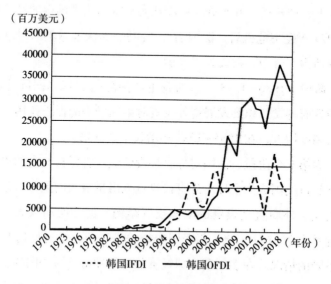

图2-4　韩国双向投资规模

资料来源：UNCTAD，http://unctadstat.unctad.org/wds/ReportFolders/reportFolders.aspx。

第一阶段：双向投资初期（1970～1985 年）。在此阶段，韩国比较排斥外商直接投资，开展的对外直接投资也较少，因此双向投资处于极低的水平。其间韩国发布了《外资引进促进法》、《输出自由区设置法》和《外商直接投资总则》等关于外商直接投资的相关指导准则，其具体的内容是：第一，严格控制外商直接投资，并设置外资评审委员会对外商直接投资进行审批，其审批目的主要是引导外商进入出口导向或者重点进口替代产业，而外国投资者比较向往的制造业和服务业往往被禁止。第二，严格控制外商直接投资所占股份的份额，外国投资者只有在广告、旅游业务、药品和化妆品批发等极小行业可以拥有 100% 的股份，其他行业只允许外国投资者最多拥有一半股份。在这一时期，韩国对双向投资的思路是保护国内产业，防范外国经济实力控制韩国经济，避免外国投资者撤资带来的经济动荡。

在对外投资方面，韩国主要是作为投资国以绕过各国之间的贸易壁垒为原始目的，促进本国的出口和提高产业竞争力，东道国多为发达国家，如美国。这个时期的韩国 OFDI 主要是为出口贸易服务，双向投资尽管处于很低水平，但与出口导向型发展战略的关系密切。

第二阶段：双向投资持续增长阶段（1986～2003 年）。20 世纪 80 年代后期，随着韩国本土劳动力成本不断升高，韩国产品在国际市场竞争力下降，韩国企业开始把逐渐丧失竞争力的产业通过对外直接投资的方式转移到劳动力成本较低并且资源丰富的其他发展中国家，东道国由最初的以发达国家为主体转为以发展中国家为主体，如东南亚和美洲国家。1986 年以后，韩国国际收支由长期的逆差转为顺差，外汇状况得到改善，为韩国对外投资的增长提供了条件。韩国大财团纷纷加入对外投资大军，特别是在东南亚地区建立生产基地，随着基础设施的完善与国家的扶植，国内大批中小企业转移到这些海外生产基地。1997 年金融危机发生后，韩国的对外直接投资有所萎缩，但降幅并不大。随着全球经济环境的不断开放，GATT 乌拉圭回合结束，NAFTA、APEC 相继成立，韩国成为 OECD 成员等重大事件，韩国对外商直接投资的态度有所改善。由于高负债模式是韩国企业普遍奉行的发展方式，在东亚金融危机之前，韩元高汇率和高利率并存，韩国企业纷纷借用外债，1997 年亚洲金融危机之前，韩国已经成为新兴市场经济体的第一大债务国。金融危机发生后，韩国不得不寻找资本投入地以应对国内企业的大规模倒闭，1998 年制定了《外国人投资促进法》，取消了各种外资股份比例的限制，进一步向外资开放金融市场，以美国和欧洲为代表的发达国家纷纷收购韩国企业，IFDI 在韩国开始迅猛增长。外资对韩国的影响是巨大的，大大缩短了韩国实现现代化的过程。韩国双向投资有一定的因果关系，相互促进，同步发展，取得了空前的经济效益。

第三阶段：双向投资差额不断扩大阶段（2004 年至今）。韩国经济水平不断提高，步入高收入发达国家的行列，同时加快了对外投资的力度，并且增长速度巨大，于 2012 年达到 306.321 亿美元的峰值。但是韩国 IF-DI 却基本在 100 亿美元上下浮动，没有明显增加，双向投资差额不断扩大。这与韩国着眼于高新技术产业，实行寻求技术型 OFDI 有很大关系。

第三章　中国总体双向投资的
动态演变、原因及困境

第一节　中国双向投资动态演变

一、中国双向投资规模的演变历程

中国双向投资按照发展规模可以分为五个阶段（见图 3-1）：

第一阶段：双向投资空白期（1979 年以前）。改革开放前，中国的经济环境非常封闭，引入和利用外资都被视为经济发展的禁忌，到 1978 年，中国几乎没有 IFDI 也没有 OFDI，本书把这一阶段称为双向投资空白期，经济处于低迷状态。

第二阶段：IFDI 探索期（1979~1992 年）。1979 年中国实施了改革开放后，通过颁布一系列全国性政策法规和设立经济特区等方式吸引外商直接投资，从此开启了中国吸引和利用外资的新纪元。跨国公司起初主要进行商品贸易、技术贸易，逐步尝试性进行少量直接投资。出于对外直接投资政策稳定性的考虑以及对中国市场情况的不了解，跨国公司更多地抱着尝试的态度来华投资。1984 年以后，中国政府明确鼓励外资进入，积极

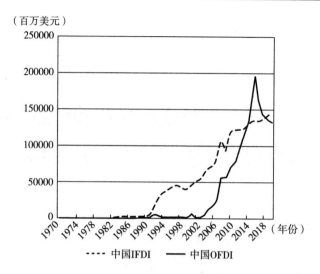

（百万美元）

····中国IFDI ——中国OFDI

图3-1 中国双向投资规模

资料来源：UNCTAD，http：//unctadstat. unctad. org/wds/ReportFolders/reportFolders. aspx。

扩大引资范围及其效果，完善招商引资法律法规。经济特区试点初见成效。虽然从改革开放起，中国开始注重吸引和利用外资，由于投资环境不完善，特别是因为当时思想观念还不够开放，吸引外资的数量并不多，每年实际使用的外资不过 20 亿~30 亿美元，对外直接投资可以忽略不计。

第三阶段：双向投资形成期（1992~2003 年）。中国继续扩大改革开放时期，大规模 IFDI 涌入中国，主要集中在制造业领域。OFDI 在低水平缓慢进行，但中国已经注意到 OFDI 的重要性，开始全面重视双向投资的发展。

中国吸引外资的战略一直在不断调整。其中比较重大的有两次。第一次为 1992 年邓小平在南方考察时发表的重要讲话和第 14 次代表大会做出的建设社会主义市场经济体制的决议。在此阶段，中国积极吸引外资特别是外商直接投资，在推进外商在华投资时，中国政府特别关注吸引跨国公司的投资。包括世界著名跨国公司在内的外国投资者掀起了在华投资的第一轮高潮。第二次为 2001 年中国正式加入世界贸易组织，中国政府修订并制定更为开放的外资法规和政策。2010 年夏第三次全国外贸工作会议对我国利用外资事业的发展是一个重要的里程碑，这次会议明确提出，目前的 IFDI 已经相当大，国内资金相对充裕，未来的外资工作重点应从以单纯吸引国外资金为主转移到以引进先进技术、引进现代化管理、引进专门人才方面上来，这些方针成为中国入世后利用外资的指导思想。

在此阶段 OFDI 经历了从无到有，规模较小且发展缓慢，对外投资的动机还不明确，是一个学习和探索的过程。

第四阶段：双向投资调整期（2003～2009 年）。入世以来，随着中国全面开放、跨国公司调整战略和管理结构全方位进入中国，地域不断扩大，包括中西部；行业不断拓展，包括众多服务业领域。这一阶段 IFDI 引资数量稳步提升，占世界的比重趋于平稳，而且中国开始提升利用外资的质量和优化外资结构，并明确鼓励对外投资，实行"走出去"战略。在对外直接投资方面，从 2003 年开始中国 OFDI 急速增长，根据国家统计局数据，2009 年发达国家对外直接投资绩效指数（OND）① 是 1.1，而中国只有 0.68，却没有达到发展中国家的平均水平，OFDI 仍处于较低水平，从存量上看仍处于"走出去"的初级阶段。

第五阶段：双向投资协调转型期（2009 年至今）。2008 年金融危机开始后，跨国公司备受打击，各国政策开始不断调整以应对动荡的世界经济形势，中国以此为开端掀起海外并购的热潮。经历了第四阶段双向投资的调整期，中国政府对双向投资的协调发展显得经验不足，企业面对复杂的宏观环境、国际政治关系和制度约束等问题和风险，国家层面需要作出更全面的制度安排和协调政策。截至 2022 年，中国共签署了 145 个双向投资协定，目的是为了更好地吸引外资和对外投资，双向投资的协调发展成为中国对外开放的重要目标。

由于中国双向投资在近十年面临百年未有之大变局，需要根据近十年的新形势单独分析其演变方向。本章重点分析 2001～2013 年在全球化平顺阶段的双向投资演变特点，2013～2023 年的双向投资具有与前阶段不同

---

① 对外直接投资绩效指数（OND）是指一个国家对外投资流量占世界对外投资流量的份额与该国国内 GDP 占世界 GDP 份额的比例。数值"1"代表世界平均水平。

的趋势，相关特点将在第八章进行详细分析。

二、双向投资行业演变历程

（一）外商直接投资行业演变分析

如表3-1所示，中国外商直接投资近十年来主要集中在制造、交通运输、仓储和邮政、批发和零售、房地产和租赁等行业。制造业长期以来都是外商直接投资最多的行业，2003~2005年高达70%左右，从2006年开始，制造业规模占比呈现逐年下降的趋势，到2013年已经只有38.74%了，制造业已经逐渐失去了外商直接投资的吸引力。制造业FDI占比下降是国内和国际因素共同决定的后果。

表3-1　2003~2013年中国IFDI主要行业演变情况　　　单位:%

年份	采矿业	制造业	交通运输、仓储和邮政业	批发和零售业	房地产业	租赁和商务服务业
2003	0.63	69.03	1.62	2.09	9.79	0
2004	0.89	70.95	2.10	1.22	9.81	4.66
2005	0.59	70.37	3.00	1.72	8.98	6.21
2006	0.73	63.59	3.15	2.84	13.06	6.70
2007	0.65	54.66	2.68	3.58	22.86	5.38
2008	0.62	54.00	3.09	4.80	20.12	5.48
2009	0.56	51.95	2.81	5.99	18.66	6.75
2010	0.65	46.90	2.12	6.24	22.68	6.74
2011	0.53	44.91	2.75	7.26	23.17	7.23
2012	0.69	43.74	3.11	8.47	21.59	7.35
2013	0.31	38.74	3.59	9.79	24.49	8.81

资料来源：根据历年《中国统计年鉴》计算得到。

国内因素体现在以下三个方面：首先，中国近年来劳动力成本不断提高，导致寻求廉价劳动力的制造业外商直接投资撤离中国，转向以东南亚为代表的发展中国家。随着中国进入老龄化社会，这一趋势将可能持续下去；但制造业外企的撤资也可以倒逼中国进行产业升级，对中国来说是一种调节机制，促使中国产业向更高层次发展。其次，制造业产能过剩，市场严重饱和。外商直接投资中国制造业的很大部分是市场寻求型，这类企业是世界市场的供给者，在中国生产，并出口到全球各地。中国在30多年的快速工业化过程中积累了大量的闲置生产能力，其中汽车业、钢铁业、太阳能光伏等新能源行业都出现了产能过剩的情况。面对中国制造业进入产能过剩时代，内部竞争加剧，去库存化势在必行，部分外商直接投资被挤出，或者撤离中国。最后，外商直接投资优惠政策偏离制造业。在产业结构升级的大目标下，2008年中国施行"两税合一"政策①，意味着外商企业在中国不再享受税收方面的"超国民待遇"；并且2012年开始推行新《外商投资产业指导目录》，引导外商企业投资于现代农业、先进制造、现代服务和高新技术等行业，传统制造业处于不利状态。

国际因素同样对中国制造业影响深远。首先，全球三大主要生产网络的变迁使制造业转移重点偏离中国。在"二战"以后，布雷顿森林体系建立，制造业开始大规模跨国经营，逐渐形成了欧洲、东亚与北美三大制造业生产网络。中国作为东亚生产体系的重要地区，发展成为制造业的中心之一；然而在全球制造业转移新背景下，产业间分工向产业内分工转变、整体生产向生产工序转变。中国面临新的国际分工，在生产工序与环节上面临众多发展中国家尤其是新兴工业化国家的竞争与挑战，吸引外商直接投资的速度下降。其次，欧美"再工业化"，工业投资转向国内。在欧盟和美国等发达国家的产业发展过程中，一度把制造业称作"夕阳产业"，并通过对外直接投资的方式转移到发展中国家，造成了"实体经济空心化"。金融危机的严重影响使发达国家意识到实体经济的重要性，开始鼓励制造业回归。这种外资回流对中国制造业 IFDI 影响较大，引资规模不断下降。最后，发达国家经济低迷，新兴经济体增长进入新常态，世界经济形势更为复杂。2009年以来，世界经济处于低位，2014年增长率

---

① 两税合一是指将《中华人民共和国企业所得税暂行条例》与《中华人民共和国外商投资企业和外国企业所得税法》统一成一部所得税法，对内资企业与外资企业一视同仁。

只有 3.31%。美国由于内需不足、生产过剩、美元贬值等原因，整体复苏乏力。日本经济在解除通货膨胀后前景依然暗淡，2014 年若别除物价因素，日本经济实际增长率为零。欧洲的失业率仍然在 10% 以上，经济复苏减弱。新兴经济体增长速度仍然在下降。在全球复杂的经济形势下，跨国公司普遍改变投资策略，收紧产业链并缩小投资布局，以缓解资金链断裂风险。

房地产业从 2006 年开始占比增长较快，几年来保持在 20% 以上，只有在 2009 年由于美国次贷金融危机的影响出现短暂性下降。首先是中国有抗风险能力和较强的宏观调控能力。2006 年以来的 10 年间，我国 GDP 保持高增长率，房地产业一直以来都是利润回报率非常高的产业，尽管金融危机对世界上较多的国家产生不利影响，但中国经济总体保持平稳发展。其次是中国房地产市场发展空间巨大。中国工业化和城镇化不断深入，拉动了房地产业的持续繁荣。据估计，到 2020 年之前中国平均每年的住宅增长率为 7%～10%。中国城市人口的急剧扩张，带动了对住房、办公环境、基础配套设施的强烈需求。最后是国内融资的需求。从 2003 年开始，中国政府为了抑制房地产投资过热的趋势，采取了信贷紧缩的政策。在房地产利润率的驱使下，大量的房地产公司开始转向利用外商直接投资。

房地产的外商直接投资呈现以下特点：第一，来源地以港澳台地区和东南亚为主，港澳台地区房地产开发企业占所有外资房地产数量的 65% 以上，西方国家较少，这归因于华人社会在文化、语言和地缘等方面的优势。第二，外资开始转移到二线城市。随着北、上、广、深等沿海发达的一线城市房地产竞争的加剧，利润率的下降，促使房地产外商直接投资开始转移到二线城市及中西部地区。

批发和零售业吸引外商直接投资发展较快，从 2003 年的占比 2.09% 扩大到 2013 年的 9.79%。1992 年八佰伴在中国开业，成为中国批发与零售业引进外资的开始。20 多年来，外资在批发和零售业发展迅猛，IFDI 数额稳步提高。2001 年世界贸易组织（WTO）通过了中国的申请，中国于 12 月 11 日正式加入 WTO。我国入世后不断开放国内批发与零售市场。

2004 年商务部颁布了《外商投资商业领域管理办法》，明确自 12 月 11 日起，中国零售业对外商直接投资没有任何地域和股权的限制，批发与零售业开始了全面开放时期。该政策实施后，外商开始以独资经营的方式对零售业进行直接投资，大大扩大了在我国的市场份额。2008 年金融危机爆发后，批发零售业外商直接投资有增无减，以家乐福为例，2008 年在二线城市新开 6 家分店，是扩张最快的一年。

与国内批发零售业比较，外资批发零售业具有资金优势、规模优势及经营优势，能大大改善国内零售业的不足，刺激国内消费市场，扩大了内需。世界零售业巨头在中国经营，促进了我国零售业的更新和改革，满足了不同水平消费者的需求。

1997 年 9 月，党的十五大报告进一步强调了引资质量问题，更为重视对引资的引导和监督，指出要"积极合理有效地利用外资；有步骤地推进各行业的对外开放；依法保护外商投资企业的权益，实行国民待遇，加强引导和监督"。之后，1997 年 12 月，国务院对 1995 年颁布的《外商投资产业目录》进行了修改，以更好地利用外商直接投资来推动中国产业结构的调整。

（二）对外直接投资行业演变分析

保证一国经济可持续发展的重要因素就是产业结构的高级化和合理化。我国开放战略已由重"引进"轻"走出"的单行投资，转变为"引进来"与"走出去"并举的双向投资。从中国对外直接投资行业分布来看，租赁和商务服务业占比最大，其次是采矿业、金融业、批发和零售业、制造业（见表3-2）。

表 3-2　2003~2013 年中国 OFDI 主要行业演变情况　　　　单位：%

年份	采矿业	制造业	建筑业	交通运输、仓储和邮政业	批发和零售业	金融业	租赁和商务服务业
2003	48.30	21.86	0.80	2.70	12.51	0.00	9.77
2004	32.74	13.74	0.87	15.07	14.55	0.00	13.63

续表

年份	采矿业	制造业	建筑业	交通运输、仓储和邮政业	批发和零售业	金融业	租赁和商务服务业
2005	13.66	18.60	0.67	4.70	18.43	0.00	40.30
2006	40.35	4.28	0.16	6.50	5.26	16.68	21.36
2007	15.33	8.02	1.24	15.34	24.92	6.29	21.15
2008	10.42	3.16	1.31	4.75	11.65	25.13	38.85
2009	23.60	3.96	0.64	3.66	10.85	15.45	36.22
2010	8.31	6.78	2.37	8.22	9.78	12.54	44.01
2011	19.35	9.43	2.21	3.43	13.83	8.13	34.29
2012	15.43	9.87	3.70	3.40	14.86	11.47	30.46
2013	23.00	6.67	4.05	3.07	13.58	14.01	25.09

资料来源：根据历年《中国统计年鉴》计算得到。

租赁和商务服务业对外直接投资比重最大。租赁业包括机械设备、文化及日用品的租赁，是集融资、融物、贸易、技术等综合为一体的新兴金融产业，具有资金优势，现代租赁业的发展是市场逐渐成熟的重要标志。商务服务业包括企业管理、咨询、广告业、会议展览、法律服务、中介服务、知识产权服务等，是技术和人力资本投资较多的知识密集型服务行业，对专业化要求较高。随着各行业不断的精细化和专业化，对租赁和商务服务业的需求日益增加。同时，这也是租赁与商务服务业对外直接投资占比持续性增加的原因之一。

金融业 OFDI 发展迅速。金融行业具有高风险性、垄断性和指标性等特点，属于滞后投资行业。我国对金融业的投资数据统计较晚，从 2006 年开始统计时金融业对外直接投资的占比已经高达 16.68%。金融业对外直接投资变化趋势并不稳定，波动较大，2008 年金融危机，投资额和投资比例均大幅度增加。一方面，中国金融业仍处于发展阶段，自主稳定性差，比较脆弱；另一方面，国家掌控着大部分的金融机构，具有良好的信用，对外直接投资也较受欢迎。

采矿业 OFDI 属于自愿获取型，通过对东道国投资开发铁矿石、石油等矿产资源或对资源进行加工后输入国内，进而缓解我国在工业生产方面的资源型短缺。

批发和零售业 OFDI 主要为了开拓国外市场。以轻工产品和家电为主的企业在国内有明显的产能过剩现象，出口贸易成为重要的销售途径。国际贸易保护主义的抬头使得我国以出口贸易为主的商品受到较多限制，贸易摩擦不断增多。因此，通过批发和零售业对外直接投资以开发国外市场，绕过贸易壁垒、转移国内过剩产能。另外，批发零售业在国外投资后逐渐建立起销售渠道，可以更直接地把需求反馈给国内，让本国投资者更方便地了解东道国的需求市场；同时，派驻到国外的设计人员和销售人员更直观地感受国际产品的设计、创新、制造等前沿观念，促进产品的更新并与国际化接轨，进而提升我国产业结构水平。

制造业一直是中国鼓励对外直接投资的重点行业。中国是一个制造业大国，具有一定的比较优势，在对外直接投资总额中所占的比例却不高，排在租赁和商务服务业、采矿业、金融业、批发与零售业之后。中国制造业处于全球价值链的低端，除生产环节外，无论是研发、品牌还是销售都处于不利地位。中国制造业在生产环节的优势来源于廉价劳动力和高效率、产业集群效应等，对海外进行直接投资将失去原有优势，经营面对较多困难。虽然中国制造业对外直接投资的规模和水平在不断发展，但相对国内庞大的制造业体系，对外直接投资比重仍然偏低。鼓励制造业"走出去"，加快产业转移速度，仍是中国对外直接投资亟须解决的重要问题。

（三）双向投资行业对比

如图 3-2 所示，对比 OFDI 与 IFDI 的行业特征，发现中国双向投资的行业重点差异较大，吸引外商直接投资较多的行业不一定对外直接投资也多。例如，采矿业、金融业、房地产业、租赁和商务服务业等。2013年，采矿业对外直接投资的比重达到 23%，而外商直接投资只有 0.31%；金融业对外直接投资占比达到 14.01%，而外商直接投资只有 2%；房地产业外商直接投资占比达到 24.49%，而对外直接投资只有 4%；租赁与商务服务业的外商直接投资占比只有 8.81%，而对外直接投资已经达到 25.09%。

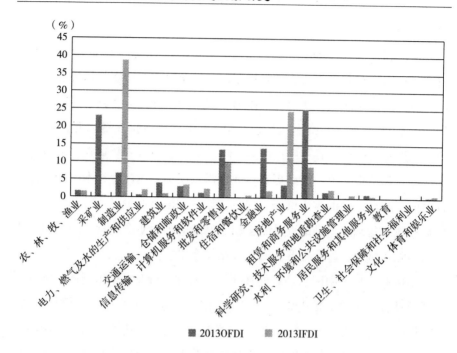

图 3-2　2013 年我国部分双向投资行业对比

资料来源：根据《中国统计年鉴 2013》整理得到。

（四）小结

中国双向投资规模经历了不同的发展阶段，投资行业同时发生变化。改革开放初期的 20 世纪 80 年代，为了促进经济的快速发展，中国实施了"引进来"发展战略，通过积极开放国内市场，吸引国外资金、技术与管理参与中国的经济发展，以利于推动中国产业结构转变，提高技术水平，促进企业改善管理。经过 30 多年的发展，中国外商直接投资的产业领域由制造业逐步扩展到第一、第三产业；投资地区也由东部逐步扩展到中西部，由沿海逐步扩展到沿江以及周边地区；投资来源国由几个扩大到全球 100 多个国家与地区。中国已经形成了宽领域、多层次、全方位的对外直接投资格局。亚洲四小龙和新兴工业国迅速发展的国际经验表明，发展中国家双向投资的发展阶段往往是不同的，以国际资本的输入为特点的"引进来"要先于以本国资本输出为特点的"走出去"，当一个国家具有较强的综合实力后，才能进入资本输出的"走出去"发展阶段。中国的发展亦是如此。90年代末，中国经济发展取得了积极成效，特别是亚洲金融危机后，为适应中国更好地参与和分享经济全球化利益，并逐步适应推进国际化发展的新形势要求，中国实施了"走出去"战略，鼓励中国企业到境外发展，拉开了中国国际化发展的大幕，正式开启了中国企业走国际舞台的征程。2008年国际金融危机爆发的前十年，中国"走出去"的步伐一直比较缓慢，不仅境外投资规模小，并且境外投资的主要领域是能源资源，境外投资地区主要集中在发展中国家。2008年的国际金融危机为中国大踏步走出去提供了前所未有的绝好机遇：一方面，经过多年改革开放与经济发展，中国的综合经济实力大大增加，各类企业已具备了更强走出去的能力；另一方面，经过多年努力探索与打拼，企业积累了丰富的对外直接投资经验，境外投资的产业缩水与经济不景气又为中国走出去提供了更广阔的新空间。这些要素产生的叠加效应强有力地推动中国"走出去"进入一个全面加快发展的新阶段。

尽管中国在双向投资方面已经取得了积极成效，从发展情形客观分析，相比IFDI，中国OFDI发展时间相对较短，发展经验有待进一步积累。特别是由于对外投资面临的国家多、领域宽，情况更加复杂多变，政治、经济、文化、外交及市场等多因素交错，更增加了中国企业对外投资发展的不确定性与难度。对中国各级政府和企业来说都面临更多新形势、新问题，特别需要企业对投资国国情、法律、市场等有深入的了解和认识。

第二节　中国与发达国家（地区）之间的双向投资

一、中国与发达国家之间双向投资的总体趋势

双向投资是发达国家优化资源配置，增强经济活力的重要途径。中国

改革开放 40 多年来，非常重视来自发达国家的外商直接投资，并开始加大对发达国家的对外直接投资。

来自发达国家的 IFDI，给中国带来了雄厚的资金、高级的技术、先进的管理经验、专业化的人力资源和设备等，促进了中国经济的增长。发达国家对中国投资规模长期以来保持高位，在 140 亿美元左右波动，是中国吸引外资的重要群体，但增长幅度不大。相反的是，中国对发达国家的投资规模从 2007 年开始迅猛增长，2008～2011 年平均年增长率达到 123%，2012 年和 2013 年趋于平稳，2013 年已经达到 137 亿美元。中国与发达国家双向投资在 2006 年之前差距较大，中国对发达国家的投资远远小于发达国家对中国的投资。随着中国"走出去"战略的实施，中国对发达国家直接投资迅猛增长，双向投资差距不断缩小。发达国家对中国的直接投资与中国对发达国家投资的规模差距，标志着二者存在"非对称性依赖"，发达国家对中国的依赖要小于中国对发达国家的依赖。

发达国家对中国直接投资的形式灵活、行业多样，往往与国际贸易密切配合。中国巨大的市场潜力、廉价劳动力及优越的地理位置等优势吸引了大批跨国企业，另外，中国的对外开放政策鼓励发达国家对华进行直接投资。中国企业在发达国家发起多起并购，不断地扩展对外直接投资领域，如欧洲和美国主要集中在批发与零售业、制造业和金融业，澳大利亚主要集中在自然资源及采矿业。

传统对外直接投资理论对中国企业缺乏足够的解释力，中国经济的特殊性决定了其对发达国家的 OFDI 更加独特和复杂。国内外的学者对这一问题做了较多的研究，Deng（2007）分析了中国企业对美国直接投资情况，指出其主要目的是扩展市场、寻求技术进步和树立品牌优势。He 和 Lyles（2008）指出中国应该学习日本和韩国等国对美国直接投资的丰富经验，并认为克服自身经验不足，选择"国家安全非敏感领域"是在美国投资成功的关键。吴先明（2007）分析了中国对发达国家的逆向性投资的原因，认为中国在发达国家的绿地投资和并购活动可以获得更多的创造性资产。刘明霞（2009）研究发现发展中国家投资企业管理水平低和吸收能力差是在发达国家开展外商直接投资的两大劣势。Nicolas（2009）指出中国对欧洲的直接投资规模和利润率都处于较低水平。王凤斌和杨阳（2010）指出中国对发达国家 OFDI 的主要目的是探索学习型，而对发展中国家 OFDI 是利用学习型。

综合以上文献可以把中国对发达国家的直接投资动因分为宏观因素和微观因素。

宏观因素包括：①政策激励。政府的公关和外交活动较多的以扩大贸易和投资、寻找合作伙伴和签订经贸协定等为主要目的，与发达国家逐渐增多的经济交流，激励了中国企业对发达国家投资的行为。②中国国内市场面临饱和。中国多年来吸收的 FDI 存量已经达到空前规模，外资企业已经从个别几个行业扩展到几乎所有行业，它们利用其专有垄断优势抢占中国市场，从品牌、分销、价格、品质等方面进行组合竞争。③发达国家贸易保护主义抬头，推出各项新贸易壁垒。④发达国家优越的投资环境。发达国家基础设施全面，具有高质量的公路、港口和机场，同时在法律法规、金融体系等软件上也相当完善。⑤海外华人分布在世界各地，华人网络具有巨大的投资推动力，而这种华人网络在发达国家最为密集，使得中国对发达国家进行直接投资更为容易。

微观因素包括：①高素质劳动力、高效的市场化、完善的企业组织是中国企业到发达国家进行直接投资的首要微观因素。②中国对发达国家直接投资，可以培养以知识密集型为基础的产业，更好地提升企业在全球范围内的效率和竞争力，保持短期和长期的盈利能力。

投资障碍包括：①区位障碍。一方面，发达国家地理分布广泛，大多不与我国接壤，地理距离较远，运输与通信成本较高。另一方面，发达国家的历史、文化、语言、风俗、商业惯例等都与东亚国家差异较大，造成了双向的心理距离。②转移障碍。中国对发达国家进行投资主要是为获得创造性资产为特定目的的战略性投资。中国并购了一大批发达国家的大型公司，但是转移效果并不好，因为战略资产的转移发生在并购之前，而不是并购之后。并购之后由于吸收能力的缺乏，自身组织管理能力的不足，很难控制并购企业内部管理团队、原有供应商、原有客户网络等，无法有效地将发达国家的新技术和资本进行整合和转移，从而造成中国对发达国家直接投资的效果欠佳。

中国在与发达国家进行双向投资的同时，应清楚地看到自身优势和缺陷，政府和企业共同学习并不断积累克服各种障碍。中国政府与发达国家政府之间，母公司与子公司之间应加强交流，共同为双向投资营造一个更健康、更持久、互利共赢的投资环境。中国竞争优势正从资源依赖型转向技术创新型，在这一特殊时期，中国相对缺少创新型发展动力，应该加强与发达国家的双向投资，一方面应继续积极鼓励发达国家对中国进行直接投资，尤其是高新技术行业的投资，保持发达国家 FDI 对东道国的溢出效应。另一方面通过对发达国家直接投资尽可能地获得技术核心、管理经验、经营体系等无形资产，并通过反向溢出效应促进中国国内企业向高附加值生产环节扩展，带动国内产业升级。

二、中国与代表性发达国家之间的双向投资情况

与中国进行双向投资的国家呈现多元化，不同合作国呈现出不同的趋势且差异较大。对不同国家进行具体分析，可以使中国制定双向投资政策的目的更明确，更有效地利用双向投资促进经济发展，具有现实参考价值。

（一）中国与美国双向投资

美国是对外直接投资规模最大的国家，也是中国 IFDI 主要的来源国之一。在 2000 年前，美国对华直接投资迅速发展，并于 2002 年到达峰值 54.24 亿美元。美国对华投资以制造业为主，以资本和技术密集型产业为主要投资目标，并倾向于在中国东部沿海开展投资。从 2003 年开始，美国对华直接投资不断减少，同比下降 22.59%，2005 年同比下降 22%，2011 年同比下降 20%，这与美国金融危机前后，经济不景气与疲软有关。然而，中国对美国的直接投资从 2007 年开始大幅度扩大，2008~2012 年增长速度较快，从 2007 年的 1.96 亿美元扩张到 2013 年的 38.73 亿美元。

金融危机不但没有使中国对美直接投资减少，反而使中国抓住时机，通过绿地投资和并购等方式对美国展开了大规模的直接投资。由于中美双向投资反方向发展，双向投资差距越来越小，在 2012 年，中国对美直接投资首次超越了美国对中国的投资，从趋势上分析，在未来几年这种差距将持续下去，从而改变了自改革开放以来美国对中国大规模直接投资的单向模式。

与其他国家相比，美国对中国的 FDI 呈现以下两个特点：第一，制造业投资规模较大，服务业在美国对华直接投资中占比较低。第二，产业层级较高，技术垄断严重。

在后金融危机时代，中国对美国的直接投资规模逐渐增加。同时 30 年来中国经济的稳步发展，人民币升值使得中国看好以美国为首的发达国家的投资前景。中国对美国直接投资的特点有以下几个方面：

第一，起步晚，增长快。根据中国对外投资统计公报统计，2003 年之前中国对美国直接投资的存量只有 5 亿美元，从 2007 年之后投资流量同比翻倍增长。2013 年投资存量为 218.9 亿美元。中国对美国直接投资虽然起步晚、起点低，但增速巨大。例如，双汇集团投资 71 亿美元收购了美国史密斯菲尔德食品公司，为目前中国对美投资最大的项目。

第二，行业和区域日趋多样化。2011 年以前，中国对美国投资存量最高的是制造业，基本占到总投资额的 1/4，而且增长速度很快。根据美国荣鼎咨询公司的分析报告，2014 年中国对美国在信息和通信技术行业的投资达到 57.5 亿美元，在总投资中占比最大。中国对美国投资的覆盖区域也愈加广阔，2012 年投资覆盖达 37 个州，2013 年增至 44 个，主要分布在东海岸地区、西海岸地区和北部大湖地区。

第三，主体多元、以并购为主。中国对美国直接投资的主体包括民营企业和国有企业，民营企业投资数量占总投资数量的 75%，投资项目小而多。而国有企业在投资额上占比巨大，截至 2012 年第二季度，国有企业累计投资额达到 131.64 亿美元。这种情况在 2014 年发生变化，民营企业完成了 81% 的中国在美投资额和 76% 的中国在美投资项目。因此，中国民营企业为推动我国"走出去"战略发挥更大的作用。无论民营企业还是国有企业，都以并购为主要投资方式。

中国对美国直接投资发展迅猛的动力可以归纳为"母国推力"及"东道国拉力"。"母国推力"一方面是中国经济发展方式的推动作用。过去中国过度依赖于吸引投资和出口贸易，而国际国内的发展环境正推动中国寻找新的增长点，通过技术进步、优化外贸结构、扩大内需等措施减少对投资和出口的依赖。美国拥有世界上最大的消费市场和最先进的科技，自然而然成为中国寻求新经济发展方式的重要目标。另一方面是国内巨额的外汇储备和人民币升值的推动作用。世界银行的数据统计，中国的外汇储备总额巨大，2013 年高达 3.6 万亿美元，并且其中 70% 为美元资产。长期持有高额的美元外汇承受较大的保值压力，尤其是在金融危机之后，美元贬值趋势不可逆转，中国亟须寻找外汇资产保持的途径。因此，以危机之后美国企业的经营困难为契机，中国企业对美国开展大规模的对外直接投资，这是资产保值的必要选择。

"东道国拉力"来自四个方面，首先是美国的技术优势对中国对外直接投资的拉力作用。美国企业掌握着世界高端技术，在创新方面超越了大部分国家。2013 年，美国的专利数位列全球首位；并且美国重视人才培养，据统计，2013 年美国国家科学基金会对美国大学提供的研究资金达 70.8 亿美元，2014 年为 66 亿美元，教育创造人才，人才创新。这种优势吸引了来自世界各地的企业到美国经营，越来越多的中国企业把握时机对美投资，通过获得美国的先进技术和管理经验，优化自身组织架构，提升企业的国际竞争力。其次是资源的拉动作用。美国经过页岩气革命后，已经成为实现大规模商业化开采页岩气的国家。据统计，2006 年页岩气产量仅为天然气的 1%，2010 年产量超过 1000 亿平方米，为天然气的 20%，2013 年继续增长到 3025 亿平方米。页岩气的高速增长使得中国企业看到盈利机会，中海油、中石油、海默科技等先后投资于美国页岩气行业。再次是市场拉动作用。美国具有完善的市场环境和庞大的消费需求。中国跨国公司对外直接投资的重要动机之一是开拓国外市场，所以东道国的经济规模可以促进中国对其进行直接投资，2014 年美国 GDP 为 17418 亿美元，巨大的市场潜力促使中国企业到美国投资设厂，以保持较高的市场份额。最后是贸易摩擦的拉动作用。中国与美国之间的贸易顺差逐渐扩大，美国为保护国内相关产业，对中国产品进行频繁的反倾销与反补贴调查，致使中美贸易摩擦日益增多。为规避这种贸易摩擦，在美国当地建厂、生产和销售，可提高企业利润。

（二）中国与日本双向投资

中国和日本分别作为亚洲最大的发展中国家和发达国家，国土相邻，在贸易和投资等方面联系紧密，但现实中中日双向投资发展缓慢，日本对中国的直接投资额远远大于中国对日本的直接投资额，中国对日直接投资长期处于低位，中日双向投资差距较大。由于两国发展水平和经济政策的差异，导致中日两国的经济交流还处在以双边贸易和日本企业对中国单方面投资的发展阶段，中国企业对日本直接投资还处于起步阶段。

中国对日本直接投资始终处于低位，在投资金额、项目数额及投资行业方面都非常有限。根据《2010 年中国对外投资统计公报》，2010 年中国对日本投资流量为 275.54 亿日元，仅占中国对亚洲国家总投资额的 0.75%，排在亚洲国家第 9 位。从增速来分析，中国对日投资仍具潜力，2005 年中国掀起了对日本投资的热潮，除 2007 年略有下降外，其他年份增长率都在 100%，尤其是在 2010 年投资流量为 3.38 亿美元，增长率达到 301.9%。2011 年以后投资流量又有所缩减，但 2012 年和 2013 年增长速度也在 73%，2013 年创历史最高峰值 4.3405 亿美元。中国对日本直接投资的行业在非制造业领域较为集中。中国对日本直接投资的行业分布较广，在制造业有化学、纤维、机械制造、有色金属等，在非制造业有运输、通信、批发和零售、房地产、金融保险等。日本经济产业省关于中国对日本直接投资项目的统计数据显示，2010 年，中国对日本直接投资企业 16 家，其中非制造业企业 14 家，制造业企业 2 家。截至 2010 年，中国对日本直接投资企业 233 家，其中非制造业企业 210 家，制造业企业 23 家。究其原因有以下几个方面：

首先，亚洲仍不是日本主要的投资来源地。相对欧美国家，日本从亚洲吸收的外商直接投资占总 FDI 的流量很小。其次，日本空间狭小，是世界上人口密度最大的国家之一。截至 2012 年，日本人口为 1.2772 亿，人口密度达到 343 人/平方千米，100 万人以上的城市有 11 个，500 万人以上的都道府县有 8 个。并且，日本还是人均收入较高的国家，2011 年日本 GDP 达 5.67 万亿美元，人均收入为每年 4.44 万美元。零售业在日本需求量巨大，每年约交易 1.2 万亿美元，其中大部分的中低档商品需要从外国进口，随着日本人口老龄化，对健康、医疗和护理等方面的需求潜力巨大。最后，中日双边贸易发展较快，对于大量向日本出口的中国企业来说，有必要选择对日本直接投资的方式，在日本设厂生产和销售，绕开贸易壁垒，节省交易费用，开拓更大的市场份额。例如，海尔集团在日本进行直接投资的主要原因是开发海外市场，建立全球化品牌，实现国家化战略。

　　日本对华直接投资以制造业为主，并以一般机械、电气机器和运输机械为主要投资领域。1995~2005 年制造业占比几乎没有太大变化，保持在 77.00% 上下。从 2006 年开始，制造业占比开始下降，2007 年为 67.40%，2010 年为 62.00%。在非制造业中，批发和零售业占比最大，2010 年达到了 38.68%，其次为金融保险业，达 34.26%。日本对华直接投资高度集中在东部沿海地区，而中西部则较少。另外，日本对华 FDI 在东部沿海地区的内部分布也不平衡，以长三角地区、环渤海地区、珠三角地区为主。日本对中国 FDI 的另一个特点通过输出中间产品到中国进行加工，再销往世界各地。中国作为东亚最大的生产加工大国承接了很多日本的夕阳产业，这些产业通过 FDI 转移到中国，利用中国国内的廉价劳动力、较低的生产成本，成为优势产业，在中国加工后的最终产品在中国市场销售或者返销到日本和世界其他国家，从而获得高额的利润。日本对中国投资呈现以上特点的原因可以分为日本因素和中国因素。

　　日本因素包括：①日本产业发展需要的推动。小岛清的边际产业转移理论是日本长期奉行的对外直接投资理论，也成为对中国投资的重要推动因素。20世纪80年代以来，日本国内工业已基本饱和，如纺织工业、汽车工业、钢铁工业、电机机械工业等。如果继续一味投入国内资源必将导致无效率的生产，解决问题的最好方法是通过产业转移进行国内产业结构的调整和升级。而到中国投资恰恰适应了日本的经济需求。两国在产业发展上差距较大，在日本已经处于劣势的产业，转移到中国仍具有优势。②国内过剩资本。长期的贸易顺差和日元升值导致日本形成了国内大量的过剩资本，自1990年以来，日本的外汇储备居高不下，而资本都是逐利性的，直接推动了日本对外直接投资。③经济停滞和国内需求不足。日本经济在经历了"二战"后取得的辉煌成就，在20世纪90年代陷入停滞，1997年和1998年实际GDP甚至出现了负增长，为战后最低水平。日本国内经济停滞造成大部分人的收入受损，从而导致国内需求不足，进而致使生产过剩，国内投资被迫缩减。投资者减少国内投资必将寻找新的投资市场，而进行对外直接投资成为必要选择。而与之对应的是，中国积极吸引外资发展经济，国内需求和规模呈现旺盛的形势。总之，日本内需不足和经济停滞与中国的需求旺盛是日本对中国大规模投资的重要因素。

中国因素包括：①随着中国人均收入水平的提高，潜在市场已成为现实市场，消费需求越来越大。日本经济综合研究开发机构调查了大量日本企业，其中把"中国市场的吸引力"作为首要选择的占36.1%，"寻求廉价劳动力"占21.1%，"建立出口加工基地"占17.3%。因此，中国市场的吸引力是日本对华直接投资最重要的原因。②完善的投资政策和良好的投资环境。自1978年改革开放以来，中国的外商直接投资政策经历了30多年的修改和调整，已经形成了一套完善的政策系统。投资政策的保证使外国投资者对中国的投资环境形成了一个稳定的预期，从而更能激发其对中国直接投资的信心。所以完善的投资政策是日本对中国开展大规模直接投资的重要原因。投资政策隶属于投资环境，完善了投资政策体系吸引了更多的日本直接投资。除投资政策外，投资环境的其他方面的改善也对日本投资有拉动作用。例如，中国基础设施经过多年建设已经得到了大幅度的改善，尤其在通信设施、交通设施和水电气供应方面已经相当完备，各种原材料和能源的质量和供应水平都显著升高。在软环境方面，管理程序不断透明化，服务效率和质量显著提高。因此，完善的投资政策和良好的投资环境是日本对中国大规模投资的重要原因。③加入世界贸易组织与西部大开发的促进作用。中国加入世界贸易组织后，进一步开放本国市场，放宽对外国资本在行业和方式上的限制，减轻了制度风险和交易负担。世界银行对中国加入 WTO 的经济影响做了数据分析，中国入世给世界经济带来了 3400 亿美元的利益，其中日本占 610 亿美元，北美洲占 380 亿美元，欧洲联盟占 710 亿美元。日本无疑成为最大获益者。另一个对 IFDI 有重要影响的大事是西部大开发。为了鼓励外国投资者对西部进行直接投资，《中西部地区外商直接投资产业目录》给予了外国企业在行业准入、关税和所得税等方面更优惠的条件。

中国和日本分别为亚洲最大的发展中国家和最大的发达国家，其双边投资对两国经贸关系、东北亚区域经济一体化、经济全球化具有重要意义。

（三）中国与欧盟双向投资

欧盟是全球经济规模最大的经济体，也是中国重要的 IFDI 来源国。1992 年以来，欧盟对中国直接投资呈现出稳步上升的趋势。由于受欧洲主权债务危机和美国金融危机等经济萧条事件的影响，欧盟对中国直接投资额在 2007 年出现短暂的下降，同比增长率下降 24%，2008 年同比增长了 25%，并在以后保持了增长态势，但从 2009 年开始，欧盟对中国投资逐渐恢复增长常态，2013 年欧盟对华投资额达到 68.4632 亿美元，远远高于危机前的投资水平。欧盟对中国的直接投资长期集中于东部沿海，江苏、上海、北京、广东占了 48%以上，加上山东、天津、浙江等省份接近 80%，而其他地区的投资较少。

欧盟国家总体经济发展水平较高，但对中国直接投资的规模大不相同，其中长期排在前 5 位的国家是德国、荷兰、英国、法国和意大利。德国为对华直接投资规模最大的欧盟国家，占欧盟对华投资比重的 20%。荷兰虽然人口不多，国土面积不大，但占欧盟对华直接投资的 16%左右，在欧盟中具有代表性。2010 年法国对中国投资总额从平均 15% 上升到 22.58%，属于对华投资发展较快的欧盟国家。英国则在 2007 年以后对华直接投资呈逐渐下降的态势，到 2010 年仅占欧盟对华直接投资的 11.8%。意大利与英国情况相似，也有一定的下降趋势。

欧盟对中国的 FDI 主要流向了制造业，制造业占绝对优势的原因主要是多家企业进军中国市场，如德国大众和奔驰、瑞典沃尔沃、法国雪铁龙和标志等都在中国投资设厂。另外，还有化工、橡胶和塑料工业占比约为 20%。

受欧洲债务危机和美国金融危机的影响，欧盟总体经济处于低迷状态，纷纷采取了多种政策加强与中国的经贸来往，并特别注重鼓励中国企业到欧洲进行跨国投资，如华为、中兴、长虹等都在此时期投资于中东欧国家。国内学者大多侧重于研究欧盟对中国的直接投资问题，而极少关注中国对欧盟的直接投资。欧洲主权债务危机爆发后，大批的中国企业对欧洲发达国家进行"抄底"投资，掀起"走出去"的投资狂潮。2006 年以后，中国对欧盟直接投资开始迅猛增加，2009 年的投资额为 29.7756 万美元，2010 年的投资额为 60.8071 万美元，同比年增长率分别达到 571% 和 104%，并于 2011 年达到 74.8779 万美元的最高峰值，首次超过欧盟对中国的直接投资总额。2010 年以后连续两年中国对欧盟的直接投资出现下降情况，这种下降是对欧盟投资趋于理性的表现。

归纳可见，中国与欧盟之间的双向投资关系密切，欧盟对中国的直接投资稳步增长，并将进一步扩大。中国对欧盟的直接投资额呈现追赶状态，并越来越趋于理性。中国与欧盟双向投资密切发展是经济发展的必然结果，中国是世界上最大的发展中国家，欧盟是全球经济规模最大的经济体，中欧双向投资既具有一般性，又具有特殊性。虽然欧盟是世界上一体化程度最高的地区，欧盟成员国跟中国都有投资合作，但中国与其进行双向投资较多的国家有英国、法国、德国、意大利和荷兰，其他成员国则较少。

第三节　中国与发展中国家（地区）双向投资

促进发展中国家互利共赢，建立发展中国家间新型的经贸和投资关系是南南合作的重要战略。中国作为最大的发展中国家，在投资领域与广大发展中国家联系紧密，研究中国与其他发展中国家的双向投资关系对南南合作战略的制定具有重要意义。中国与发展中国家之间的双向投资（简称中南双向投资）是指中国在经济发展过程中既利用其他发展中国家的外商直接投资，也对其他发展中国家进行直接投资的一种现象。

一、全球 FDI 趋势：南南双向投资发展迅速

根据联合国贸发会议（UNCTAD）的统计①，如表 3-3 所示，从 2002年到 2007 年，世界 FDI 总流入量大幅增长，并于 2007 年达到峰值的20019.87 亿美元。由于受美国金融危机的影响，全球 FDI 流入量在2008~2009 年经历大幅下降，2010 年开始小幅回升，与上一年相比增长了约 5%。由于全球经济恢复缓慢，2012 年世界 FDI 总流入量又下降了约21%。与世界总趋势不同，发展中国家和转型经济体 FDI 流入量总体呈现不断增长的趋势，增长的动力主要源自发展中国家及转型期经济体强劲的内部需求和区域内南南投资的发展。在世界总投资受金融危机影响而大幅度下降的 2008 年，发展中国家和转型经济体仍然强劲增长，2009 年才出现了暂时性下降。2010 年发展中国家及转型期经济体的外商直接投资规模首次达到了世界 FDI 总量的一半以上，超过了发达国家。

---

① UNCTAD 把转型经济体国家从发展中国家中单独列出，由于转型经济体国家大多具有发展中国家的性质，在分析时将其归于发展中国家。

表 3-3　2001~2013 年世界及各经济体的 FDI 流入量

单位：百万美元

年份	发展中国家	转型经济体	发达国家	世界总流入量
2001	226164	8198	603386	837748
2002	172323	10189	446248	628760
2003	197459	18037	388807	604303
2004	284619	29158	423905	737682
2005	341428	32414	622872	996714
2006	432869	60463	988229	1481561
2007	591161	88031	1322795	2001987
2008	668758	117692	1032385	1818835
2009	532580	70664	618596	1221840
2010	648208	70573	703474	1422255
2011	724840	94836	880406	1700082
2012	729449	84159	516664	1330272
2013	778372	107967	565626	1451965

资料来源：UNCTAD 数据库。

世界 FDI 总流出量与 FDI 总流入量增长趋势一致，但由于统计方法不同与误差，流入量与流出量一般并不相等。2002 年，发展中国家和转型经济体的 FDI 流出量为 487.72 亿美元，而发达国家为 4793.41 亿美元，约为发展中国家和转型经济体的 10 倍。然而到 2013 年，发展中国家与转型经济体 FDI 流出量增至 5532.42 亿美元，发达国家为 8575.68 亿美元，只是发展中国家与转型经济体的 1.56 倍（见表 3-4）。

表 3-4　2001~2013 年世界及各经济体的 FDI 流出量

单位：百万美元

年份	发展中国家	转型经济体	发达国家	世界总流出量
2001	91758	2554	664506	758818
2002	44674	4098	479341	528113

续表

年份	发展中国家	转型经济体	发达国家	世界总流出量
2003	51771	10683	518241	580695
2004	113559	13781	792425	919765
2005	141041	19754	743475	904270
2006	242531	31638	1151147	1425316
2007	327091	50992	1889074	2267157
2008	338354	61655	1599317	1999326
2009	276664	48270	846305	1171240
2010	420919	57891	988769	1467580
2011	422582	73380	1215690	1711652
2012	440164	53799	852708	1346671
2013	454067	99175	857568	1410810

资料来源：UNCTAD 数据库。

通过以上分析，发展中国家和转型经济体对外投资和吸引外资的潜力巨大，尤其是新兴经济体越来越注重对外直接投资，南南投资模式正在迅速兴起。中国作为最大的发展中国家，研究与其他发展中国家的双向投资具有重要的经济与政治意义。

二、中国与发展中国家（地区）双向投资趋势

（一）中国与发展中国家（地区）双向投资总体趋势

首先，以大样本发展中国家和小样本发展中国家（包括和排除亚洲四小龙的两种情况）分别为基础考察中南双向投资的情况，以便展现中南投资的全貌。根据 UNCTAD 统计数据，中南双向投资都呈现增长性趋势，并且增长趋势相似，但是大样本发展中国家对中国的投资金额一直多于中国对发展中国家的投资金额。在 2003 年之前，中国对发展中国家的投资还处于非常低的阶段，由于 2000 年后提倡的"走出去"战略，中国开始增加对发展中国家的投资，并且有数据说明，有八成的中国对外直接投资都投到了发展中国家。在 2008 年之前，双向投资增长的同时差距越

来越小，2009 年双向投资同时出现了一次下降，2010 年随即恢复增长，并且中国对发展中国家的投资呈现持续增长的态势。但是发展中国家对中国的投资在 2012 年表现为下降的趋势。这充分说明，中国对发展中国家的投资极有可能超过发展中国家对中国的投资，这是政策调整的结果，也是产业升级和产业转移的结果。

从小样本发展中国家来看，中南双向投资呈现与大样本不同的情况。从 2009 年开始，小样本发展中国家对中国的投资出现了持续下降，并且下降幅度巨大。其中原因有：中国由于外商直接投资已经达到空前的规模，外资企业竞争越来越激烈和劳动力成本不断上升，小样本发展中国家对外投资比较注重生产成本的节约、政策的便利等因素。与此相反，从 2003 年开始，中国对小样本发展中国家的直接投资迅猛发展，除 2007 年、2009 年和 2012 年出现了微小下浮，总体增长强劲。2010 年，中国对小样本发展中国家的投资规模首次超越小样本发展中国家对中国的投资，从此中南双向投资差距逐渐拉大，这与中国的产业转移和产业升级政策联系密切，小样本发展中国家具备承接中国产业转移的优势。未来中国与小样本发展中国家的双向投资差距将持续存在，虽然差距存在，但这符合中南国家的基本国情，是南南合作进一步发展的重要特征。普通发展中国家与中国的双向投资存在巨大的潜力，可以通过开展广泛的合作关系，制定有利于双方发展的经济政策，带动双方更好更快地发展。

（二）中国与主要发展中国家（地区）双向投资趋势、特点及领域

1. 东盟

2005 年之前，中国与东盟之间的双向投资资金流向一直是以东盟国家流入中国为主，而中国对东盟直接投资规模非常小。随着中国经济水平的快速发展和政策导向的调整，中国在东盟的投资增速较快，并且投资水平和质量也在显著提高。

中国与东盟的双向投资呈现相似性增长与波动的趋势，并且东盟对中国的投资始终高于中国对东盟的投资，但是这种差距越来越小。这表明中国与东盟之间的双向投资总体是在良性发展。2001~2005 年中国与东盟的

双向投资一直保持稳定，几乎没有增长。从 2006 年开始，双向投资同时发生增长，并且投资差距越来越小，东盟已经成为中国企业"走出去"战略的主要目的地之一。这与中国东盟自由贸易区的建立有密切关系，在自由贸易区筹建期间，投资协议实施，双方开放投资市场、改善投资环境、降低投资壁垒，为双方投资者创造了更多的投资机会，使得双方的投资者把握时机进行跨国投资。中国东盟自由贸易区是南南型区域一体化组织，由于区域内自由贸易和投资导致了内部厂商相对成本的降低，提高了对外的相对保护水平，区域内的贸易与双向投资从外部国家转移到了区域内国家，所以中国与东盟的双向投资一部分得益于区域经济一体化。

近年来，随着中国和东盟经济的不断发展，中国对东盟直接投资的水平正在逐步提高，东盟国家已成为中国企业开展对外直接投资的首选地（郑磊，2011）。东盟国家劳动力丰富，劳动成本低廉，而我国国内制造业已表现出生产力过剩和产品滞销等问题，这对中国传统产业的对外转移来说既有压力也是契机。在中国与东盟双向产业转移中，应该按照国际分工增强双方投资的互补性，以避免双方不必要的激烈竞争。虽然东盟十国作为一个整体在东盟自由贸易区框架下有着一致的战略和政策，在对外事务中表现出高度的一致，但其经济发展水平和投资环境并不一致。对于中国来说，与东盟的双向投资要根据不同国家的具体情况进行。

新加坡是东盟国家中的高收入国家，也是中国开展学习型投资的重要国家。一批中国知名企业纷纷在新加坡投资，如中国华为、TCL、北大方正、华旗资讯等都在新加坡设立了分支机构、子公司或研发中心，投资领域不仅涵盖了贸易、运输、工程承包等传统领域，还延伸到了金融、生物制药、石油化工和家用电器等新兴领域。中国与马来西亚和泰国的经济发展阶段相近，彼此之间在产业上既具有互补性又存在一定的竞争性，正是双方产业上的这种特点使中国对马来西亚和泰国投资涉及广泛领域，对马来西亚投资包括服务贸易业、资源开发业、制造业、信息产业和农业等行业；对泰国投资分布于食品加工、纺织、橡胶制品、化工品制造、酒店、银行、保险、餐饮、房地产等行业。印度尼西亚和菲律宾是自然资源丰富的国家，石油和天然气是中国对其直接投资的主要领域。老挝、缅甸、柬埔寨属于低收入水平国家，其第一产业占 GDP 比重大，属于典型的农业国家，因此，中国对其投资的领域大多是农业、原材料及相关产业。

此外，新加坡、马来西亚、泰国、印度尼西亚和菲律宾处于经济高速发展阶段，其盈余资本相对较多，对中国的外商直接投资显著，所以中国仍然需要重视东盟各国企业对华投资。由于东盟国家在华投资项目多为劳动密集型企业，且以中小企业占较高比例，所以中国应该特别鼓励其到中西部投资，推动中西部经济建设。从双向投资背景来看，中国与东盟的合作前景尚好，加强投资合作符合双方的共同利益。

2. 金砖国家

中国社会科学院《新兴经济体蓝皮书》（以下简称《蓝皮书》）调查发现，自金融危机以来，金砖国家相互投资增加，经贸关系进一步加深，发展中国家"抱团取暖"，减轻了对发达国家的依赖程度，促进了经济增长。《蓝皮书》表示，金砖国家之间的合作已经起步，虽然这种合作还处于初级阶段，却对发展中国家的经济发展和政治地位的提升起着非常重要的作用。

中国与金砖国家的双向投资增长速度差距很大，金砖国家对中国的投资长久以来保持很低的水平并且没有显著的增长，中国对金砖国家的投资则波动很大。2008 年中国对金砖国家的投资猛增至历史最高水平，但是2009 年又俯冲式下降；2011 年和 2012 年，中国对金砖国家的投资持续下降，双向投资差距越来越小，这主要是受中国对金砖国家的投资增减的影响。由此可以看出，中国与金砖国家的投资关系以中国对金砖国家的直接投资为主要影响因素。

在巴西，中国开展了多宗与能源和资源相关的跨国并购，并且中国企业的兴趣开始转向制造业。在俄罗斯，中国企业正着眼于当地快速发展的领域，如汽车、银行和电信等。在印度，中国企业倾向于对中小企业的收购，购买的印度资产主要是消费与运输行业（占46%）及科技、传媒和电信行业（占23%）的公司。

金砖国家作为新兴经济体的重要成员，各具发展优势，互补性很强，金砖国家之间的分工和合作具有非常重要的现实意义。金砖国家总体认同投资自由化的目标，注重投资便利化方面的建设，签订了大量的双边投资协定，扩大了投资领域和规模，为金砖国家之间的投资合作进一步深化打下了坚实的基础。根据2013年3月26日金砖国家第三次经贸部长会议发表的《金砖国家贸易投资合作框架》，金砖国家进一步加强贸易、投资政策和商业机会的信息交流，如建立投资信息共享网站，扩大博览会、展览会等投资促进平台的合作等。在复杂多变的世界经济背景下，发展中国家更需"抱团取暖"，金砖国家作为发展中国家中的引领者，南南合作应进一步增强。

3. 转型经济体

根据联合国贸发会议（UNCTAD）分类，转型经济体国家有18个，分别是阿尔巴尼亚、亚美尼亚、阿塞拜疆、白俄罗斯、波黑、克罗地亚、格鲁吉亚、塔吉克斯坦、吉尔吉斯斯坦、黑山、摩尔多瓦、俄罗斯、塞尔维亚、哈萨克斯坦、北马其顿共和国、土库曼斯坦、乌克兰、乌兹别克斯坦。转型经济体国家分布在中亚、西亚及中东欧地区，因此比较具有代表性。转型经济体对外投资规模不断增加，同时大多数又是共建"一带一路"沿线国家，虽然对外直接投资日益增加，但是对中国的投资却一直处于疲软状态，原因较为复杂。长久以来，转型经济体的经贸来往与欧洲、中亚、西亚较多，与中国较少；同时地理条件的限制和基础设施的不完善也导致了转型经济体对中国的投资信息不了解，较少投资于中国。从2003年开始，中国对转型经济体的投资日益增加，但是波动较大。在中国大力鼓励"走出去"的背景下，中国对转型经济体的投资，在2012年突飞猛进，超过40亿美元。共建"一带一路"将为中国与转型经济体之间的投资打造一个更好的平台，中国对转型经济体的投资将进一步增加，同时，由于信息的便利化和经贸往来的增多，转型经济体将会更加了解中国经济和中国市场，对中国的投资会随着共建"一带一路"的开展而有所增加。

俄罗斯是转型经济体中最大的国家，与中国经贸来往密切。根据商务部统计数据，中俄两国投资合作显著加快，2012 年中国对俄罗斯的投资达到 6.5 亿美元，增长了 1 倍多，累计投资高达 44 亿美元，在俄罗斯，中国企业正着眼于当地快速发展的领域，如汽车、银行和电信等。然而与此相反的是，2004 年以来俄罗斯对华直接投资出现了逐年下降的趋势，2011 年俄罗斯对华直接投资只有 0.31 亿美元，累计不到 10 亿美元，投资的发展远远滞后于贸易，共建"一带一路"有可能会扭转这一局面，促进中俄投资平衡化与合理化。

4. 南亚五国

由于投资数据的可得性，选取投资统计数据中的南亚 5 个国家：尼泊尔、印度、巴基斯坦、孟加拉国、斯里兰卡作为分析对象。

中国与南亚五国双向投资波动较大。南亚五国对中国的投资经历了从无到有的过程，虽然在低水平缓慢增长，但不能忽视南亚国家，尤其是印度对中国的投资能力。中国对南亚国家的投资则波动很大。2006 年以前，中国对南亚的投资甚至低于南亚对中国的投资，并且在 2006 年为负值，这说明存在大量撤资行为。到 2007 年，中国对南亚国家的投资猛增至历史最高水平，但是 2008 年和 2009 年又俯冲式下降；2010 年和 2011 年逐渐恢复，由此可以看出，中国对南亚的投资波动较大。

印度是南亚最具影响力的国家，同时是较大的新兴经济体，但是印度长期以来对待外资比较谨慎，限制较多。在印度，中国企业倾向于对中小企业的收购，购买的印度资产主要是消费与运输行业（占 46%）及科技、传媒和电信行业（占 23%）的公司。共建"一带一路"将促使印度进一步放宽和完善外资政策，放宽基建领域的外资限制，弥补此前在基础设施方面长期存在滞后的问题，为中印双向投资打开广阔空间。随着印度外资限制的放宽，中国不仅仅投资于印度的基础设施和制造业，还加大对 IT 服务、农业、制药业的投资。印度长期以来对中国投资很少，作为两大新兴经济体，投资合作必不可少，印度在信息技术产业取得了举世瞩目的成就，推动了本国经济快速发展，是中国以及其他发展中国家学习的典范，然而中国 IT 产业存在较多不足，特别是软件开发、服务外包等行业，需要加强对印度的引资力度。随着印度对外商投资限制的放宽，未来中印合作领域将不仅仅集中在基础设施建设、制造业，未来印度还可能在农业、制药、IT 服务和农产品等方面加强同中国的合作。

5. 其他主要发展中国家

蒙古国是中国北方的重要邻国，两国在经济领域合作非常广泛。长期以来中国都是对蒙投资的第一大国。蒙古国矿产资源丰富，种类繁多，与中国开展投资合作具有极大的互补性。共建"一带一路"正好可以弥补蒙古国在开采矿物资源方面所需要的技术和资金及基础设施建设等方面的不足。

埃及与欧洲隔海相望，地跨亚洲与非洲，影响力较大，并且在阿拉伯拥有特殊的区位优势，是共建"一带一路"覆盖的重要国家。在埃及最具发展潜力的行业，如采矿、纺织、皮革产品是中国企业感兴趣并且具备专业技能的领域。埃及自 2004 年起，大力实施私有化改革，推动工业现代化，各行各业都具有投资潜力。对中国企业来说，在电信、石油、旅游、纺织等领域具有较大的投资潜力。中国与埃及传统友谊深厚，两国在发展理念和奋斗目标上有许多相同之处。尤其是埃及对中国提出的共建"一带一路"倡议积极支持，表示将竭尽所能与中国一道推动倡议的实施，成为建设"一带一路"的重要力量。未来随着共建"一带一路"的不断推进，中埃在各领域的合作前景广阔。

如果中国与发展中国家能在投资便利化方面取得重大进展，相互之间的合作必将进一步深化。积极推进发展中国家之间的投资便利化，有利于打造更多优势产业的发展，对促进发展中国家之间的分工和合作具有十分重要的现实意义。共建"一带一路"国家总体上认同投资自由化的目标，自由化的范围和领域都在日趋扩大，外资立法普遍朝着市场化和自由化的方向发展。中国与发展中国家未来将加强相关贸易、投资政策和商业机会的信息交流，建立贸易和投资信息共享网站，扩大在展览会、博览会等贸易和投资促进平台方面的合作。

第四节　中国双向投资的不均衡发展与困境

一、双向投资适度问题

从统计分析可以看出，中国双向投资实际规模巨大，但是是否适度一直是困扰专家和学者的重要议题，双向投资的适度问题即实际规模在多大范围内的促进作用大于负面效应。学术界认为双向投资适度问题与国际收支、储蓄、汇率等密切相关，由于分析途径和重点的不同，适度规模的确定有所差异，但研究结果普遍证实中国双向投资实际规模与适度规模之间存在"缺口"，双向投资适度问题急需解决。

Chenery 和 Strout（1966）提出了双缺口模型，双缺口是指储蓄缺口和外汇缺口，认为引进外资可以弥补储蓄与投资之间的差额，改善国际收支逆差问题，走出国内资金短缺困境，当 IFDI 正好等于东道国资金缺口时，东道国的经济资源得到充分使用，促进经济增长。此外，Barro 和 Sala-i-Martin（1992）认为 IFDI 不单是资金流入，还是先进技术和管理经验的流入，可以通过外资企业的溢出效应影响东道国的经济发展。经过 30 多年的积累，中国 IFDI 已经超过美国，成为全球最大的外资流入国。外资规模是否过大问题引起了学者们广泛讨论，卢汉林（1998）指出外资利用效果存在最优状态，过多的外资流入将导致东道国回报缩水。吴刚和黄节裕（1995）提出中国的 IFDI 已经大大超出适度范围。张棣（2007）对"双缺口"模型进行了扩展，通过实证研究发现中国引资实际规模已经偏离适度规模。

不适度的外商直接投资可能诱发国际收支危机，外商直接投资是一种具有长期性和稳定性的投资行为，不会直接导致金融危机，但是需要注意的是 FDI 的投资收益往往汇回母国，势必会对东道国国际收支造成赤字风险。1994 年的墨西哥、1996 年的泰国，外商直接投资收益外流占 30%或 40%以上，如此大的比例造成国际收支恶化，无力抵御金融危机的爆发。此外，外商直接投资的利润汇回使得它与举债融资无异，但外商直接投资的收益率在 17%左右，比一般商业贷款高很多。1992～1997 年意大利、墨西哥、马来西亚等国密集爆发的金融危机，都与巨大的 IFDI 引起利润额大规模汇出造成了经常账户的逆差有关，从国际经验来看，过度 FDI 流入是一国爆发金融危机的重要原因。

双缺口模型契合中国改革开放早期面临的现实状况，但现在已不复存在，中国具备了相对过剩的大规模储蓄和外汇储备，并且国际收支呈现"双顺差"的状态，近年来我国的外资政策越来越倾向于对外直接投资，随着 OFDI 的迅速发展，尤其近 10 年来井喷式增长，2015 年中国成为全球第一大对外直接投资国，然而中国 OFDI 是已经过度还是仍为不足，其适度性问题日益引起学术界和企业的广泛关注。韩立岩和顾雪松（2013）认为，虽然 2002 年确立的"走出去"战略，一定程度上缓解了中国对外直接投资长期不足的问题，近年来呈增速加倍的趋势，但是中国对外直接投资尚不存在过度问题，从实证检验上看仍显不足，没有其他足够研究成果证明对外直接投资处于适度区间，因此中国对外直接投资适度性较差。

中国双向投资适度性较差的原因主要有：①国内产业结构不合理导致引资结构的不合理和对外投资结构的不合理。中国长期面临经济结构欠合理的状态，抗压能力较差，在进行双向投资的过程中往往处于被动地位。在 IFDI 方面，中国在第一产业利用外资较少，第二产业和第三产业外资流入总规模比例占有绝对优势，主要集中在制造业、房地产业等。即外资集中在资金数量大和利润高的行业，而其他行业由于处于起步阶段，吸引的外资较少，这种不合理性结构往往造成外资过剩的假象，降低外资的利用效率，导致产业恶性竞争、资源浪费等负面效应。②地区结构失衡。不管是利用外资还是对外直接投资，东部沿海地区凭借自身优势始终占据主导地位，导致我国外资和对外直接投资过分倚重东部地区，而西部地区越来越边缘化，东部资金的充足与西部资金的匮乏形成鲜明对比。③双向投资对国内企业的"挤出效应"。外资的大规模流入，降低了东道国的本土投资，在一定程度上削减了东道国企业的盈利水平和发展空间，对东道国本土投资具有"挤出效应"。此外，大规模的对外直接投资往往具有盲目性，使得本国企业缺乏资金，降低了母国资本的形成率，同样对母国企业具有"挤出效应"。

目前，双向投资总体呈现一种国内资金相对过剩性的对外直接投资和"非缺口"型引进外资并行的状态，双缺口模型失灵。适度并协调的双向投资对中国经济的健康发展意义重大，但是中国对外直接投资与引进外资长期失衡，根据我国市场经济的实际需要，确定适度的外资规模和对外直接投资规模，合理引导双向投资流向，充分发挥双向投资对经济发展的助推作用为当前的困境之一。

二、返程投资问题

中国双向投资统计和研究的另一值得关注的问题就是返程投资（Capital Round-Trip）。Harrold 和 Lall（1993）的研究认为中国利用的国际直接投资中20%属于返程投资；Xiao（2004）研究认为达到40%。关于返程投资占中国双向投资比重的确切数据无从获得，学者多是从不同的视角进行估计。在我国对外直接投资统计中，投向拉丁美洲的开曼群岛、巴哈马和英属维尔京群岛的投资占比很大。2008 年以前，三地区的中国对外投资占中国对外直接投资存量总额的 16.74%。开曼群岛和英属维尔京群岛属于"避税天堂"，投向该地区的外资出于避税的需要，但投入到这些地区的外资被划归到"控股公司"这一类别，属丁"商务服务业"大类，实际上却并不从事任何具体业务。从这个意义上讲，服务业对外投资规模在一定程度上有所夸大。香港地区作为离岸金融中心，是大型跨国公司进出我国的中转站。

中国双向投资大量集中在中国香港地区，与文化、语言、血缘相通等原因有关，但另一重要的原因是中国香港地区是国际避税地之一。税收负担是导致中国对中国香港地区、开曼群岛和英属维尔京群岛大规模投资的重要因素之一。此外，国内融资制度仍不完善。中国企业到离岸金融中心设立公司，通过在国外上市享受更便利的融资制度，中国企业大量对外直接投资的真实目的就在于此。我国的资本市场还处于初级阶段，融资规定严格，企业融资困难。企业上市需要中国证监会的审核和批准，程序复杂，等待时间长。并且，风险投资基金和私募股权基金在中国起步时间不等，制度供给仍然不足。

然而投向三大离岸金融中心的投资多半为返程投资，也叫虚假外资，这类投资使得中国双向投资真实情况变得模糊，其投资的目的和产业也很难分析。返程投资通过先对中国香港地区、英属维尔京群岛、开曼群岛等离岸金融中心进行对外直接投资，增加了中国 OFDI 的数量，进而以外商直接投资的方式返回中国市场，增加了中国 IFDI 的数量。根据外商投资报告数据，中国香港地区多年来位列前十的 IFDI 来源地榜首，2011 年达770.11 亿美元。按照 2005 年 UNCTAD 对中国返程投资的估计，约有 1/3的中国 IFDI 是先投到海外，再以外资的方式返回中国的本国内资。返程投资现象的重要原因是为了享受"超国民待遇"①，中央政府及各级地方政府在招商引资方面为外资提供了优越的条件，如税收政策和土地政策等。超国民待遇造成了对国内企业的不公平与歧视，为了避开这种约束和限制，国内私营企业和国有资本采用了这种返程投资的方式，以外资的身份回国经营。这种虚假现象既扭曲了中国双向投资的真实状况，也是利用制度缺陷进行的一种套利行为。

三、IFDI 与 OFDI 的经营状况问题

中国双向投资面临的经营状况问题严峻，并且 OFDI 经营状况远远差于 IFDI。在外商直接投资方面，中国长期以来都是最具吸引力的东道国之一。根据 UNCTAD 基于 164 家受访企业的调查，中国在 2014～2016 年

---

① 超国民待遇是指政府为吸引外资拉动国内经济发展，利用国外先进科技而赋予外商投资者很多国内企业所不能享受的优惠政策。

仍然处于最具前景的东道国经济体，与往年相比，越南、马来西亚和新加坡等东南亚国家以及英国、澳大利亚、法国和波兰等发达经济体地位不断上升（见图 3-3），预示着世界各投资目的地的吸引力在悄然变化，中国虽然仍然处于第一位，但需要正视自身问题未雨绸缪。中国持续 30 年的引资政策已经使外资企业达到空前规模，外资企业之间竞争和外资企业与本土企业之间的竞争越来越激烈，而随着中国劳动力、土地、环境保护等成本的不断攀升，很多企业利润空间不断被压缩。以外资企业密集的浙江省为例，2008 年浙江外资企业中盈利企业仅占 35%，保本或微利企业占 35%，而亏损企业已经高达 30%。

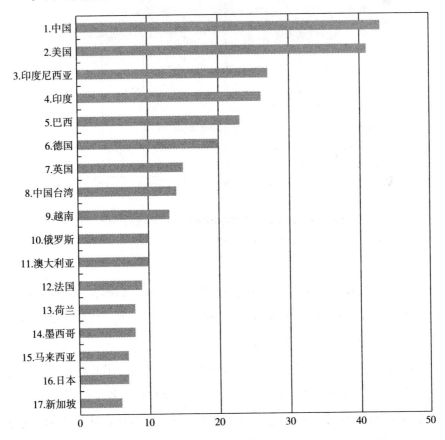

图 3-3 2014~2016 年最具前景的东道国（地区）经济体

资料来源：《2014 年世界投资报告》。

在对外直接投资方面，中国企业经营状况整体欠佳。《中国海外投资及经营状况调查报告》采用随机抽样的方法对 365 个有效问卷做了统计分析。首先，成本上升是国内企业走出去的最主要的原因。如图 3-4 所示，受访企业在调查的 11 项中有 8 项超过了 50%，即大多数企业认为国内环境限制了企业的发展，其中以成本上升幅度大、市场竞争程度大和人才获取难度大较为突出。

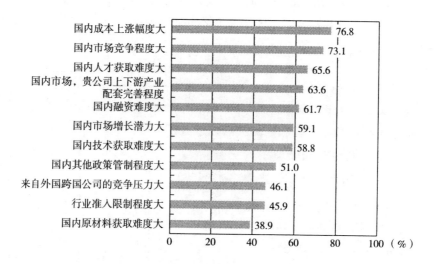

图 3-4　走出去企业对中国国内发展环境的评价

资料来源：《中国海外投资及经营状况调查报告》。

其次，我国企业海外投资的准备程度并不理想。如图 3-5 所示，6 项调查中有 5 项低于 50%，其中以人才储备准备程度最低，这反映出我国对外直接投资的国际化人才非常匮乏。

最后，走出去企业经营欠佳，非洲情况好于欧美。虽然近年来中国企业"走出去"规模扩大速度很快，但不可忽视其经营效果的评估，从这几年的代表性企业公布的数据来看其对外投资效果不容乐观，并购的成功率依然较低。如图 3-6 所示，受访企业对其海外分支机构经营指标满意程度的调查中，超过一半"走出去"的企业对其海外销售利润增长率和

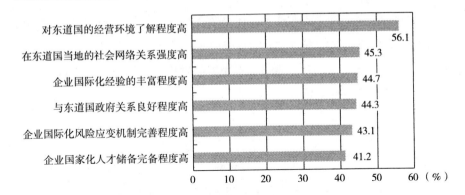

图3-5 企业设立海外分支机构时的准备程度

资料来源:《中国海外投资及经营状况调查报告》。

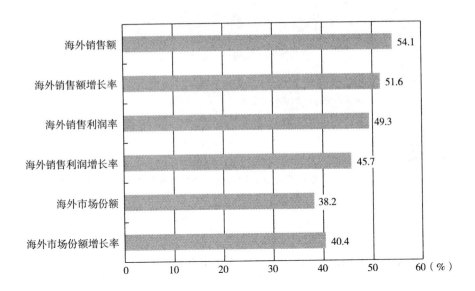

图3-6 企业对其海外分支机构经营指标满意程度

资料来源:《中国海外投资及经营状况调查报告》。

海外市场份额增长率表示不满意,增长率满意程度较低的是企业未来增长潜力乏力的表现形式,这跟企业进入海外市场做的前期准备不足有很大关系。图3-7显示海外分支机构在非洲经营的满意程度要好于欧美。在非洲经营的中国企业6项指标满意程度都超过了50%,并大幅领先于在欧美经营的中国企业。需要注意的是，虽然现阶段中国企业在欧美地区经营状况不理想，但我国企业在发达国家投资目的更多的是寻求技术，而不仅仅是追求短期市场份额。为了能够获得长期的发展，中国企业需要进一步改善投资效率，提高投资效果。

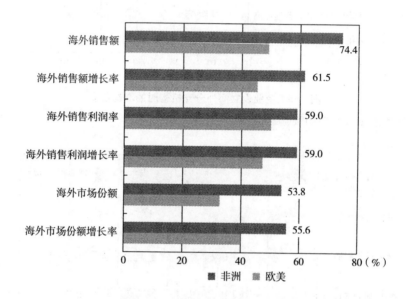

图 3-7　企业在欧美和非洲设立的海外分支机构经营满意度

资料来源：《中国海外投资及经营状况调查报告》。

四、政府导向与市场导向双重作用下的困境

从数据来看，中国双向投资的区域结构很不合理，存在非常严重的地区结构失衡。在 IFDI 方面，沿海化、城市集群化倾向严重。政府在改革开放初期以经济特区为扶植重点，大规模进行基础设施建设，鼓励城镇化，为消除地区间贸易壁垒做出了重要贡献，这些政府行为有效促进了引资效率，但近年来弊端逐渐显现。黄宗智（2010）认为地方政府在招商引资方面给予的大力支持已经成为地方经济发展的重要来源；Kornai（1992）指出只有适应市场调节才能消除计划经济的弊端，计划生产势必

与价格机制产生矛盾。在中国现有制度下，地方政府在对新企业的批准、设立、核查、管理等方面作用重大，因此，企业在处理地方政府关系方面的重要性比市场上的交易成本还大，而这种矛盾和冲突往往会造成官僚主义和唯利是图的价值观，进一步发展为贪污腐败现象。在全球化趋势下，外资流入中国本是一种普遍的经济现象，但地方政府和部门片面追求政绩、满足上级招商引资指令而疏于甄别和管理外资，外资违规案例层出不穷，如2011年的康菲"撒谎"游戏角逐就尤为典型。

在对外直接投资方面，在中国香港、英属维尔京群岛和开曼群岛投资占到中国全部OFDI的70%以上，而美国OFDI在离岸金融中心的投资仅有9%左右，所以我国OFDI投资区域严重失衡，过于集中，这种现象是非常反常的。除离岸金融中心外，中国OFDI的集中地为美国、新加坡、东盟、澳大利亚和欧盟为主的周边国家或发达国家，而对拉丁美洲和非洲的发展中国家的直接投资虽然在逐渐增长，但规模仍然偏低。

国有企业长期主导着中国的对外直接投资，这与我国的基本经济制度有关。民营企业经历30多年的发展，取得了长足的进步，甚至在一些领域超越了国有企业，如通信行业的中兴与华为、饮料领域的娃哈哈、互联网行业的腾讯与百度、电子商务行业的阿里巴巴等。民营企业在对外直接投资中处于弱势地位，与国有企业相比，在资金规模和与海外政府的沟通方面存在较高的门槛。由于政府的隐形补贴和政策拉动等优势，使得国有企业成为中国"走出去"的主要力量。西方国家和一些发展中国家非常关注来自中国的国有企业，对其以获取资源为目的的投资在管制上异常苛刻，无形中提高了东道国的投资门槛。市场化国家对中国国有企业非常排斥，认为中国国有企业有政府扶持和补贴而不能和东道国企业进行公平竞争。

考察美国、日本和韩国的OFDI和IFDI，都是以私人资本为主。流入中国的IFDI具有私人资本的性质，而中国OFDI却以国有资本为主要力量，这种主体结构的失衡会使中国的双向投资绩效受到影响。从长远发展双向投资的目标来看，在当前经济背景下，需要使用联动策略，遵从市场运行规律展开双向投资行为，才可能消除多重困局。

第四章 中国地区性双向投资演变及比较分析

20 世纪 80 年代，随着跨国企业概念的兴起，以及经济全球化发展的趋势越来越明显，中国开始重视国际投资市场。改革开放以来，中国不断调整对外开放政策，积极吸引外商来华投资，外商在华投资规模逐步扩大，近年来，中国一直是全球第二大外资流入经济体。同时，中国也逐步加快对外直接投资的步伐，加大对外直接投资的体量，不断向世界贸易市场靠拢。在 2001 年前，我国经济处在不断探索与低速发展的阶段，在对外直接投资政策上也是采取以鼓励吸引外资、限制对外直接投资为主的政策。2001 年，加入世贸组织后，我国首次提出"走出去"的战略，也正式拉开了对外直接投资飞速增长的序幕。如今中国已是资金流出最多的国家。虽然从整体来看中国双向投资的发展势头良好，但在中国内部，不同地区间双向投资的发展依然存在着诸多不平衡。

我国以地理位置为分界标准通常被划分为东部地区、中部地区以及西部地区，其中东部地区包括北京、天津、河北、上海、江苏、浙江、福建、山东、广东、海南和辽宁 11 个省（市）；中部地区包括山西、吉林、黑龙江、安徽、江西、河南、湖北和湖南 8 个省；西部地区包括内蒙古、广西、重庆、四川、贵州、云南、西藏、陕西、甘肃、青海、宁夏和新疆 12 个省（区、市）。为了更加直观清晰地了解中国双向投资的演变趋势及比较，本章从东部、中部、西部三个地区分别探寻中国不同地区的双向投资演变及异同。

第一节　中国地区性双向投资演变历程及特点

　　根据三大地区的地理位置，东部地区基本为沿海地区，便捷的水利交通条件使得这些省市自古以来就是贸易频繁的富庶之地，作为中国最发达的地区，这些地方吸引外资的能力以及对外直接投资的规模远远超过内陆地区。中部地区与西部地区的经济发展状况均远远弱于东部地区。国际投资作为促进经济发展的重要一环，其在三个地区的发展状况与这些地区的经济状况亦有相似之处。图4-1与图4-2分别展示了2003~2020年三个地区对外直接投资规模以及外商直接投资规模的总体变化趋势。

一、对外直接投资方面

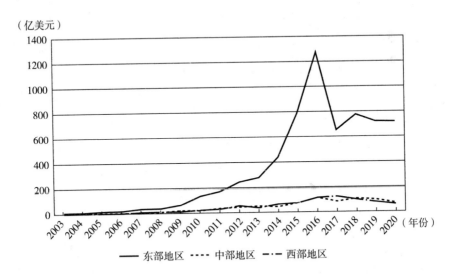

图4-1　2003~2020年中国分地区OFDI变化趋势

　　由图4-1可以发现，从整体来看东部地区居于主导地位。在2006年之前，三个地区对外直接投资的能力均较弱，自2006年起，东部地区对

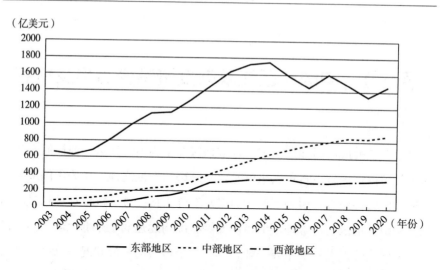

（亿美元）

—— 东部地区 ····· 中部地区 —·— 西部地区

图4-2　2003~2020年中国分地区实际利用外资情况

外直接投资的规模逐步扩大，增长明显，并于2016年达到峰值，达到1274亿美元，2017年出现大幅回落，仅对外直接投资654亿美元。随后几年则是趋于平稳。中部地区的对外直接投资规模虽远远小于东部地区，但整体变化趋势与东部地区相似。2014年之前，中部地区的对外直接投资规模一直处于缓步增长的状态，2014~2016年开始大幅增长，2014年对外直接投资规模仅为44亿美元，2015年便增长至74亿美元，2016年更是一路飙升，突破百亿大关，达到115亿美元。但此大幅增长趋势并未得到持续，2017年，与东部地区相同，中部地区的对外直接投资规模出现回落状况，降至83亿美元，虽然2018年时出现小幅回涨，但2020年受当时公共卫生事件的影响，当年对外直接投资规模仅有71亿美元。西部地区对外直接投资规模的变化趋势与中部地区基本同步，规模也基本相当，甚至在一些年份如2012年、2014年、2017年等超过中部地区的对外直接投资规模。而值得一提的是，在东部、中部地区对外直接投资规模都受到"重创"的2017年，西部地区的对外直接投资规模不降反增，由2016年的115亿美元增至124亿美元，但此增长幅度远远小于2015年的74亿美元到2016年的115亿美元。随后几年，西部地区却没能守住增长的好态势，对外直接投资规模一路下跌，2020 年仅为 60 亿美元。

从整体来看，综合三个地区对外直接投资规模的演变趋势，由于东部地区的对外直接投资规模占全国总规模的大部分比例，所以我国对外直接投资规模的变化趋势是由东部地区决定的，即在 2006 年前为起步阶段，2006 年后缓步增长，2013~2016 年跳跃式增长，并于 2016 年达到峰值。同样，于 2017 年拦腰式下降，随后趋于平稳。此现象出现的原因与中央政府对于企业对外直接投资政策态度的转变有密切联系。在 21 世纪之前，由于中国处于改革开放的摸索阶段，我国对外开放的政策以"引进来"为主，对于"走出去"采取的是审慎严管的态度，彼时中国企业也不具备大规模向海外投资的能力。21 世纪初，中央政府逐渐意识到"走出去"的重要性，开始鼓励能发挥中国比较优势的一批企业向海外投资，在项目审批与外汇管理等方面也出台了一系列宽松政策，方便企业快捷地办理相关手续。2008 年为应对金融危机，并抓住发达国家急于"回流海外资金"的机遇，中央政府进一步放松对外直接投资的相关审批政策，故而中国对外直接投资规模在金融危机发生之际不降反增。2013 年，我国正式提出共建"一带一路"，企业开始大规模向共建"一带一路"沿线国家进行投资，使得对外直接投资的增速大涨。随后，在经历了蓬勃发展的 4 年后，中国于 2016 年开始规范对外投资的营商环境，加强监管，核查企业对外直接投资的真实性，同时对有意向进行海外投资的企业进行风险提示，并对不同行业进行分类监管，引导中国对外直接投资实现良性可持续发展。由此可见，我国对外直接投资规模的变化趋势与中央政府的政策倾向有密切联系。

二、外商直接投资方面

自改革开放以来，我国吸引外资的能力越来越强，已成为排美国之后的世界第二大资金流入国，但由图 4-2 可以看出，尽管外资流入的总规模庞大，但在中国境内的分布极不平衡，绝大部分资金流入了东部地区，中部地区与西部地区仅吸收到小部分资金。东部地区实际利用外资规模在 2014 年前基本呈跳跃式增长的状态，并于 2014 年达到峰值的 1749 亿美元，2014年后，东部地区实际利用外资规模开始下降，其间虽有波动，但整体呈下降趋势。中部地区实际利用外资规模自2003年以来一直保持增长态势，在2010~2018年增长明显，随后增速渐渐放缓，但依然保持增长状态，且中部地区与东部地区的差距在渐渐缩小，在2016年，东部地区实际利用外资规模为1447亿美元，中部地区则为757亿美元，两地区差距缩小至1/2，随后4年，此差距持续缩小，2020年时，东部地区实际利用外资规模仅为1458亿美元，而中部地区则增加至871亿美元，差距已不足1/2。西部地区实际利用外资规模整体呈先增长后稳定发展的状态，2010年后，该数值基本保持在250亿美元上下波动。同时，西部地区实际利用外资规模与中部地区的差距逐步扩大，到2020年，差距已接近4倍。从整体来看，虽然外资流入，依然呈现"东高西低"的格局，但各地区实际利用外资规模占全国总体规模的比重已然发生了极大的改变，也就是说，投资者的目的地不再局限于发达地区，而是逐渐将目光转向具有发展潜力的中、西部地区。

2003年，东部地区实际利用外资658亿美元，约占全国外商企业投资总额总量的86%，中部地区吸收外商企业投资总额74亿美元，约占全国外商企业投资总额总量的10%，西部地区吸收外商企业投资总额28亿美元，约占全国外商企业投资总额总量的4%。到2020年时，此比例已经出现了较大的变化，东部地区实际利用外资1458亿美元，约占全国外商企业投资总额总量的56%，中部地区吸收外商企业投资总额871亿美元，约占全国外商企业投资总额总量的34%，西部地区吸收外商企业投资总额255亿美元，约占全国外商企业投资总额总量的10%。从中国外商直接投资的演变政策来看，2000年，中国开始引导外商企业向中西部地区进行投资，优化外商投资的整体格局，并颁布《中西部地区外商投资优势产业目录》。2001年时中国成功加入世界贸易组织，承诺进一步开放市场，随后先后5次修订《外商投资产业指导目录》，逐步开放金融市场，允许外资银行和保险公司设立子公司，同时将引资重点由第一、第二产业向第三产业转变，主要政策导向为由中西部地区逐渐承接东部地区制造业等劳动密集型企业的转移，而东部地区则是大力发展工业密集型产业及技术密集型产业。政策实施的最终目的还是优化东部地区的引资质量，同时缩小三大地区间的经济发展差距。

综上所述，我国双向投资依然存在东、中、西部地区分布不平衡的问题，而在三大地区内部，此种不平衡也依然存在。

第二节　东部地区双向投资演变历程及特点

一、对外直接投资演变历程

2003~2020年，东部地区各省对外直接投资规模格局发生了很大的变化，如表4-1所示，2003年，东部地区有8个省份对外直接投资规模在全国的排名居前十，天津市排名第12，是居于全国靠前的位置。而河北省与海南省则是处于全国末尾位置，可见，当年在东部地区内部，对外投资的规模也非常不平衡，各个省份间差距较大，缺少处于中间水平的省市。对于其他省份，虽然从排名的角度看相差不多，但从各个省份当年对外直接投资的流量值以及占东部地区的比重来看，北京市以3亿美元的金额远远超过其他省份，比重更是高达44.50%，即东部地区有接近一半的对外直接投资是从北京市流出的，而其他省份均不足1亿美元，由此也可以看出2003年我国对外直接投资依然处于不成熟的起步阶段。到2020年，如表4-2所示，东部地区依然有8个省份在全国对外直接投资规模中排名位于前十，可见，在我国对外直接投资规模进行了18年的飞速增长后，东部地区的主导地位依然屹立。河北省由第22进步至第13，海南省也由最后一名升至第23，但辽宁省由2003年的全国第9跌至2020年的全国第19。其他省份的排名也出现了不同程度的变动，其中变化最大的为北京市，在2003年独占鳌头的北京市在2020年仅为全国第6，且其对外投资规模也仅占东部地区的 8.33%，仅为居于首位的广东省的 1/4 左右。广东省 2020 年对外直接投资高达 235.32 亿美元，这比 2003 年时北京的 3 亿美元高出约 78 倍，可见其这 18 年间对外直接投资的迅猛。居于前三位的广东省、上海市以及浙江省作为珠三角与长三角经济带的主力发展城市，对外开放程度较高，这三个地区对外直接投资规模分别占据整个东部地区的 32.75%、17.47%、14.95%，加起来高达 65.17%，因此，虽然期间对外直接投资的格局发生了不小的变化，但不均衡的问题依然存在。

表 4-1　2003 年东部地区 OFDI 统计

东部地区排名	全国排名	省份	占东部地区的比重（%）	流量值（亿美元）
1	1	北京	44.50	3.0054
2	2	广东	14.15	0.9555
3	3	山东	13.15	0.8883
4	4	福建	9.12	0.6162
5	5	上海	7.74	0.5224
6	7	浙江	5.43	0.3665
7	8	江苏	3.69	0.2490
8	9	辽宁	1.25	0.0847
9	12	天津	0.81	0.0544
10	22	河北	0.16	0.0110
11	27	海南	0	0

注：海南省 2003 年对外直接投资额较少，此处为方便整理故记为 0。

资料来源：《中国统计年鉴 2004》及相应年份各省统计年鉴。

表 4-2　2020 年东部地区 OFDI 统计

东部地区排名	全国排名	省份	占东部地区的比重（%）	流量值（亿美元）
1	1	广东	32.75	235.3187
2	2	上海	17.47	125.5140
3	3	浙江	14.95	107.4389
4	4	江苏	8.54	61.3916

续表

东部地区排名	全国排名	省份	占东部地区的比重（%）	流量值（亿美元）
5	5	山东	8.49	61.0241
6	6	北京	8.33	59.8518
7	7	福建	4.65	33.3924
8	10	天津	2.15	15.4478
9	13	河北	1.74	12.5140
10	19	辽宁	0.65	4.6474
11	23	海南	0.28	1.9910

资料来源：《中国统计年鉴2020》及相应年份各省统计年鉴。

二、外商直接投资演变历程

表4-3与表4-4分别展示了2003年与2020年东部地区各省份实际利用外资的情况。

表4-3　2003年东部地区 FDI 统计

东部地区排名	全国排名	省份	占东部地区的比重（%）	实际利用外资（亿美元）
1	1	江苏	24.01	158.02
2	2	广东	23.67	155.78
3	3	山东	10.78	70.94
4	4	上海	8.89	58.50
5	5	辽宁	8.48	55.83
6	6	浙江	8.28	54.49
7	7	福建	7.59	49.93
8	8	北京	3.26	21.47
9	9	天津	2.48	16.33
10	14	河北	1.70	11.16
11	16	海南	0.88	5.81

资料来源：《中国统计年鉴2004》及《中国外商投资报告（2004）》。

表 4-4　2020 年东部地区 FDI 统计

东部地区排名	全国排名	省份	占东部地区的比重（%）	实际利用外资（亿美元）
1	1	江苏	19.46	283.80
2	2	广东	16.10	234.84
3	4	上海	13.87	202.33
4	7	山东	12.10	176.50
5	8	浙江	10.83	158.00
6	10	北京	9.67	141.00
7	11	河北	7.44	108.50
8	16	福建	3.46	50.42
9	17	天津	3.25	47.35
10	18	海南	2.08	30.33
11	19	辽宁	1.73	25.20

资料来源：《中国统计年鉴 2021》及《中国外商投资报告（2021）》。

2003 年，东部地区吸引外资总量占据全国总量的 86%，东部地区在全国前十排名中占据 9 席，河北省与海南省分别位列第 14 与第 16，省份间排名差别不大，但实际利用外资值依然有较大的差距。江苏省作为全国外资流入最高的地区，2003 年实际利用外资 158.02 亿美元，占整个东部地区的 24.01%；广东省以 155.78 亿美元位列第 2，与江苏省不相上下，占整个东部地区的 23.67%；但排名第 3 的山东省仅实际利用外资 70.94 亿美元，占 10.78%，其他省份的比重均不足 10%，位居第 16 的海南省仅占 0.88%，实际利用外资额仅有 5.81 亿美元。由此可见，2003 年，东部地区内部存在着外资流入分布不均衡的现象，此外，上海、辽宁、浙江、福建 4 省吸引外资的水平相当。到 2020 年，东部地区仅有 6 个省份位于全国排名前十，江苏省与广东省依然位列第 1 和第 2，而 2003 年在全国排名前十的辽宁省、福建省与天津市则是倒退很多，尤其辽宁省从 2003 年的以 55.83 亿美元位列第 5 名倒退至 2020 年的 25.20 亿美元位列第19。而在2003年与辽宁省和福建省吸引外资能力相当的上海市与浙江省在2020年吸引外资的能力已遥遥领先，其中上海市以实际利用外资202.33亿美元居于第3，仅比第2名的广东省少32亿美元，浙江省虽然排名由2003年的全国第6跌至2020年的全国第8，但其在整个东部地区的占比由8.28%提升至10.83%。由此可见，在东部地区内部存在着各省份发展不均衡的问题。值得一提的还有河北省，从2003年仅占东部地区总额的1.70%增长到2020年的7.44%，18年间其吸引外资的能力突飞猛进。虽然2020年东部地区内部依然存在着外资流入分布不平衡的现象，但与2003年相比，该现象有所缓解。

第三节　中部地区双向投资演变历程及特点

一、对外直接投资演变历程

表4-5展示了中部地区在2003年时对外直接投资的相关数据。如表中所示，中部地区对外直接投资规模位于全国排名前十的仅有山西省与黑龙江省，其他6个省份则是位于第11至第20名之间。山西省以0.46亿美元位居全国第6，其对外直接投资规模占整个中部地区的64.92%，稳居中部地区的榜首，而当年位居全国排名第5与第7的分别为上海市与浙江省，也就是说，2003年时山西省对外投资的能力强且势头猛。位于中部地区第2的黑龙江省对外投资规模仅为0.07亿美元，虽然在位次上仅次于山西省，但其投资规模远远比不上山西省。而中部地区其他6个省份的对外直接投资的规模也都不高，且省份间的差距较小，换句话说，在2003年，中部地区大部分省份的对外直接投资均处于一个初步探索阶段，从它们在全国所处的位置更能说明当时中国对外直接投资分布不均匀的现象。

表4-5　2003年中部地区OFDI统计

中部地区排名	全国排名	省份	占中部地区的比重（%）	流量值（亿美元）
1	6	山西	64.92	0.4562
2	10	黑龙江	10.59	0.0744
3	11	河南	8.64	0.0607
4	13	江西	4.55	0.0320
5	14	湖南	3.63	0.0255
6	18	安徽	2.85	0.0200
7	19	湖北	2.50	0.0176
8	20	吉林	2.32	0.0163

资料来源：《中国统计年鉴2004》及相应年份各省统计年鉴。

　　2020年，如表4-6所示，中部地区对外直接投资的格局出现了较大变动。仅有湖南省位于全国排名前十，为第8，4个省份位于第11至第20，另外3个省份则位于20名之后。从整体来看，中部地区对外直接投资18年来发展较弱，从全国的层面来看甚至呈现衰退趋势。曾经在中部地区独占鳌头的山西省已经位于全国排名倒数的位置，对外直接投资规模仅为0.70亿美元，与2003年相比，仅增加了0.24美元。与山西省变化一致的还有黑龙江省，也从曾经的佼佼者跌至倒数位置。而这两个省份在整个中部地区所占的比重已不足2%。在2003年规模小且差距也小的6个省份在2020年规模增长明显且差距逐渐扩大。湖南省以21.88亿美元成为中部地区对外直接投资规模的第一名，占整个地区的比重为30.89%，安徽省与江西省规模相当，分别以14.65亿美元与14.37亿美元占据中部地区20.68%与20.29%的份额，河南省则是稍逊一筹，以11.50亿美元居于第4位，占整个中部地区的16.24%。这4个省份共占据88.1%的比重，基本涵盖整个中部地区的对外直接投资规模。总的来看，中部地区内部对外直接投资的格局变化明显，虽然依然存在分布不均衡的问题，但较2003年有改善，不再集中于一个省份，而是小部分省份协同发展，共同进步。

表 4-6　2020 年中部地区 OFDI 统计

中部地区排名	全国排名	省份	占中部地区的比重（%）	流量值（亿美元）
1	8	湖南	30.89	21.8785
2	11	安徽	20.68	14.6474
3	12	江西	20.29	14.3677
4	15	河南	16.24	11.5013
5	18	湖北	8.78	6.2194
6	25	吉林	1.26	0.8957
7	28	山西	0.99	0.7027
8	29	黑龙江	0.85	0.6050

资料来源：《中国统计年鉴2021》及《中国外商投资报告（2021）》。

二、外商直接投资演变历程

由上文可知，中部地区实际利用外资的情况在 2003～2020 年有明显增长，表 4-7 与表 4-8 分别展示了 2003 年与 2020 年中部地区各省份实际利用外资的相关数据。

表 4-7　2003 年中部地区 FDI 统计

中部地区排名	全国排名	省份	占中部地区的比重（%）	实际利用外资（亿美元）
1	10	江西	21.68	16.12
2	11	湖北	20.94	15.57
3	12	湖南	20.02	14.89
4	13	黑龙江	17.32	12.88
5	18	河南	7.54	5.61
6	21	安徽	5.26	3.91
7	23	吉林	4.28	3.18
8	24	山西	2.96	2.20

资料来源：《中国统计年鉴2004》及《中国外商投资报告（2004）》。

表 4-8　2020 年中部地区 FDI 统计

中部地区排名	全国排名	省份	占中部地区的比重（%）	实际利用外资（亿美元）
1	3	湖南	24.10	210.0000
2	5	河南	23.03	200.6500

续表

中部地区排名	全国排名	省份	占中部地区的比重（%）	实际利用外资（亿美元）
3	6	安徽	21.02	183.1000
4	9	江西	16.76	146.0000
5	12	湖北	11.88	103.5200
6	21	山西	1.94	16.9000
7	24	吉林	0.65	5.6643
8	25	黑龙江	0.62	5.4432

资料来源：《中国统计年鉴2021》及《中国外商投资报告（2021）》。

由表4-7可知，2003年，仅江西省位于全国排名前十名之列，但湖北省、湖南省与黑龙江省紧随其后，剩余几个省份则是处于全国中等水平。排名靠前的4个省份不仅名次相近，其实际利用外资额也接近，占整个中部地区的比重均在20%左右，即这4个省份在2003年时是中部地区的主要外资流入地，且吸引外资水平相当。剩余4个省份的实际利用外资额均较低，其中河南省利用外资5.61亿美元，仅占整个地区的7.54%，安徽省利用外资3.91亿美元，仅占5.26%的比重。到了2020年，中部地区已有4个省份的实际利用外资额位于全国排名前十的水平，其中湖南省以210.00亿美元的实际利用外资额居于全国排名第3。其他4个省份除湖北省居于全国排名第12，剩余3个省份则处于全国排名20名之后。从中部地区整体的状况来看，这18年8个省份发展不同步，不同省份之间的差距越来越明显，逐步走向两极分化。吸引外资能力提升明显的有河南省、安徽省等，前文中提到在2003年这两个省份在中部地区位于靠后的位置，但2020年，河南省以200.65亿美元稳居中部地区排名第2，全国排名第5，安徽省则以185.10亿美元紧随其后为全国排名第6，均实现了跳跃式增长。与之相反，黑龙江省实际利用外资情况出现了断崖式下跌的情况，2003年黑龙江是中部地区吸引外资的主力省份，占到近1/5的份额，但2020年其实际利用外资额仅有5.44亿美元，仅占到0.62%。此外，吉林省与山西省在2020年实际利用外资的状况也不如2003年。因此，从中部地区省级层面看，也可以发现中部地区外资流入地分布不均衡的问题愈加严重，一些省份缺乏外资市场的竞争力。

第四节　西部地区双向投资演变历程及特点

一、对外直接投资演变历程

由上文可知，西部地区的对外直接投资规模一直是全国三个地区中最差的，且12个省份中大多数省份对外直接投资规模发展缓慢，表4-9与表4-10分别展示了2003年与2020年西部地区对外直接投资的相关数据。

表4-9　2003年西部地区 OFDI 统计

西部地区排名	全国排名	省份	占西部地区的比重（%）	流量值（亿美元）
1	15	云南	23.70	0.0251
2	16	内蒙古	20.77	0.0220
3	17	广西	19.64	0.0208
4	21	四川	13.88	0.0147
5	23	青海	9.63	0.0102
6	24	甘肃	7.84	0.0083
7	25	新疆	2.55	0.0027
8	26	陕西	1.98	0.0021
9	27	重庆	0	0
10	27	贵州	0	0
11	27	西藏	0	0
12	27	宁夏	0	0

资料来源：《中国统计年鉴2004》及相应年份各省统计年鉴。

表 4-10 2020 年西部地区 OFDI 统计

西部地区排名	全国排名	省份	占西部地区的比重（%）	流量值（亿美元）
1	9	四川	31.76	18.7504
2	14	重庆	21.17	12.5019
3	16	云南	12.37	7.3030
4	17	陕西	12.01	7.0935
5	20	广西	6.62	3.9104
6	21	新疆	6.61	3.9038
7	22	内蒙古	4.04	2.3874
8	24	宁夏	1.67	0.9888
9	26	甘肃	1.47	0.8659
10	27	青海	1.40	0.8242
11	30	西藏	0.61	0.3628
12	31	贵州	0.26	0.1548

资料来源：《中国统计年鉴2021》及《中国外商投资报告（2021）》。

2003 年时，西部地区仅 3 个省份的对外直接投资规模居于全国排名 20 以内，剩余 9 个省份则是处于全国排名倒数。此时西部地区的对外直接投资基本集中于云南、内蒙古、广西和四川 4 个省份，约占整个中部地区 78% 的份额，但实际投资额仅在 200 万美元左右，而当年全国最高的对外直接投资额为 3 亿美元，存在约 150 倍的差距。2020 年，西部地区的对外直接投资状况出现明显好转，有 1 个省份成功跻身全国排名前十的行列，4 个省份在全国排名 20 以内。四川省以 18.75 亿美元的投资额居于全国排名第 9，与当年排名第 1 的 235.32 亿美元的差距约为 19 倍，而其在整个西部地区的份额达到 31.76%。重庆市在 2003 年时对外直接投资规模是全国较差省份之一，但 2020 年时其对外直接投资规模仅次于四川省，位于西部地区排名第 2，占整个西部地区的 21.17%。即西部地区有一半的对外直接投资是由四川省与重庆市贡献的。陕西省的对外直接投资规模变化也较大，2003 年，其流量值仅有 21 万美元，仅占到西部地区 1.98% 的份额，全国排名第 26，到了 2020 年，陕西省以对外直接投资 7.09 亿美元在全国的排名已经提升至第 17，在整个西部地区的比重为 12.01%，也是西部地区对外投资的主力省份之一。与陕西省发展规模类似的还有新疆维吾尔自治区，对外投资能力也有所提升。而云南省、内蒙古自治区的对外直接投资规模则是出现了下降的情况。云南省在 2020 年对外直接投资规模为全国排名第 16，虽较 2003 年仅下降了 1 个名次，但在整个西部地区的占比却由 23.70% 下降至 12.37%，由此可见，云南省在此 18 年间对外直接投资的发展水平与其他省份出现了较大的差距。内蒙古自治区在 2003 年是西部地区对外直接投资规模第二大的省份，但 2020 年其在西部地区的排名仅为第 7，全国排名也由第 16 降到第 22，占整个西部地区的比重从 20.77% 跌至 4.04%。综上所述，西部地区内部的对外直接投资发展不均衡的问题并没有得到改善，省份与省份之间的差距在逐渐拉大。

二、外商直接投资演变历程

表 4-11 与表 4-12 分别展示了西部地区 2003 年与 2020 年吸引外资的情况，西部地区较东部、中部两地区来说，吸引外资的能力一直较弱。

表 4-11　2003 年西部地区 FDI 统计

西部地区排名	全国排名	省份	占西部地区的比重（%）	实际利用外资（亿美元）
1	15	四川	18.99	5.82
2	17	重庆	18.51	5.67
3	19	陕西	15.21	4.66
4	20	广西	14.88	4.56
5	22	内蒙古	12.01	3.68
6	25	青海	5.52	1.69
7	26	云南	5.48	1.68
8	27	贵州	4.31	1.32
9	28	宁夏	0.04	0.72
10	29	新疆	0.02	0.40

续表

西部地区排名	全国排名	省份	占西部地区的比重（%）	实际利用外资（亿美元）
11	30	甘肃	0.02	0.39
12	31	西藏	0.16	0.05

资料来源：《中国统计年鉴2004》及《中国外商投资报告（2004）》。

表4-12　2020年西部地区FDI统计

西部地区排名	全国排名	省份	占西部地区的比重（%）	实际利用外资（亿美元）
1	13	重庆	30.47	102.7200
2	14	四川	29.84	100.6000
3	15	陕西	25.04	84.4300
4	20	内蒙古	5.40	18.2000
5	22	广西	3.91	13.1742
6	23	云南	2.25	7.5900
7	26	贵州	1.30	4.3900
8	27	宁夏	0.13	2.7242
9	28	新疆	0.11	2.1600
10	29	甘肃	0.04	0.8875
11	30	青海	0.08	0.2552
12	31	西藏	0	0

资料来源：《中国统计年鉴2021》及《中国外商投资报告（2021）》。

　　如表4-11所示，2003年时，西部地区仅有3个省份实际利用外资额在全国排名前20以内，尤其是新疆维吾尔自治区、甘肃省及西藏自治区等地吸引外资的能力在全国垫底。吸引外资最多的是四川省，2003年实际利用外资5.82亿美元，占整个西部地区的比重为18.99%，其后分别是重庆市、陕西省、广西壮族自治区及内蒙古自治区，这5个省份是2003年西部地区外资的主要流入地，共占整个西部地区的79.60%。2020年，如表4-12所示，西部地区有4个省份在全国排名进入前20以内，而其他8个省份依然发展较差。西部地区中排名靠前的省份依然是2003年排名前五的5个省份，但此时，5个省份吸引外资的总量已占据整个西部地区的94.66%，其中排名第一的重庆市与排名第二的四川省共占据60.31%。

可见，西部地区外资流入地的分布较 18 年前更加不平衡，资金更加集中地流入到个别省份，不同省份之间发展的差异越来越大。

第五节　中国代表性省市双向投资演变分析

一、广东省

根据上文分析可知，2003~2020 年，广东省的双向投资规模一直位于全国前列，广东省实际利用外资额与对外直接投资之间的差距浮动较大。在 2010 年前，广东省实际利用外资额一直远远高于其对外直接投资额，且此时广东省的对外直接投资仍处于起步阶段，故二者间的差距逐渐拉大，2010 年达到近 187 亿美元。2010 年后，广东省外商直接投资的发展逐渐趋于稳定，对外直接投资则是进入了爆发式增长期，2016 年，仅仅 6 年的时间，其对外直接投资额就由 16 亿美元增长至 229.6 亿美元，几乎与当年的实际利用外资额持平。虽然 2017 年广东省对外直接投资出现断崖式下降，但其发展势头仍然迅猛，2020 年，广东省对外直接投资额首次超过实际利用外资额。

结合各个时期广东省以及国家采取的政策导向，广东省双向投资趋势的变动有以下原因：首先，广东省政府于 2007 年正式明确提出要实施"走出去"战略思想，于 2012 年 4 月出台《关于支持企业开展跨国经营加快培育本土跨国公司的指导意见》，大力支持本土跨国企业的发展工作，随后几年，广东省政府继续完善对外投资的相关政策措施，如搭建"走出去"综合服务平台、积极宣传"走出去"政策等，不断扩大开放水平，广东省对外投资规模逐步扩大。2015 年，广东省出台《广东省境外投资管理实施细则》，在投资规模稳定发展的状态下，将 1 亿美元以下境外投资备案事项下放到地级市商务主管部门，简化了企业的备案手续，进一步提高企业的投资效率，2015~2016 年，广东省对外直接投资规模出现了大规模扩张。同年，国务院批准《中国（广东）自由贸易试验区总体方案》，宣布设立广东省自由贸易试验区，工作重点不再是一味地扩大外资规模，而是要建设国际化、市场化、法治化营商环境，建立宽进严管的市场准入和监管制度，并实施外资准入负面清单制度，将服务业以及金融创新领域作为引资的重点领域。其次，2016 年全国统一实施收紧的对外投资政策，虽然广东省也受到此政策的影响，但其规模很快就恢复至2016 年的状态，这是因为在 2017 年后广东省政府积极调整政策导向，出台了《关于进一步引导和规范境外投资方向的指导意见》，并通过重大项目跟踪服务机制以及加强政策引导等后续措施进一步加强境外投资的真实性和合规性，并帮助企业提升抗风险能力。2018 年，广东省将目光转向国际市场，加强与不同经贸领域的国际合作，如建立中国·越南（深圳—海防）经贸合作区、中国—沙特吉赞经济城产能合作项目等重点园区、与共建"一带一路"沿线国家开展经贸合作、与南太平洋岛国在新能源领域开展合作等。一系列积极应对措施使广东省成功地迈出了继续"走出去"的步伐，同时也形成了双向投资规模均衡的格局。

从双向投资的投资行业来看，以 2020 年为例，广东省第三产业实际利用外资额占全省的 79.13%，其中仅服务业就吸收外资达总额的59.78%，第二产业实际利用外资额为 20.85%，而第一产业仅吸收实际利用外资总额的 0.02%。对外直接投资基本流向第三产业，占到全年总额的 90.50%，其中服务业占总额的 31.19%，流向第二产业的约占 9.17%，而流向第一产业的则为 0.33%。即第三产业是广东省双向投资的重点行业，其中租赁和商务服务业、批发零售业不仅是广东吸引外资最多的行业，也是广东投资者对外投资时青睐的产业。

从双向投资的资金流向来看，亚洲地区是广东省外资的主要来源地，2020 年有 91% 的外资来源于亚洲地区，其中又有约 4/5 的资金来源于香港地区，约 1/10 的资金来源于澳门地区。此外，东盟国家中新加坡也是广东省的主要投资者之一，亚洲地区中约有 5.6% 的投资来源于新加坡。

亚洲之外，约有5%的投资来源于维尔京群岛。对外经济合作方面，2020年广东省约有81.3%的投资流向亚洲地区，依然主要集中于香港地区与东盟地区，分别占据亚洲总投资额的95.1%与3.8%。除了亚洲地区外，吸收广东省投资较多的地区为拉丁美洲，约占总投资额的13.67%，其中大部分资金流向了维尔京群岛。即香港地区、东盟地区及维尔京群岛既是广东省外资的主要来源地，也是投资者主要投资地。

二、北京市

根据数据分析，北京市双向投资规模的变化趋势在近年浮动较为明显，实际利用外资额在2014年前处于稳定增长的趋势，2015年增长率出现小幅提升，随后略有停滞，2016～2017年出现爆发式增长，增长率高达86.7%。但自2017年后，北京市利用外资额逐年降低，2020年实际利用外资额与2015年水平相当。北京市对外直接投资规模在2012年进入爆发式增长期，投资规模与实际利用外资的差距逐渐缩小，在2016年其规模已超过当年实际利用外资额，但在2017年对外投资额出现大幅回落后，二者差距又逐渐拉大。

从双向投资的投资行业来看，北京市外资投资的重点领域一直是第三产业，其占总利用外资额的比重在2015年后一直保持在95%左右，2020年，北京市利用外资额全部流入第三产业与第二产业，分别占据96.64%与3.36%的比重，第一产业则并未有外资流入。在第三产业中，2020年高技术产业是北京市外资的主要流入行业，占全市总额的68.5%，其中高技术制造业与高技术服务业的占比分别为3.8%和96.2%，即高技术服务业是北京市引资的重点领域。对外投资方面，《中国对外投资合作发展报告2020》的数据显示，信息传输、软件和信息技术服务业是北京市对外直接投资流量值的第一大行业，占总规模的40.1%，租赁和商务服务业次之，占总规模的19.6%，其次是房地产业，占比14.4%。而从存量规模来看，截至2019年末，北京市存量规模前三个行业分别为租赁和商务服务业，信息传输、软件和信息技术服务业，以及制造业。北京市作为中国的首都及行政中心，2015 年，我国已经提出了要疏解北京非首都功能，同年，国务院批复《北京市服务业扩大开放综合试点总体方案》，北京成为首个服务业扩大开放综合试点城市，2019 年，《全面推进北京市服务业扩大开放综合试点工作方案》发布，标志着北京市服务业开放进入了全面推进的新阶段。同时，雄安新区的设立以及京津冀协同发展的要求使得河北省承担了北京市非服务业产业转移的重任。近年来，北京市外资已经呈现出了尽数流向第三产业尤其是服务业的结果，同时服务业也是北京市向外投资的重点行业。

从双向投资的资金流向来看，香港地区一直是北京市外资的主要来源地，2020 年香港地区共向北京市投资 99 亿美元，占比 70.19%，其次是开曼群岛地区，占比 8.92%，德国、美国以及维尔京群岛也是北京市的主要投资者，2020 年实际利用以上 5 个国家（地区）的外资额共占总额的 87.64%。在对外投资方面，2019 年北京市对外投资主要流向亚洲和拉丁美洲，其中对亚洲合计投资额为 62.2 亿美元，占比 75.3%，对拉丁美洲投资额为 16.4 亿美元，占比 19.9%。二者合计占比高达 95.2%。从具体国家（地区）来看，北京市的对外直接投资也主要流入香港地区，投资额为 61.5 亿美元，占比 74.4%。其次是英属维尔京群岛，投资额为 9.9 亿美元，占比 12.0%。

三、湖南省

根据湖南省 2003~2020 年双向投资的演变情况可以看出，湖南省的实际利用外资额呈现稳定的增长趋势，2020 年实际利用外资额已位于全国前列。在对外直接投资方面，整体呈现增长趋势，个别年份有所下降。湖南省的对外投资于 2000 年起步，2009 年迎来第一个发展高峰，由 2008 年对外直接投资的 2.54 亿美元增长至 2009 年的 10.06 亿美元，增长率高达 296%，但 2010 年出现断崖式下跌，随后于 2011 年恢复至前一年的状态。在 2016 年及 2020 年湖南省的对外直接投资分别出现两次增长小高峰，增长率分别为 86.53% 和 42.14%。但湖南省双向投资的总规模相差较大，其对外直接投资额在 2020 年仅为实际利用外资总额的 1/10。

从双向投资的行业来看，湖南省利用外资的行业结构在不断完善，2010 年，湖南省三次产业各自占比分别为 7.0%、83.5%、9.5%，产业结构分布极其不平衡。这是因为当时湖南省作为中部地区的省份之一承接了东部地区制造业与工业等产业的转移，因此第二产业占比较大。到 2020 年，三次产业的占比已调整至 4.9%、37.4%、57.7%，引资结构得到了优化。2015 年前，湖南省外资主要流向制造业、矿业、农业等传统产业，2016 年后，外资开始向服务业转移，高技术服务业与生活性服务业引资均迅速增长。湖南省对外投资的目的产业并未集中于传统产业，而是聚焦于诸多新兴产业领域，如新能源、新材料、生物医药、现代化农业等领域。同时，湖南省注重的不仅是某一产业的对外经济合作，而是实现产业链的整体"走出去"。此外，湖南省积极响应共建"一带一路"倡议，不断加强与沿线地区的投资与合作，投资行业主要集中于公路、电力等基础设施领域。由此可见，湖南省在积极调整引资结构的过程中，将双向投资的行业分布逐步向第三产业靠拢，且发展稳定。

从双向投资的流入地来看，香港地区一直是湖南省最大的外资来源地，且其外资总额的占比逐年提高，2016 年，实际利用港资占比达 63.30%，2020 年该占比增长至 74.63%。其次是台湾地区，2020 年占比 5.36%。维尔京群岛也是湖南省外资的主要来源地，2020 年占比 5.04%。此外，美国及欧盟地区对湖南省的投资近年来也有所增长。湖南省对外投资的目的地与其投资行业的选择密切相关，为了推进建设完整的国外产业链，湖南省充分考察目的地的比较优势，在不同的国家和地区展开针对性的投资发展，如三一重工斥巨资收购德国普茨麦斯特，湘电风能等新能源代表性企业积极进军欧美市场、农业领头企业积极收购巴西陶氏益农股权等。由此可见，湖南省双向投资的发展战略间存在较大差异，投资区位布局相差较大。

四、河南省

河南省的双向投资规模在中部地区处于较为稳定的地位，也一直是中部地区中外资的主要流入地之一。河南省的实际利用外资额在 2003~2020 年呈现良好的增长态势，其中 2006~2011 年是其快速增长时期，这 5 年间河南省实际利用外资额的平均增长率为 52.89%，随后进入稳定发展期，2011~2020 年增速较为稳定，9 年间增长率基本保持在 25% 左右。河南省的对外直接投资起步较晚，基本于 2012 年才出现发展的趋势，随后出现了一个爆发式增长期，2016 年达到峰值，当年河南省对外直接投资额达 41.25 亿美元，远远超过中部地区其他省份，占到整个中部地区投资额的 35.88%。但此发展趋势仅仅维持了 4 年，2017 年同样出现折腰式下跌后，虽然 2018 年有所回升，但随后依然出现了连续下跌的情况。河南省双向投资规模间一直存在较大的差距，且随着利用外资的良好发展趋势，此差距在不断扩大。

从双向投资的行业来看，2020 年，河南省三次产业分别引资 5.96 亿美元、130.46 亿美元、64.22 亿美元，分别占比 3%、65%、32%，即河南省外资主要流向第二产业，其中制造业是吸引外资最多的产业，占总利用外资额的 46.68%。其后是电力、燃气及水的生产和供应业与房地产业，分别占比 14.05% 与 13.64%，即河南省 3/4 的外资流向此三个行业。河南省一直是制造业外资所青睐的投资地，仅 2019 年就有 35 个国家或地区在河南省新设外商投资企业，包括机械制造、精密仪器、轨道设备等诸多行业。对于河南省来说，制造业是其吸引外资的优势所在，也是其经济增长的重要支柱。根据河南省商务厅的统计数据，其对外投资产业主要集中于租赁与服务业以及房地产业和制造业。同时，河南省充分发挥农业大省的优势，积极向共建"一带一路"国家的农业及轻工业领域进行投资。

从双向投资的流入地来看，香港地区是河南省外资的主要来源地，2020 年实际利用港资 133.6 亿美元，占比高达 66.6%，其次是台湾地区，实际吸收台资 11.5 亿美元，占比 5.7%。此外英国、新加坡、美国、日本等国家也是河南省外资的主要来源地。由此可见，河南省吸引先进发达国家和地区来豫进行投资，这与其承接发达地区制造业转移的定位相符合。从河南省 2020 年对外直接投资中超过 3000 万美元的项目来看，其对外直接投资的流入地主要有香港地区、美国、新加坡以及共建"一带一路"国家。而河南省进行投资援助的共建"一带一路"沿线国主要集中在哈萨克斯坦、柬埔寨、印度尼西亚、菲律宾等发展中国家，且投资领域也多集中于农业领域。故河南省双向投资的区位布局存在一定差距。

五、重庆市

重庆市作为中国 4 个直辖市之一的重要城市，一直是西部地区经济发展的领头者，同时也是西部地区双向投资的主要资金流入地与流出地。从 2003~2020 年重庆市双向投资的演变趋势可以看出，二者在 18 年间的变化波动明显。重庆市的外商投资虽然起步较晚，但其发展速度极快，2007~2011 年持续爆发式增长，平均增长率高达 105%。从当时的政策导向来看，2006 年 12 月 8 日，《西部大开发"十一五"规划》发布，开始扶持西部地区大力发展经济，此时，无论是出于东部地区保护环境推进可持续发展的目的或是出于发展欠发达地区落后经济的目的，由中西部地区承接东部地区的转移产业都是势在必行的。在此契机下，重庆市工商行政管理局及时出台了鼓励外商来渝投资若干政策措施的意见，通过四个"放宽"一个"简化"的积极外资政策，成功吸引诸多投资。"十一五"结束后，2011 年时，重庆市利用外资额达到新高。但随后重庆市实际利用外资额一直维持在 100 亿美元左右的水平。重庆市对外直接投资的发展趋势初期与外资的发展相似，经历了爆发式增长期，但 2017 年出现急剧下降后并未回升。在 2013 年重庆市对外直接投资开始快速增长，并于 2016 年迎来爆发式增长，同年对外直接投资规模首次超过其实际利用外资规模，但此状态仅维持了一年，随后便断崖式下跌，并一直维持着相对稳定的发展规模。2013 年《重庆市对外投资规划纲要（2013—2017年）》发布，这是重庆市政府首次对外投资进行针对性的规划，纲要不仅提出了未来重庆市对外投资的总体要求，也确定了重庆市对外投资的重点任务，表达出政府对于扶持企业对外投资发展的决心。2017 年后，重庆市对外直接投资工作的重点开始向高质量的"走出去"转变，继续优化投资结构，同时，紧紧融入共建"一带一路"加强国际合作。

从双向投资的投资行业来看，2020 年，重庆市三产业分别利用外资 0.04 亿美元、52.82 亿美元、49.85 亿美元，结构占比为 0.05∶51.43∶48.52，即重庆市外资流入产业集中在第二三产业并且利用外资规模接近。2020 年重庆市工业共利用外资 52.03 亿美元，占第二产业中外资额的 98.49%。在第三产业中，租赁业与商务服务业吸收外资最多，共 20.05 亿美元，占第三产业外资额的 40.23%，其后为金融业与批发和零售业，分别占比 19.94% 与 18.25%。在对外投资方面，《中国对外投资合作发展报告 2020》的数据显示，2019 年重庆市对外直接投资规模排名靠前的行业分别为制造业、软件和信息技术服务业、租赁和商务服务业、农林牧渔业和采矿业等。

从双向投资的目的地来看，香港地区是重庆市主要投资地，2020 年重庆市实际利用港资 50.11 亿美元，占比 48.78%。其次是新加坡，2020 年实际利用外资 68.80 亿美元，占比 13.73%。此外，还有台湾地区、韩国、澳门地区、美国等国家和地区。2020 年，重庆市共有 61.54% 的外资来源于上述国家和地区。重庆市对外直接投资的目的地则主要分布在香港地区、开曼群岛、美国、巴西、英属维尔京群岛、德国等国家和地区，且在 2019 年时共向这些地区投资 12.5 亿美元，占当年投资总额的 82.8%。

六、四川省

四川省与重庆市相同，也一直是西部地区的重点国际投资发展区域，近年来其双向投资规模一直远超西部地区其他城市。2003~2020 年四川省实际利用外资的整体发展趋势为先急速增长后稳定发展，其中 2007~2011 年其实际利用外资额由 14.93 亿美元增长至 94.81 亿美元，平均增速高达 85.18%。与重庆市一样，四川省在此期间外资的飞速发展得益于国家的整体战略导向。但自 2011 年后此增速急剧下降，随后 4 年，四川省实际利用外资额一直维持在 100 亿美元左右，2016 年实际利用外资额出现小幅跌落，跌至 79.77 亿美元，随后几年实际利用外资规模重新扩大，并于

2020 年再次扩大至 100.6 亿美元。四川省的对外直接投资规模则是呈现一直稳步增长的趋势，增速较为稳定出现小幅跌落时也能迅速得到调整，且在 2017 年全国对外直接投资规模骤降的普遍状况下，四川省的投资额不降反增。虽然四川省的对外直接投资在稳定发展中，但其与实际利用外资额之间仍然存在较大差距。

从双向投资的投资行业来看，2018 年，四川省制造业实际利用外资额 68.6 亿美元，占比 76.1%，在第三产业中，房地产业，信息传输、计算机服务和软件业以及租赁和商务服务业位于前三，分别占比 3.2%、3.0% 和 2.7%。根据《四川省外商投资企业发展报告（2021）》中的数据可以测算出，四川省在 2020 年时，三次产业结构为 7.1∶49.2∶43.7，即第二产业是外商更加青睐的产业。其中制造业与租赁和商务服务业是四川省吸引外资较多的产业。在对外直接投资领域，四川省企业的主要投资行业为租赁和商务服务业、制造业和批发零售业。

从双向投资的目的地来看，2018 年，四川省的外资主要来源于香港地区、英国、美国、日本、新加坡等国家和地区，其中实际利用港资 58.09 亿美元，占比 64.39%。在对外直接投资方面，2018 年时主要集中在香港地区、美国、德国、澳大利亚和新加坡等国家和地区。此外，2018 年四川省与共建"一带一路"国家也积极开展合作，当年新签工程承包合同额达 43.9 亿美元，占全省总额的 42.7%，其中近 80% 的金额投向了东南亚和南亚地区。

第六节 中国省级双向投资差异性比较

一、资金流入地和流出地

根据上文中对东、中、西三大地区中代表省份的双向投资的演变分析，在地区间，不同地区的双向投资的资金流向存在较大差异，而在地区内，发展水平相近的省份其双向投资的资金流向则存在相似之处。

在东部地区，广东省作为经济大省，是为数不多的双向投资规模几近平衡的省份，可以发现，广东省外资的流入地以及对外投资的资金流出地重合度较高，主要是在中国香港地区、东盟地区和维尔京群岛。北京市虽然经济总规模不如广东省，但作为首都，双向投资的发展逐步走向成熟，外资主要流入地集中在香港地区与开曼群岛，而北京市对外投资额则主要流入中国香港地区与英属维尔京群岛地区，德国、美国等发达国家也有资金投向北京地区，同样，美国也是北京市对外投资的主要目的地之一。由此可见，在经济领先的省份，其双向投资的区位布局逐渐趋于成熟。

在中部地区，湖南省与河南省作为地区内双向投资规模名列前茅的省份，外商直接投资与对外直接投资之间的差距却越来越大。根据上文分析可知，中国香港地区、美国、英国、欧盟、新加坡等国家和地区都对湘、豫两省青睐有加，也是两省外资的主要来源地，但湖南省对外投资的重点是在不同地区充分利用其比较优势来进行合作，河南省虽然也积极向香港地区、美国等地进行对外经济合作，但投资规模远远低于这些地区对其的投资额。湖南省与河南省的对外投资还有相似之处，即积极向共建"一带一路"国家进行援助，且目标国家通常是经济欠发达的地区，虽然东部地区的省份逐步加大对共建"一带一路"国家的援助，但多出于本省转移过剩产业及推动供应链完整发展的目的，而此两省向共建"一带一路"国家援助的领域则是以农业与基础设施建设为主。

在西部地区，重庆市与四川省作为地区内双向投资规模最多的两个省份，同时二者投资规模的发展趋势也相近。由上文可知，重庆市外资主要来源于亚洲地区，发达地区仅有美国对其投资额较高，但重庆市对外投资额较高的目的地区只有中国香港地区，其他投资则是流向了世界各地，如欧盟、美国、巴西等地。四川省的外资则主要来源于中国香港地区和发达国家，对外投资额也大多流向发达国家，同时向共建"一带一路"国家的投资额在逐步增加。虽然重庆市与四川省的资金流入地与流出地有所重合，但投资规模相差巨大。

由此可见，东部地区投资规模成熟的省份资金流入地与流出地较为均衡；中部地区省份资金流入地与流出地布局较为分散，且注重向共建"一带一路"国家投资；西部地区省份资金流入地与流出地较为分散，且投资规模差距大，同时向共建"一带一路"国家成为西部地区投资的新去向。

二、外商青睐产业和对外直接投资产业

关于投资产业的选择，由于三大地区 OFDI 与 IFDI 的起步时间不同，发展的程度也不同，因此地区间投资产业的选择也存在较大的差异。从整体来看，东部地区双向投资的重点产业集中于高端服务业等第三产业，第一产业与第二产业的投资占比极小；中部地区正处于由向第二产业投资到投向第三产业的转变期；西部地区的投资重点依然倾向于第二产业。

在东部地区，由于其外资起步较早，早在 21 世纪初期，为了完善产业结构的布局，由"二三一"型结构向"三二一"型结构转变，东部地区就开始向外转移劳动密集型制造，并开始积极鼓励外资转向技术附加值高的高技术产业以及服务业等领域。由上文分析可知，近年来，北京市外资几乎全部流入第三产业，尤其是高技术服务产业，根据 2020 年北京市发布的各区吸引外资的重点领域分布图可以发现，高端服务、高新技术、高新智能装备制造等带有"高"字的行业频繁出现。同时北京市对外直接投资产业也集中于第三产业，尤其北京市作为首个服务业扩大开放试点城市，服务业是其向外投资的重点产业。广东省利用外资的产业结构也是以第三产业为主，尤其有一多半的外资流向了服务业。广东省对外投资的目的产业集中于第三产业，且广东省双向投资的目标产业高度重合。

在中部地区，作为承接东部地区制造业转移的重要区域，中部地区省份吸引外资的产业在很长一段时间内都是以制造业为主，第三产业吸收外资额一直较少，但近年来中部地区开始逐步调整引资结构，湖南省作为中

部地区的外资规模头部省份，其引资结构已经出现了较大的改善，由 2010 年第二产业为主调整至 2020 年第三产业为主，但其外资份额仍远低于东部地区的发达省份。湖南省的对外直接投资的目的产业也开始向一些新型产业转移，但从整体来看仍是以向第二产业投资为主。而河南省的外资以及对外投资均是以流向第二产业为主，尤其制造业的引进外资额几乎占据其总利用外资额的一半。同时，湖南省与河南省都注重向共建"一带一路"国家进行投资，且资金大多流向基础设施建设与农业领域等一、二产业。

　　在西部地区，由于西部地区的各个省份较东、中部地区的省份双向投资发展较晚，且在东部地区初步向外转移制造业等产业时，大部分产业也转向了中部地区，所以西部地区的引资产业依然是以第二产业为主。四川省的外资多用于制造业，如汽车制造、电子设备、机械设备和食品加工等领域。同时，四川省的外商投资也涵盖了服务业，如金融、旅游、餐饮和教育等行业。四川省的对外直接投资也是以租赁和批发零售服务业与制造业为主，对于对外投资规模相对较小的省份和企业来说，租赁和批发零售业相对容易进入，且回报率相对稳定，因此通常是一些企业对外投资的首选领域。重庆市的外商投资产业也以制造业为主，其经济技术开发区等工业园区吸引了众多外资企业。涵盖了汽车制造、机械设备、电子产品、钢铁和化工等诸多产业。重庆市作为西部地区外资发展的佼佼者，其投资重点开始向高新技术产业转移，如信息技术、生物医药、新能源和环保技术等也在其外资选择的行列。重庆市的对外直接投资也主要是向制造业和技术领域输出，如在国外建立生产基地，提高国际市场份额，以及通过技术输出促进技术合作和转移。

　　综上所述，投资规模相对成熟省份的外资与对外投资的产业均向第三产业倾斜，尤其是高技术服务业与高技术制造业等技术高附加值产业，这也是这些省份推动经济结构转型、提升国际竞争力的要求。而对于一些经济发展水平较低的省份，它们引资和投资依然注重基础产业和制造业，以满足当地就业和经济发展的需要。但是在当前中国经济结构升级、提高竞争力、满足市场需求以及推动可持续发展等目标的推动下，越来越多的省份开始注重向第三产业进行投资倾斜，中西部地区的湖南省、重庆市等领头省份在这个调整过程中也已取得了初步成果。

三、双向投资政策倾斜

政策导向在双向投资发展中扮演着关键的风向标作用。政府可以通过税收激励、降低市场准入壁垒、加强知识产权保护、提供政府支持等有利于外资发展的政策来吸引外国资本。这些政策可以使国家或地区成为外国投资的有吸引力的目的地。政府政策也可以通过提供金融支持、降低出口和对外投资的管制、促进国际合作等政策鼓励本国企业走出国门。通过上文的分析可以看出，政策引导对于双向投资者的投资倾斜有重要作用，同时也对各省份双向投资规模的发展有不可或缺的引导作用。

从国家层面来看，中国在不同时期关于双向投资所制定的政策是三大地区行动的总指南。在改革开放初期，中国经济发展的目标为总规模的快速扩大，此时国家需要外国企业来华投资以带动经济的发展，故中国率先推动东部地区的引资历程，同时也是为了充分利用和发挥东部沿海城市的地理优势，中国政府在东部地区设立了多个经济特区进行经济活动和改革的试验场，如深圳、上海浦东等，以提供更多的市场准入便利和税收优惠。随着经济的快速增长，在 21 世纪初期，出于对能源和原材料的资源需求、扩大国际市场份额、对国际先进技术和管理经验的需求以及对多元化投资的需求等，中国提出"走出去"的战略目标，开始鼓励东部地区向高技术产业和服务业转型，以提高附加值和创新能力。东部地区的外资也以支持高技术产业和研发为主要依据，同时，中国政府启动了"西部大开发"战略，鼓励外资流入中西部地区，特别是在资源开采和基础设施建设领域。随后共建"一带一路"倡议的提出对东中西部地区双向投资的战略布局也产生了相关影响，首先，倡议的实施有助于西部地区吸引更多的外资和对外投资。这一政策鼓励中国企业与共建"一带一路"国家和地区开展合作，特别是在基础设施建设、能源资源和农业领域，这为西部地区提供了更多投资和发展机会。其次，中部地区处于"一带一路"的重要交通枢纽位置，这使得中部地区成为国际合作的关键地带。这为中部地区吸引外资，开展跨境贸易和国际产业合作提供了帮助。最后，对于东部地区来说，"一带一路"倡议有助于企业扩大国际市场，提高国际竞争力。这些政策导向的演变反映了中国经济和国际地缘政治的变化。政府在吸引外资和推动本国企业对外投资方面具有灵活性，以适应不断变化的经济环境和发展需求。政策导向的变化也表明中国在全球经济中的地位和角色不断发展和扩大。近年来，经济高质量发展的目标要求中国政府要推动经济结构的升级，以减少对传统制造业的过度依赖，提升服务业和高技术产业的比重。第三产业尤其是高技术服务业，具有更高的附加值和创新潜力，有助于提高经济的质量和竞争力。因此，三个地区的引资结构与投资结构均开始向第三产业转变。

从省级层面来看，积极的政策对于各省份双向投资的发展等也有着重要的作用。在东部地区，以广东省为例，其对于双向投资的政策制定调整及时，积极响应国家的政策号召，同时及时为双向投资者提供政策解读援助，这在2017年后其对外投资的迅速调整过程中有所体现。根据上文的分析可知，近年广东省在吸引外资方面的政策主要以利用自由贸易试验区优化营商环境、提高外资质量为主，其外资的发展趋势也是以稳定规模为主，同时其外资正处在持续流向服务业的过程中。在对外投资方面的政策也是以提高资金真实性与合规性为主，同时积极帮助企业提升抗风险能力，因此其对外投资规模可以迅速恢复至与外商直接投资规模相当的程度。北京市近年来的政策导向就是以疏解非首都功能，推动服务业发展为主，所以其引资与投资的方向均以此目标为基石，外资几乎悉数流入高技术服务业。在中部地区，双向投资依然是各省份经济发展的重要动力，且各省份双向投资的规模并不均衡，整体与东部地区各省份的投资规模差距依然较大，因此中部地区对于双向投资的政策导向以平衡地区内双向投资规模为主。对于外商直接投资来说，中部地区外资发展规模较好的省份其政策制定与东部地区一样，以提升外资质量、鼓励外资和国内企业投资于中部地区的特定产业为主，如高技术产业、现代服务业、先进制造业和绿色环保产业等。对于河南省来说，制造业是其经济发展的重要支柱，且河南省的制造业已经形成了几近成熟的产业基地，所以其引资重点产业依然以制造业为主。从对外直接投资的角度来看，中部地区的省份均注重向共建"一带一路"国家的投资，这是因为为了提升对外投资的规模使其与外资间的差距缩小，中部地区政府鼓励企业通过与共建"一带一路"国家和地区的国际合作来帮助中部地区企业拓展国际市场，且农业、制造业以及基础工业等在中部地区的积累也有利于这些企业顺利发展水平较低的国家投资市场，如湖南省与河南省均在基础设施领域与现代化领域积极与这些国家展开经济合作。在西部地区，双向投资规模发展不均衡的问题更加明显，根据重庆市与四川省双向投资规模的变化趋势可以发现，其外资规模近年来的发展趋势逐渐趋于平稳，对外投资规模有所提升但其增速依然较缓。从二者引资产业与对外投资产业的对比可以发现，整体来说引资产业向先进制造业、现代服务业、高新技术产业转变，对外投资产业则多以制造业为主。这也是国家在《鼓励外商投资产业目录》中的整体战略思想。

　　综上所述，不同地区的经济发展水平、产业结构和发展需求决定了政策导向。政策的制定又反过来推动双向投资和促进地区经济的协调发展。东部地区作为政策的先行者与试验者，其双向投资政策倾向于"质量""创新""升级"等方向，以及推动双向投资规模的成熟发展。中部地区和西部地区在双向投资的政策倾斜中呈现出相同的导向，即推动外商直接投资流向第三产业以带动经济结构转型，同时积极借助"一带一路"倡议、RCEP、东盟等友好合作平台，利用本省份优势产业与易于进入的产业扩大对外直接投资的规模，缩小双向投资间的差距。

第五章 双向投资指数与投资发展路径

第一节 世界各国双向投资的国际地位

一、双向投资指数内涵与测算

双向投资反映的是一国吸收国际资本来本国投资与输出本国资本到境外投资的能力和水平，是一个国家参与跨国经营和国际化发展水平的重要标志。随着经济全球化、区域经济一体化的日趋深入发展，单方面的引资策略或对外直接投资策略已经不能适应资本流动的新趋势，进行双向投资越来越成为一个国家参与国际分工和全球竞争的重要选择。本章试图建造一个双向投资指数用以反映一个国家或地区的双向投资地位，并研究其双向投资地位的动态演进及决定因素。

凯维斯首次指出一国某产业的直接投资会引致他国其他产业或该产业向该国投资，从而出现双向投资现象，但未用指标进行衡量。Dunning（1988）在 IDP 理论中把外商直接投资和对外直接投资联系起来，以对外净投资额（OFDI-IFDI）反映双向投资水平，并且指出随着人均 GDP 的增长,净对外投资额呈现 J 型变化,然而净对外投资额作为一个绝对值不能很好地反映一国或地区的双向投资水平,如一国有可能对外直接投资规模非常大,而外资流入却很小,则净对外投资额虽然非常大,该国在国际上的双向投资地位却相对较低。净对外直接投资作为绝对值,本身既具有片面性,反映的是双向投资差额,并不能表现双向投资的重叠部分。然而更为普遍的现象是,一个在国际上投资地位较高的国家,往往即具有较高的对外直接投资,也有大规模的外资流入,即双向投资重叠部分较高。

张洛林和王增涛(2009)、曹知修(2012)等用双向投资比率 OFDI/IFDI 的相对变化来反映一个国家或地区的双向投资的流动情况。该指数从一定程度上表现了双向投资的相对变化,但仍然无法很好地体现一国或地区的双向重叠部分。

曹知修(2012)等用 OFDI+IFDI 作为双向跨国因子,认为对外直接投资和引进外资是相互补充的关系,二者之和是一国或地区双向投资总规模表现,表示一国参与跨国资本流动的程度。但这个指标把 OFDI 与 IFDI 一概而论,不加以区分,仍然不能很好地反映一国的双向投资地位。

本书试图建造一个新的双向投资指标,旨在更科学地度量双向投资重叠部分情况,进一步研究双向投资与经济发展水平(人均 GDP)之间的规律。

借鉴双向贸易指数,定义双向投资指数为:

$$TI = 1 - \left| \frac{IFDI - OFDI}{IFDI + OFDI} \right| \tag{5-1}$$

双向投资指数 $TI = 0$ 的国家,说明该国只有对外直接投资(OFDI),或者只有外商直接投资流入(IFDI);双向投资指数在 $0 < TI < 1$ 的国家,说明该国既有外商直接投资流入(IFDI),也有对外直接投资(OFDI);双向投资指数 $TI = 1$ 的国家,说明该国的 IFDI 与 OFDI 规模接近,发展较为均衡。

双向投资指数越高的国家表明其双向投资程度越深,相反,双向投资指数越小的国家则其双向投资程度越弱。处于 TI 指数较小的国家多数是经济起步阶段的低收入发展中国家，处于开放经济起步阶段，对外投资能力很弱，以吸收外商直接投资为主。TI 指数较高的国家往往是高速发展的新兴经济体或发达国家，本国以对外投资为主发展经济。随着经济的发展，双向投资指数将围绕 1 上下波动，双向投资趋于均衡。而目前世界各国双向投资指数在哪一阶段、哪些国家分为一类、具有什么特点、影响因素有哪些，需要进一步研究。

二、不同发展阶段下双向投资指数特征

世界各国在进行双向投资时具有投资国和东道国的双重身份，其双向投资指数可以把 IFDI 和 OFDI 放在同一框架下研究，并可以在世界范围内进行国别比较。按照 Dunning 的 IDP 五阶段理论，双向投资指数特征如表5-1 所示。

表 5-1 理论分析下双向投资指数的阶段性特征

发展阶段	作为东道国的区位优势	IFDI	作为投资国的所有权优势和内部化优势	OFDI	双向投资指数（TI）
第一阶段	缺乏区位优势	少量 IFDI	缺乏所有权优势	极少 OFDI	0 附近
第二阶段	劳动力和资源优势	IFDI 增速加大	所有权优势和内部化优势逐渐呈现	少量 OFDI	0→1
第三阶段	从劳动和资源优势转向资本和知识优势	IFDI 增速放缓	所有权和内部化优势增强	OFDI 增速加大	1→0
第四阶段	资本和知识优势	IFDI 减速	具有的所有权和内部化优势	OFDI 稳步增长	0→1
第五阶段	成熟的东道国区位优势和投资国所有权优势和内部化优势，IFDI 与 OFDI 均衡发展				1 附近波动

三、代表性国家双向投资地位的演变分析

选取 10 个代表性国家进行双向投资地位的比较，如表 5-2 所示，双向投资程度较深的有加拿大、法国、韩国、美国、俄罗斯等国家，双向投

资程度较浅的有印度、中国、泰国、越南等发展中国家。此外，仍然存在一些双向投资指数异常的国家，如日本，虽然日本的经济发展水平属于发达国家，但是其双向投资平均指数只有 0.156，这主要是因为日本 OFDI 对外直接投资规模很大，但是由于日本对外资的限制政策，长期吸引外资不足，导致日本的双向投资程度仍不大。

表 5-2 代表性国家部分双向投资指数

年份\国家	1979	1982	1985	1988	1991	1994	1997	2000	2003	2006	2009	2012	2014	平均值
澳大利亚	0.374	0.465	0.947	0.894	0.187	0.629	0.856	0.336	0.593	0.864	0.683	0.182	-0.014	0.525
加拿大	0.838	0.098	0.524	0.992	0.661	0.938	0.666	0.802	0.492	0.868	0.729	0.843	0.988	0.773
中国	0	0.186	0.487	0.420	0.346	0.112	0.107	0.044	0.101	0.451	0.746	0.841	0.949	0.340
法国	0.841	0.675	0.996	0.721	0.753	0.780	0.789	0.290	0.597	0.496	0.467	0.698	0.523	0.685
印度	0	0.027	0.055	0.215	-0.344	0.155	0.061	0.251	0.605	0.825	0.621	0.519	0.445	0.287
意大利	0.871	0.778	0.763	0.818	0.506	0.609	0.577	0.667	0.201	0.986	0.971	0.023	0.656	0.672
日本	0.152	0.176	0.173	-0.028	0.078	0.093	0.221	0.417	0.360	-0.297	0.276	0.028	0.036	0.156
韩国	0.174	0.793	0.738	0.719	0.955	0.610	0.856	0.592	0.834	0.836	0.682	0.473	0.489	0.698
马来西亚	0	0.314	0.464	0.432	0.083	0.674	0.595	0.697	0.713	0.997	0.315	0.700	0.793	0.546
墨西哥	0.010	0.096	0.201	0.026	0.072	0.176	0.159	0.039	0.124	0.431	0.704	0.915	0.372	0.218
菲律宾	0	0.480	0.712	0.032	0.093	0.319	0.196	0.106	0.763	0.068	0.309	0.908	0.940	0.211
新加坡	0.334	0.319	0.370	0.062	0.194	0.697	0.877	0.600	0.309	0.671	0.952	0.422	0.752	0.513
西班牙	0.174	0.446	0.226	0.299	0.525	0.614	0.765	0.809	0.947	0.456	0.887	-0.367	0.855	0.557
泰国	0.132	0	0.012	0.042	0.164	0.530	0.262	-0.012	0.211	0.185	0.924	0.933	0.759	0.280
英国	0.681	0.813	0.677	0.712	0.950	0.446	0.701	0.682	0.403	0.675	0.370	0.655	-9.455	0.358
美国	0.494	0.145	0.790	0.482	0.822	0.762	0.962	0.625	0.582	0.972	0.666	0.705	0.430	0.722
越南	0	0	0	0	0	0	0	0	0.068	0.169	0.251	0.222		0.046
俄罗斯						0.580	0.791	0.921	0.900	0.888	0.916	0.982	0.542	0.824

资料来源：根据 UNCTAD 数据库数据计算而得。

根据国际投资经验研究，一个成熟经济国家合宜的 IFDI 与 OFDI 的比例在 1：1.1，目前经济形势下发达国家的这一比例为 1：1.4，发展中国家在 1：0.13。依照该标准，若转换为本书的双向投资指数，一国成熟时期的双向投资指数在 0. 952 为宜，而目前发达国家双向投资指数为 0. 833；发展中国家双向投资指数却仅为 0. 230。

第二节　世界各国双向投资指数与经济发展水平

一、新指标下的 IDP 模型

IDP 理论自创立以来，主要有二次函数和五次函数之分。Dunning（1981）和 Narula（1996）以及各国学者主要采用二次函数来描述 IDP 曲线（见模型 1）。Buckley 和 Castro（1998）则采用五次函数研究了葡萄牙投资发展路径（见模型 2）。

模型 1：$NOI_{pc} = \alpha + \beta_1 GDP_{pc} + \beta_2 GDP_{pc}^2 + \mu$

模型 2：$NOI_{pc} = \alpha + \beta_1 GDP_{pc}^3 + \beta_2 GDP_{pc}^5 + \mu$

其中，NOI_{pc}、GDP_{pc} 分别表示各国人均净对外直接投资（Net Outward Investment Per Capita）、人均 GDP（GDP Per Capita）。

经济学通常采用两种方法对不同国家进行 IDP 检验，分别是基于多国家的截面或面板数据及基于某个国家的时间序列数据，需要注意的是相同人均 GDP 的国家的净对外直接投资差异较大，IDP 理论的适用性较差。

Dunning 的 IDP 理论提出于 20 世纪六七十年代，30 多年后的经济货币价值与当时投资发展路径的过渡值已经发生了较大改变，其中通货膨胀就是导致购买力发生变化的重要原因，因此单纯以人均 GDP 绝对值作为解释变量失去了现实意义，当时确定的人均 GDP 阶段分界值已经不再适用。选取 2000~2014 年中段年份的双向投资指数为例观察其分布状况，由于 2008 年美国金融危机对世界的双向投资造成巨大的动荡，最终采用 2006 年 60 个代表性国家的双向投资指数与人均 GDP 对数的散点图进行观察（见图 5-1）。

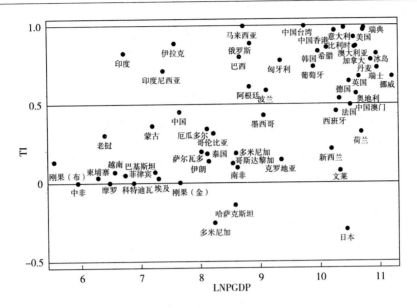

图 5-1 2006 年世界各国（或地区）双向投资指数与

LNPGDP 增长率之间的散点图

从图 5-1 可以看出，低收入发展中国家的双向投资指数在零附近分布，如中非、柬埔寨、越南等；中等收入发展中国家双向投资指数有所增加，如中国、墨西哥、南非；高收入发达国家的双向投资指数普遍较高，如英国、澳大利亚、瑞士、韩国等。这种现象是偶然还是必然？本书通过对 IDP 理论进行指标修正，以 TI 为被解释变量，以 LNGDP_{pc} 为解释变量进行拟合，从而建立新指标下的 IDP 模型如下：

模型 3：$\text{TI}_t = \alpha + \beta_1 \text{LNGDP}_{pc} + \beta_2 \text{LNGDP}_{pc}^2 + \mu$

模型 4：$\text{TI}_t = \alpha + \beta_1 \text{LNGDP}_{pc}^3 + \beta_2 \text{LNGDP}_{pc}^5 + \mu$

其中，TI 为修正的双向投资指数，该指数可以更好地反映一个国家在全球双向投资中的地位，LNGDP_{pc} 为人均 GDP 的对数。

部分文献以一国对外直接投资总额为因变量而采用外国直接投资总额为自变量的处理不尽合理，而双向投资指数则可以反映 OFDI 与 IFDI 之间的协调程度。理论上，本书采用新指数考察 IDP 适用性比原始 IDP 理论更合理。

二、实证结果与分析

一个国家在全球化过程中，经济发展到一定程度就会发生跨国投资，由于处在不同发展阶段的国家差异较大，整体进行回归分析一些阶段性特征容易被掩盖，如发达国家在经济全球化过程中，首先进行对外直接投资，之后实现双向投资的同步与协调发展；而发展中国家参与全球化跨国投资是从吸引外商直接投资开始，通过不断的资本积累，逐步实现对外直接投资，达到双向投资流入流出的均衡，因此可将样本国家按经济发展阶段分类，在实证分析中分组加以研究。本章采取三组面板数据研究世界各国双向投资地位的演变：世界国家（地区）总样本、发达国家面板样本、发展中国家面板样本，研究发现双向投资指数的 IDP 模型的适用性比原始 IDP 理论高（见表 5-3 至表 5-5）。

表 5-3　世界国家（地区）总样本新指数 IDP 最优模型检验结果

检验方法	OLS	随机效应	个体效应	OLS	随机效应	个体效应
模型	3	3	3	4	4	4
$LNGDP_{pc}$	−0.2495*** (−10.12)	−0.1410** (−2.31)	−0.1285** (−2.03)			
$LNGDP_{pc}^2$	0.0220*** (14.31)	0.0040*** (3.78)	0.0144*** (3.44)			
$LNGDP_{pc}^3$				0.0002** (2.28)	0.0005*** (−0.03)	0.0005** (2.60)
$LNGDP_{pc}^5$				1.8558** (4.86)	−19.1721 (−0.82)	−17.9275 (−0.25)
C	0.7948*** (8.29)	0.3825* (1.71)	0.3298* (1.38)	0.0164 (1.76)	−0.0381 (0.411)	−0.0513 (−0.84)
R^2	0.3188	0.4759	0.4759	0.3162	0.1033	1034
形状	U 形	U 形	U 形			

注：括号中是 t 统计量；***、** 和 * 分别表示 1%、5% 和 10% 的显著性水平。

表 5-4　发达国家（地区）样本新指数 IDP 最优模型检验结果

检验方法	OLS	随机效应	固定效应	OLS	随机效应	固定效应
模型	3	3	3	4	4	4
$LNGDP_{pc}$	1.7343*** (6.73)	1.3533*** (4.34)	1.3270*** (4.19)			
$LNGDP_{pc}^2$	-0.0805*** (-6.03)	-0.0624*** (-3.81)	-0.0612*** (-3.70)			
$LNGDP_{pc}^3$				0.0043*** (8.72)	0.0035*** (5.06)	0.0034*** (4.90)
$LNGDP_{pc}^5$				-0.00002*** (-7.49)	-0.00002*** (-4.40)	-0.00002*** (-4.28)
C	-8.6640*** (-7.00)	-6.6850*** (-4.51)	-6.5434*** (-4.31)	-1.3647*** (-7.48)	-1.0063*** (-3.66)	-0.9775*** (-3.55)
R^2	0.2306	0.3668	0.3367	0.2338	0.3674	0.1778
形状	倒 U 形	倒 U 形	倒 U 形			

注：括号中是 t 统计量；***、**和*分别表示 1%、5%和 10%的显著性水平。

表 5-5　发展中国家（地区）样本新 IDP 理论最优模型检验结果

检验方法	OLS	随机效应	固定效应	OLS	随机效应	固定效应
模型	3	3	3	4	4	4
$LNGDP_{pc}$	-0.1685*** (-6.17)	-0.1918*** (-2.72)	-0.1914*** (-2.64)			
$LNGDP_{pc}^2$	0.0154*** (8.79)	0.0182*** (3.74)	0.0186*** (3.70)			
$LNGDP_{pc}^3$				0.0001** (1.28)	0.0002* (0.76)	0.0002 (0.91)
$LNGDP_{pc}^5$				0.6054*** (3.46)	1.5025 (1.51)	1.0403 (1.35)
C	0.5489*** (5.31)	0.5668** (2.25)	0.5395** (2.06)	0.0541*** (3.16)	0.0174 (0.37)	-0.0033 (-0.06)
R^2	0.1657	0.2449	0.2450	0.1655	0.0989	0.0989
形状	U 形	U 形	U 形			

注：括号中是 t 统计量；***、**和*分别表示 1%、5%和 10%的显著性水平。

本书从 UNCTAD 数据库选取了 1976~2014 年 119 个国家和地区的双向投资与人均 GDP 样本，用计量软件 Stata12.0 检验 TI 与人均 GDP 之间的关系，并且筛选 28 个发达国家和 91 个发展中国家（地区）两个子样本检验稳定性，并且由于亚洲四小龙等发达国家（地区）在双向投资发展路径过程中经历了较长时间的发展中国家（地区）过程，将其归于发展中国家（地区）。

根据表 5-3、表 5-4、表 5-5 三个计量结果可以得到：

（1）对模型 3 和模型 4 进行对比检验，结果发现，模型 3 比模型 4 的显著性高，说明更好地拟合了双向投资发展路径，因此，新指数下的 IDP 理论采用二次模型。

（2）比较整体样本、发达国家样本和发展中国家样本可以发现，虽然三个样本都呈现二次项特征，但形状存在差异。整体样本的二次项符号显著为正，呈现 U 形；发达国家样本的二次项符号显著为负，呈现倒 U 形；发展中国家的二次项符号显著为正，呈现 U 形。这种情况验证了上文的推测：一个国家在全球化过程中，经济发展到一定程度就会发生跨国投资，但发达国家与发展中国家投资路径有所差异，发达国家在经济全球化过程中，首先进行对外直接投资，之后实现双向投资的同步与协调发展；而发展中国家参与全球化跨国投资是从吸引外商直接投资开始的，通过不断的资本积累，逐步开始实现对外直接投资，达到双向投资流入流出的均衡。

（3）TI 指数的适用性。研究发现新指数下 IDP 理论把双向投资地位与该国（或地区）的发展水平联系起来，改进了原始 IDP 理论难以量化的不足，使理论对现实的指导作用更明确，显著性比原始 IDP 理论更高。新指数下的 IDP 理论在总体样本、发达国家样本和发展中国家样本的适应性均良好，为进一步分析中国的双向投资动态演变打下了良好基础。世界各国在进行双向投资时具有投资国和东道国的双重身份，面对的国际和国内背景相当复杂，其演变道路存在异质性。下章将具体考虑中国双向投资发展路径的异质性问题，从对外直接投资的投资国因素和外商直接投资的东道国因素总结归纳出中国双向投资地位演变决定因素，如贸易开放度、劳动力成本、环境规制等。

第六章　中国双向投资的决定因素

——基于扩展的 IDP 模型

第一节　中国在新指标 IDP 模型中的
适用性检验

由图 6-1 观察可得，改革开放到 2000 年，中国注重吸收外商直接投资，存在比较明显的结构偏向。1982~1992 年，跨国公司逐渐关注中国市场，开始对中国进行尝试型投资，并且中国也出现了少量的对外直接投资，其间中国双向投资指数总体不断提高，但由于 IFDI 仍然远远大于 OFDI，因此双向投资指数虽然增加，但仍然在 0.5 水平以下，大致应该处丁投资发展周期第一阶段。从 1993 年开始，中国经历了一个双向投资指数下降的过程，这是由于 IFDI 增长速度远远高于 OFDI 增长速度，以至于双向投资部分占双向投资规模的总和减少了，同时也反映出中国双向投资存在对 IFDI 的结构偏向，即投资发展周期的第二阶段。2003 年之后，由于中国 OFDI 的大规模展开，双向投资指数呈现出急速增长的态势，直到 2014 年中国双向投资指数已经达到了 0.979，此后虽有波动但一直保持在 0.8 以上，处于投资发展周期的双向投资发展阶段。

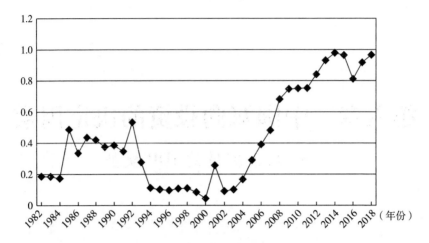

图 6-1 1982~2018 年的中国双向投资指数

资料来源：根据 UNCTAD 数据库数据计算而得。

为进一步验证双向投资指数下 IDP 发展路径的适用性，需要运用统计数据进行实证检验。通过观察图 6-1 可以看到，中国的 TI 指数的演变曲线呈现典型的 U 形，针对这种 U 形曲线，计量方程通常选用二次模型。本节以中国双向投资指数为被解释变量，表示双向投资的发展阶段；以中国人均 GDP 为解释变量，表示中国经济发展水平，计量模型如下：

$$TI_t = \alpha + \beta_1 LNGDP_{pc} + \beta_2 LNGDP_{pc}^2 + \mu \qquad (6-1)$$

采用 1982~2018 年的中国双向投资指数（TI）和人均 GDP 拟合以上模型。运用 Stata15.0 软件，检验结果如下：

$$TI_{China} = 3.7023 - 1.171 LNGDP_{pc} + 0.0968 LNGDP_{pc}^2 + \mu$$

$$(3.08)^{***} \quad (-3.35)^{***} \qquad (3.89)^{***} \qquad (6-2)$$

$$\overline{R} = 0.6736, \quad F = 37.15, \quad t = 1982, 1983, \cdots, 2018$$

回归结果显示，模型拟合优度为 0.7，与预期一致，显示了中国新指数下的 IDP 模型适用性良好。基于以上实证结果分析，中国双向投资指数的不断改善并非偶然，这种趋势将会持续数年，总的来看，中国外资引进规模将平稳增长，而对外直接投资仍将保持较大增幅，中国总体上已经处于投资发展路径的第三个阶段。

第二节　中国地区性双向投资的决定因素

——基于扩展的 IDP 模型

一、理论假设

从表 6-1 可以看出，中国 31 个省份的双向投资指数差别较大，从地区性双向投资指数来看，近乎半数以上的省份双向投资指数仍停留在较低水平，如天津、内蒙古、江苏、河南、湖北、湖南、重庆、贵州、四川、西藏、陕西、青海的双向投资指数多年来都在 0.2 以下；河北、陕西、黑龙江、上海、浙江、福建、广西双向投资指数较为平稳，介于 0.2 ~ 0.5；北京、吉林、山东、广东、海南的双向投资指数快速提升，2013 年北京已经达到了 0.653。甘肃、宁夏、新疆三个省份的双向投资指数较为特殊，甘肃的双向投资指数波动较大，2005 ~ 2008 年高达 0.8 左右，2013年，宁夏的双向投资指数达 0.736、新疆高达 0.818。除新疆和甘肃外的 29 个省份，都是因为 IFDI 远远大于 OFDI，导致双向投资重叠部分较小；而新疆和甘肃是 OFDI 比 IFDI 大。甘肃与新疆作为西部重要的门户，对外投资的积极性较高。以新疆为例，新疆与中亚具有很强的地缘优势，与哈萨克斯坦、吉尔吉斯斯坦、塔吉克斯坦等 8 国接壤，并且新疆秉承"东联西出"的发展战略，"东联"即承接东部地区的产业转移，"西出"即加快对中亚各国的对外直接投资，将经贸往来上升到产业层次。这两个省份与中国整体双向投资情况有所不同，IFDI 较少，OFDI 相对较多。2015年以后，全部省份的双向投资指数普遍提高，主要是对外直接投资规模扩大，政策影响效果明显。因此，不同发展水平的中国省份的投资路径存在差别，所处的投资阶段不同，人均 GDP 与双向投资之间的 U 形关系还受多方面因素的影响。

表 6-1　2003~2017 年中国 31 个省份双向投资指数变化情况

年份 地区	2003	2005	2007	2009	2011	2013	2015	2017
北京	0.241	0.062	0.059	0.137	0.048	0.653	0.972	0.429
天津	0.007	0.011	0.030	0.045	0.060	0.125	0.214	0.357
河北	0.002	0.086	0.044	0.115	0.180	0.252	0.264	0.326
山西	0.352	0.040	0.117	0.806	0.163	0.335	0.122	0.360
内蒙古	0.048	0.036	0.039	0.099	0.065	0.162	0.215	0.297
辽宁	0.006	0.017	0.028	0.094	0.090	0.085	0.581	0.360
吉林	0.017	0.032	0.172	0.415	0.243	0.585	0.473	—
黑龙江	0.045	0.206	0.158	0.098	0.137	0.287	0.142	0.161
上海	0.019	0.177	0.124	0.206	0.255	0.275	0.887	0.866
江苏	0.005	0.016	0.046	0.065	0.131	0.166	0.460	0.296
浙江	0.015	0.040	0.075	0.132	0.274	0.306	0.591	0.746
安徽	0.011	0.054	0.033	0.029	0.148	0.157	0.264	0.210
福建	0.046	0.032	0.166	0.120	0.158	0.250	0.528	0.496
江西	0.004	0.005	0.010	0.011	0.060	0.096	0.192	0.099
山东	0.029	0.035	0.034	0.162	0.363	0.466	0.607	0.612
河南	0.022	0.130	0.045	0.049	0.055	0.084	0.151	0.191
湖北	0.002	0.004	0.007	0.022	0.264	0.140	0.133	0.214
湖南	0.005	0.029	0.083	0.359	0.321	0.123	0.177	0.203
广东	0.024	0.033	0.125	0.090	0.286	0.385	0.627	0.679
广西	0.010	0.017	0.074	0.146	0.283	0.208	0.415	0.873
海南	0.000	0.000	0.002	0.122	0.890	0.622	0.749	0.845
重庆	0.000	0.023	0.149	0.023	0.129	0.154	0.568	0.613
四川	0.007	0.058	0.326	0.058	0.112	0.108	0.212	0.358
贵州	0.000	0.000	0.008	0.075	0.076	0.234	0.270	0.085
云南	0.058	0.213	0.514	0.458	0.250	0.496	0.481	0.790
西藏	—	—	—	—	0.065	0.004	0.355	—
陕西	0.001	0.010	0.034	0.259	0.320	0.154	0.238	0.352
甘肃	0.068	0.693	0.869	0.243	0.195	0.283	0.946	0.165
青海	0.078	0.007	0.007	0.019	0.020	0.555	0.825	0.764

续表

年份 地区	2003	2005	2007	2009	2011	2013	2015	2017
宁夏	0.000	0.015	0.203	0.355	0.120	0.736	0.292	0.476
新疆	0.146	0.544	0.592	0.992	0.896	0.818	0.851	0.400

资料来源：省级 IFDI、OFDI 数据来自《中国对外直接投资统计公报》以及各省份的统计年鉴，各省份双向投资指数计算得到。

在中国整体双向投资影响因素的基础上，本节通过增加地区间因素对模型进行调整。一般将 31 个省份，分为东部、中部、西部三大地区，地区间经济发展水平极其不平衡，呈现较大差异化和多元化，导致了我国省际投资发展阶段的差异性和多样性，不同的地区在同一时期的发展阶段不同。总的来看，经济水平高的地区，IFDI 与 OFDI 都多，即经济水平越高的地区，吸引外资的能力和对外直接投资的能力越强，双向投资指数越合理。因此，经济发展水平（GDP）与双向投资指数的关系，犹如一个"黑箱"，为了探索这个"黑箱"的内容，必须对 IDP 理论进行深入分析。

（一）贸易开放度

贸易开放度较高的地区反映了当地进出口贸易规模较大或增长迅速较快。一国经济的贸易开放度在国际资本流动中起到重要作用，一国贸易开放程度直接和间接地影响着外资的流入流出。贸易与投资的关系已经被较多的文献广泛论证，并且结论较为一致，即贸易开放度对 IFDI 与 OFDI 都有影响，且存在替代效应和创造效应。在外商直接投资方面，最普遍的观点认为进口贸易对 IFDI 有促进作用，因为各种贸易壁垒的存在刺激了外国企业在本地设厂生产，以规避贸易壁垒。在对外直接投资方面，出口贸易对 OFDI 有促进作用。因此总体表现为贸易开放度越高，双向投资规模越大。随着我国各地区贸易开放度的不断提高，其跨国公司的聚集程度也越来越高，因此贸易开放度为影响一个地区双向投资指数高低的一个重要解释变量。基于此，本书假设：

H1：贸易开放度与双向投资指数成正比。

（二）劳动力成本

不管是外商直接投资还是对外直接投资，生产成本是投资决策制定过程中的重要评估要素。冯伟（2011）研究发现劳动力成本对 IFDI 有门槛效应，过高的劳动力水平或工资水平是 IFDI 的重要"离心力"，不断上涨的劳动力成本超越了跨国企业的支出预算，使利润不断被压缩，跨国企业不得不将投资迁往其他区域。对本国企业来说，国内劳动力成本不断上升也同样面临这种问题，从而激励本国企业跨越国界利用国外人力资源进行生产活动，以获得更高利润。在我国改革开放初期，劳动力充裕、成本低廉，成为吸引外商直接投资的决定因素。随着我国的人口红利逐渐消失，劳动力成本日益升高，此时中国已经成为世界上最大的外商直接投资东道国，劳动力成本因素不再是吸引外商直接投资的决定因素，然而由于劳动力成本不断升高，却促进了中国劳动力密集产业和过剩产能的对外转移，成为我国对外直接投资蓬勃发展的推动因素，从而双向投资部分比重呈现扩大状态。综合来看，随着劳动力成本的升高，中国双向投资指数得到了改善。基于此，本书假设：

H2：现阶段劳动力成本的提高与中国双向投资指数有促进作用。

（三）环境规制

环境规制是指一国或地区为了保护环境而制定和实施的排污标准和环境治理规定，环境规制强度直接影响了相关排污企业的生产方式和费用支出。自 20 世纪 80 年代"污染避难所"假说出现以来，地缘性的污染产业转移就成为学术界的研究热点，主流的经济学理论都纷纷将环境因素纳入分析框架中来。在外商直接投资方面，杨涛（2003）通过实证检验发现环境规制对外商直接投资的流入有负面影响，严格的环境规制提高了市场准入门槛，明显减少了外商直接投资的流入。在对外直接投资方面，代迪尔（2013）以垂直专业化为切入点，阐明了环境规制作用于本土污染企业的微观机制，指出对京津地区、东部沿海地区、东北地区实施严格的环境规制并没有很好地促进对外直接投资，环境规制对污染企业存在阈值效应。基于此，本书假设：

H3：随着环境规制强度不断增加，双向投资指数将下降。

（四）技术水平

杨晔（2007）认为跨国公司一般是具有较高技术水平的企业，它们多倾向于投资技术水平差距较小的地区，因为如果该地区与东道国的技术差距太大，往往会因为生产水平落后和管理低效率造成跨国企业不能有效利用当地资源。并且技术水平较高的地区往往具备对外直接投资的能力，尤其是代表性高科技产业的对外直接投资成功率较高，有效地提高了中国双向投资指数，改善双向投资发展不协调的现状。基于此，本书假设：

H4：技术水平较高的地区其双向投资指数越大。

（五）人口素质

在实证研究中，大多数经济学者都采用了人均数额拟合投资周期路径，Dunning（1979）明确提出一国的投资状况受人口规模限制，Lucas Jr.（1990）指出人口数量直接影响人均资本的配置，对资本流出和流入都有正向影响，然而他们却没有考虑人口素质因素。人口素质是人力资本的储蓄，高素质人口的生产率可以是普通劳动力生产率的几倍甚至几十倍，因此，人口素质高的地区往往吸引更多的外商直接投资，并且较高的人口素质可以更好地发挥人才溢出效应，促进本地区进行对外直接投资。例如，英国向其他国家进行投资的重要原因是希望利用东道国受过教育但工资较低的工人，这即人口红利。Higgins 和 Williamson（1997）指出人口红利与外商直接投资之间具有密切关系，并对东亚经济的腾飞起到重要作用。Bloom 等（1998）认为劳动力比例的增加促进了 FDI 流入，随着人口老龄化的进程，人口红利逐渐消失，从而本国对外直接投资增长迅速。因此，人口素质与双向直接投资之间应存在正向关系。基于此，本书假设：

H5：人口素质与双向投资指数成正比。

（六）经济结构

经济结构是一个多层次多含义的复杂体，其中普遍含义是国民经济中各产业部门内部的构成，主要有农业、工业、建筑业、服务业等。高级化的产业结构是指一国产业结构中心从第一产业向第二和第三产业逐步发展的过程。一般情况下，经济结构越合理的国家和地区的区位优势越明显，越有利于吸引外资，并且经济结构越高级的国家和地区的对外直接投资能力越高，从而经济结构与双向投资成正比。从中国的角度分析，情况未必如此。我国当前的产业结构与发达国家还存在较大差距，已经出现了产能过剩和附加值低等问题，产业结构升级迫在眉睫。通过转移过剩产能，对外直接投资规模不断增加，同时能吸引"高质量"的优质外资。基于此，本书假设：

H6：在现阶段中国经济结构优化将对双向投资指数有正面影响。

（七）政策导向

除以上因素外，中国的政府导向对双向投资的变动具有重要影响。Buckley 等（2007）认为政策因素是双向投资变动的重要驱动因素之一；Yan（2010）认为政府通过政策、管制和解除管制等多种行为对外资流入和对外投资发挥深远的作用，政府通过宏观经济政策对一国的双向投资结构具有重要影响。在吸引外资方面，东道国政府为了长期从 IFDI 中获取利益，注重培养国内区位优势，保持本国对溢出效应的吸收能力；并对亚洲新兴工业经济体的双向投资进行了深入分析，政府在投资政策上大多具有全局性的特点，将 IFDI 与 OFDI 作为整体看待，促进了本国经济快速地适应国际形势，达到经济可持续发展的长期目标。在 20 世纪初广大学者从不同角度分析了韩国、中国和中国台湾 IDP 的快速发展，并着重强调了政府行为的作用。

我国政府在双向投资方面发挥了重要作用。从早期以鼓励外资流入为特点的对外开放政策开始，已经形成了一套较为完善的外资鼓励政策，并随着外资规模的不断增大进行导向性调整（见表6-2）。

表6-2　中国鼓励 IFDI 的产业政策和税收政策

产业政策	具体内容
先行试点	服务业引进外资实行了先行试点，服务业已经从个别行业放宽到多行业，如金融业、运输业、法律服务、广告业、旅游业、医疗服务等

续表

产业政策	具体内容
产业指导目录	1995 年颁布的《外商投资产业指导目录》和《指导外商投资方向暂行规定》明确了国家的产业发展方向，并以法律的形式提高了政策透明度
特别专案	鼓励 IFDI 的专案包括：高新技术专案、出口创汇专案、中西部专案、农业新技术专案等

税收政策	具体内容
企业所得税	按 1/3 的税率征收外资企业的所得税；按 24% 的税率对沿海或省会设立的外资企业征收所得税；对中西部地区的外资企业实行 5 年所得税减免，并可延长 3 年所得税减半
进口增值税	对外资企业和国内投资专案进口的设备，免征关税和进口增值税
流转增值税	对外资企业进行技术转让免征营业税；外资企业采购中国设备，全额退还该设备增值税

加入世界贸易组织以后，我国企业整体竞争力不断增强，对外投资增长迅速，一方面，国有企业在中国对外直接投资中占主导地位；另一方面，政府不断加大对"走出去"战略的政策扶植（见表6-3）。

表6-3 中国鼓励 OFDI 的激励政策

政策	相关内容
出口退税	用于境外加工贸易的出口设备、原材料、器具等享有全国统一的出口退税政策
保险政策	为避免我国对外直接投资企业的政治风险和经济风险，国家对其施行多方面的信用保险支持
融资政策	为境外加工贸易企业提供出口信贷，进一步简化审批手续，并可在获利后 5 年内充实资本金
外汇政策	对外经贸部对境外加工企业颁发批准证书，企业持批准书可到外汇管理部门办理备案，免外汇审查

综合来看，政策导向是中国双向投资的重要决定因素。在 20 世纪 80 年代和 90 年代，中国政府为引进外资制定了一系列优惠政策，以致中国 IFDI 大规模扩大。到 21 世纪初期，中国确立了"走出去"发展战略，中国对外直接投资快速发展。这两类政策对中国双向投资走向起到了关键性的作用。基于此，本书假设：

H7：政府导向对双向投资指数的变动起到了积极影响。

（八）金融危机

双向投资也受到国际宏观因素的作用，其中最为重要的是金融危机的影响。在本章所选时间段发生了起源于美国次贷危机的全球性金融危机，对全球跨国投资产生了巨大的负面冲击。仲鑫和马光明（2009）指出金融危机导致众多跨国企业出现了资金困难，在全球范围减少资金输出。金融危机对全球大多数国家的双向投资都造成了较大负面影响。金融危机对我国 IFDI 来源国，尤其是发达国家造成较大打击。与世界主要发达国家不同，2008 年以后中国 IFDI 规模只出现了短暂下降，并且我国对外直接投资得到快速发展。在各主要发达国家受金融危机困扰、收入和消费不断下降、双向投资明显下降的背景下，中国却依然保持上升的势头。究其原因，可以总结为金融危机为中国进行对外直接投资提供了有利时机。金融危机发生后，广大发达国家经济增长停滞、投资和出口大幅度减少，再加上刺激经济而采取的低利率政策，使得作为世界主要货币的美元持续贬值，而人民币放宽了汇率浮动程度后，人民币升值趋势更加明显。此外，发达国家企业出现严重的股价下跌甚至经营困难等状况，我国借助投资成本下降等有利时机进行了大量的跨国并购和绿地投资。因此，此次金融危机促进了中国双向投资地位的提升。基于此，本书假设：

H8：虚拟变量金融危机对中国双向投资指数有正面影响。

二、数据选取与处理

（一）数据选取

1. 贸易开放度（TRA）

用贸易依存度来衡量贸易自由化过程，即各省份每年的贸易进出口额与各省份国内生产总值的比值。一些文献认为应该采用各国的平均关税水平来度量，但是本章研究的是省际数据，各省份之间的关税水平并不存在差别，所以以关税水平作为度量指标是不合适的。由于贸易依存度 TRA 是相对指标，所以不受价格因素的影响。

2. 劳动力成本（LC）

多数文献采用工资水平为劳动力成本，即以各省份的实际平均货币工资占全国实际平均货币工资的比值表示劳动力成本的高低，本章也采用这种计算方法，其中名义平均货币工资经过平均实际工资指数平减后为实际平均货币工资。

3. 环境规制（ERS）

关于环境规制强度的计算指标较多，为了更好地反映各省环境保护强度，采用傅京燕提出的综合指数法来测度省级环境规制强度，利用《中国统计年鉴》中工业废水排放达标率（各地区工业废水排放达标量比工业废水排放总量）、二氧化硫排放达标率（各地区二氧化硫排放达标量比二氧化硫排放总量）和固体废物综合利用率（各地区固体废物利用率比固体废物排放总量）三类数据，按平均加权得到该综合指数。

4. 技术水平（TEC）

利用历年国家知识产权局统计年报公布的专利数据计算而得，具体用各省份专利授权量占全国总专利授权量的比重来反映。

5. 人口素质（EDU）

利用人均受教育年限来衡量，教育水平＝（小学文化程度人口×6＋初中文化程度人口×9＋高中文化程度人口×12＋大专以上文化人口×16）/6 岁以上人口。

6. 经济结构（TER）

利用第三产业产值与当期 GDP 的比值。

7. 政府行为（MON）

利用工业部门增加值中国有及国有控股企业所占比重代表。

8. 金融危机（SHOCK）

考虑到 2008 年蔓延全球的金融危机对跨国投资造成的巨大冲击，设置衡量此次金融危机的时间虚拟变量，即以 2008 年为界，2008 年之前赋值为 0，2008 年及以后赋值为 1。

（二）数据处理

以上数据源于《中国统计年鉴》、《中国工业经济统计年鉴》和《中国工业统计年鉴》，选取并整理出 2003~2017 年中国 31 个省份的面板数据进行分析，表 6-4 为变量统计描述，表 6-5 为相关性关系，可以看到各影响因素之间的相关系数普遍都小于 0.5，因此基本可以忽略多重共线性的问题。

表 6-4　各变量的统计性描述

变量	个数	均值	标准差	最小值	最大值
TI	465	0.1421	0.1941	0	0.992
TRA	465	0.3388	0.4248	0.036	1.721
TEC	465	0.0381	0.1462	0.016	0.096
TER	465	0.4085	0.0804	0.283	0.765
EDU	465	8.4288	1.0469	4.649	11.869
LC	465	1.0722	0.6117	0.564	2.184
ERS	465	0.5789	0.6099	0.344	0.810
MON	465	0.4135	0.1787	0.107	0.856
SHOCK	465	0.5000	0.5008	0	1

表 6-5　各变量的相关系数

变量	TI	TRA	TEC	TER	EDU	LC	ERS	MON	SHOCK
TI	1	-0.0430	0.0999	-0.0577	0.0471	0.1143	-0.0536	0.2699	0.3078
TRA	-0.0430	1	-0.4970	-0.3605	0.5240	0.4879	0.4170	-0.2705	-0.0532
TEC	0.0999	-0.4970	1	0.5314	-0.4349	-0.4993	-0.1021	0.4652	-0.0965
TER	-0.0577	-0.3605	0.3314	1	-0.3700	-0.4113	-0.0262	0.3498	-0.2523
EDU	0.0471	0.4240	-0.4349	-0.3700	1	0.4398	0.5068	0.0053	0.0823
LC	0.1143	0.5879	-0.6993	-0.5113	0.5398	1	0.3001	-0.1502	0.2271
ERS	-0.0536	0.4170	-0.1021	-0.0262	0.5068	0.3001	1	0.1196	-0.0088
MON	0.2699	-0.2705	0.4652	0.3498	0.0053	-0.1502	0.1196	1	-0.1198
SHOCK	0.3078	-0.0532	-0.0965	-0.2523	0.0823	0.2271	-0.0088	-0.1198	1

基于以上理论假设和数据选取，设定中国地区双向投资发展路径具体形式如下：

$$TI_{i,t} = \alpha_0 + \alpha_1 TRA_{i,t} + \alpha_2 LC_{i,t} + \alpha_3 ERS_{i,t} + \alpha_4 TEC_{i,t} + \alpha_5 EDU_{i,t} + \alpha_6 TER_{i,t} +$$
$$\alpha_7 MON_{i,t} + \alpha_8 SHOCK_{i,t} + \varepsilon \qquad (6-3)$$

模型（6-3）隐性假定了双向投资指数不存在滞后效应，即 TI 会随影响因素的变动发生瞬间变化。但是现实情况并非如此，前期投资状况往往会对当期甚至未来几期都产生不可忽视的重要影响。因此，考虑到双向投资的这种动态延续性或滞后性，进一步扩展为动态面板模型形式如下：

$$TI_{i,t} = \alpha_0 + \lambda TI_{i,t-1} + \alpha_1 TRA_{i,t} + \alpha_2 LC_{i,t} + \alpha_3 ERS_{i,t} + \alpha_4 TEC_{i,t} + \alpha_5 EDU_{i,t} +$$
$$\alpha_6 TER_{i,t} + \alpha_7 MON_{i,t} + \alpha_8 SHOCK_{i,t} + \varepsilon \qquad (6-4)$$

三、实证结果与结论

本章前两节通过理论假设，描述分析了双向投资指数的主要决定因素包括：贸易依存度、劳动力成本、环境规制、人口素质等，并建立了动态面板模型。本节重点检验理论假设的现实性，对于宏观变量很难做到绝对外生，变量之间或多或少存在相互影响（杨宏力，2023），为了控制模型内生性问题，采用两步系统广义矩估计方法（Two Step Sys-GMM）进行参数估计，使用的计量软件为 Stata12.0。计量结果如表 6-6 所示，首先将解释变量 TI_{-1} 和 TRA 进行参数估计，结果报告于表 6-6 的模型 1 中，随后逐步添加劳动成本（LC）、环境规制（ERS）、技术水平（TEC）、人口素质（EDU）、经济结构（TER）、政府行为（MON）、金融危机（SHOCK），估计结果分别报告于表 6-6 的模型 2 至模型 8 中。并且都对各个模型进行了 Arellano-Bond 检验和 Sargan 检验，以检验干扰项的序列自相关性，结果发现各个模型均在 5% 的显著水平存在一阶序列自相关但不存在二阶序列自相关，而 Sargan 统计量的相伴概率未通过 10% 的显著水平。因此，模型中所使用工具变量是合理并有效的。

表6-6　方程5回归分析结果

变量	模型1	模型2	模型3	模型4	模型5	模型6	模型7	模型8
Cons	0.1042 *** (0.0072)	−0.1863 *** (0.0404)	−0.1713 *** (0.0263)	−0.2212 *** (0.0412)	−0.7852 *** (0.0780)	−0.3864 ** (0.1698)	−0.3375 *** (0.0694)	−0.3629 *** (0.0825)
TI_{-1}	0.1622 *** (0.0054)	0.1623 *** (0.0067)	0.1636 *** (0.0065)	0.1659 *** (0.0063)	0.1794 *** (0.0066)	0.1435 *** (0.0055)	0.1565 *** (0.0048)	0.1495 *** (0.0043)
TRA	0.0647 *** (0.1042)	0.0878 *** (0.0173)	0.1131 *** (0.0277)	0.0899 *** (0.0299)	0.1022 *** (0.0301)	0.1091 * (0.0141)	0.0761 *** (0.0127)	0.0985 *** (0.0221)
TEC		0.0931 *** (0.0112)	0.1354 *** (0.0147)	0.1332 *** (0.0129)	0.1777 *** (0.0125)	0.1693 *** (0.0141)	0.1458 *** (0.0142)	0.1669 *** (0.0132)
TER			0.0518 *** (0.0108)	0.0390 *** (0.0098)	0.0371 *** (0.0095)	0.0248 * (0.0071)	0.0265 *** (0.0074)	0.0331 *** (0.0090)
EDU				0.0346 *** (0.0066)	0.0205 *** (0.0055)	0.0594 *** (0.0095)	0.0531 *** (0.0082)	0.0494 *** (0.0073)
LC					0.0503 *** (0.0069)	0.0505 *** (0.0047)	0.0488 *** (0.0057)	0.0461 *** (0.0073)
ERS						−1.2138 *** (0.0924)	−1.0273 *** (0.1350)	−1.0442 *** (0.1258)
MON							0.1034 ** (0.0502)	0.0930 * (0.0476)
SHOCK								0.0165 *** (0.0825)
AR (1)	0.0315	0.0322	0.0323	0.0361	0.0470	0.0378	0.0497	0.0427
AR (2)	0.4530	0.4288	0.4300	0.4306	0.4374	0.3241	0.1619	0.1581
Sargan 统计量	0.1922	0.1827	0.1924	0.1945	0.1901	0.2906	0.5882	0.1703
工具变量	25	26	27	28	29	30	31	32
样本量	434	434	434	434	434	434	434	434

注：括号中是回归系数标准差；***、**和*分别表示1%、5%和10%的显著性水平。

从回归结果可以看到，双向投资滞后一期的系数符号显著为正，说明前期的水平显著影响下期双向投资指数，表现出明显的"路径依赖"特征。这符合一般的投资发展规律，由于特定地区的区位优势和比较优势在短期内是稳定的，前期的双向投资地位可以直接影响着投资者的预期判断，从而使得双向投资地位变现出动态延续性。下面将分别讨论理论假设中的 8 种决定因素对双向投资指数的影响情况。

从表 6-6 可以看到，决定要素贸易开放度（TRA）、劳动力成本（LC）、环境规制（ERS）、技术水平（TEC）、人口素质（EDU）、政府行为（MON）的计量结果与理论假设一致，具体为贸易依存度、劳动力水平、技术水平、人口素质、经济结构、金融危机系数为正，改善了双向投资指数；环境规制系数为负，显著阻碍了双向投资地位的发展。

本章以中国各地区双向投资差异为切入点，分析导致中国双向投资差异的决定因素，通过理论假设，确定了贸易开放度、劳动力成本、环境规制、技术水平、人口素质、经济结构、政府行为、金融危机八个影响因素，打开了 IDP 理论中双向投资与经济发展之间相关关系存在的"黑箱"。

第七章　中国双向投资影响的实证研究

第一节　中国双向投资是否促进了绿色发展

在新时代背景下，中国双向投资发展迅速，国际资本流动对我国经济发展产生了巨大影响。在经济可持续发展的要求下，如何实现绿色发展是一个重要命题。将绿色经济发展状况作为衡量中国经济发展的标准，反映出我国对于经济绿色发展的重视。在国内外经济形势的新特点和对外开放的新形势下，我国的"引进来"和"走出去"双向投资工作的推动也面临着新任务。其中，促进中国经济的绿色发展是双向投资的重要组成部分。

一、相关文献综述

在双向投资的贡献方面。陈继勇和盛杨怿（2008）认为双向投资可以通过资本供给和知识溢出来调整东道国的产业结构，推动经济转型发展。李逢春（2012）认为跨国公司能够通过双向投资影响企业的价值链、生产效率与产出结构。罗伟和葛顺奇（2015）认为双向投资能够为东道国带来巨大的人力资本，推动东道国产业升级和全球价值链位置提升；黄凌云等（2018）认为对外投资与引进投资具有互动效应，在技术条件的

加持下能够促进国际产能合作，加快培育经济发展竞争新优势。Ning 等
（2023）认为外国直接投资能够为东道国带来知识、人才以及技术创新。

在中国双向投资对绿色发展的影响方面。学者们大多认为双向投资能
够显著促进绿色发展。1989 年 David Pierce 首次提出绿色发展的思想，他
反对过于重视经济的快速发展而轻视环境污染、资源短缺等破坏生态环境
的行为。认为要正确处理好经济发展和生态环境保护之间的关系，构造可
持续的经济发展模式。已有文献多是从污染避难所假说（Pollution Haven
Hypothesis）、污染光环假说（Pollution Halo Hypothesis）两个角度进行思
考。盛斌和吕越（2012）认为外商投资程度与环境发展之间具有一定关
系，可以从规模效应、结构效应与技术效应三个角度进行分析，得出双向
投资促进了环境发展的结论。刘海云和龚梦琪（2017）认为环境规制与
外商直接投资具有直接关系。龚梦琪和刘海云（2018）认为中国工业行
业双向 FDI 的环境效应研究应该从规模效应、结构效应与技术效应三方面
分析双向投资对绿色发展的影响，作者还考察了双向投资对污染排放的影
响。彭继增和邓千千（2020）从产业结构角度分析中国对外投资对绿色
经济发展之间的关系，验证了产业结构对绿色发展的促进作用。王竹君等
（2020）认为中国的双向投资能够促进经济向高技术方向发展，带来污染
更小的发展技术，提升绿色经济效率并促进环境保护。周杰琦和张莹
（2021）认为双向投资能够有效提高绿色经济效率，但在节能减排方面存
在着地区间差异。Qamruzzaman（2023）验证了外商直接投资与良好的环
境治理之间存在着显著的正向关系。Pan 等（2023）认为外商直接投资能
够推动技术发展，进而对促进低碳发展具有显著的正向影响。现有研究大
多讨论对外投资与外商直接投资的内部影响并且将其作为控制变量，较少
讨论对外投资与外商直接投资的外部影响。

二、中国绿色发展现状

自党的十八大以来，中国的产业结构调整取得了重大成果，传统制造
业在加快调整优化。我国的能源、资源利用效率在不断提升，如钢铁、冶

金等产品的综合能耗都有降低。绿色供给能力显著增强，在能源研发方面，新能源汽车销量连续多年居世界第一。中国大力推动绿色低碳产业链的发展，以新技术不断加强和更新产业链推动产业基础的再发展，这些举措已经初步取得成效。政府通过政策手段与激励机制，积极引导绿色产业的发展。要想加快绿色产业的发展，离不开政府财政政策的帮助。国家通过不断改善资源环境价格机制，构建绿色发展产业评价标准体制，把好绿色产品的"出口关"。政府加大了绿色产品采购力度，正逐步改变人们的消费习惯，促使居民进行更加环保、能耗低的消费；鼓励企业提高绿色技术创新能力，推动绿色技术产业结构化。中国持续加大科技创新的力度，推动节能环保产业的发展。中国企业在绿色技术创新方面已经获得了多项专利，建立了涵盖节能、节水、环保多方面的绿色技术和装备制造体系，在新能源、污染治理、环境监测诸多领域的技术也已经达到国际先进水平，技术能力越来越处于产业发展的前沿，整个绿色经济发展形势一片向好。中国的绿色信贷余额在国际上是数额最大的国家，只有大力发展绿色金融，才能为绿色产业提供资金支持，完善绿色金融体系，促进建立多层次的绿色金融工具和市场体系。我国目前在显著改善生态环境质量方面取得巨大成就，在加强对蓝天、碧水、净土发展与保护的道路上步履不停。通过建设绿色经济开发区，为绿色经济发展提供集约化空间，发挥规模效应。党和政府始终秉持保护生态环境就是发展生产力的思想理念，画出生态保护底线，任何人都不可"越底线，闯雷区"。中国不仅在国内发展绿色经济，而且在世界上作为一个负责任的大国，正在有力地推进全球减碳，提高优化世界的能源利用效率，持续提升世界的可再生能源装备制造能力。

三、中国双向投资对绿色发展的影响机制

本章研究中国双向投资对绿色发展的促进作用，在现有的研究中中国的外商直接投资与对外直接投资分别存在不同的理论分析。第一，外商直接投资方面。存在污染避难所假说与污染光环假说两个假说。污染避难所假说就是在开放经济条件下，外商直接投资的结果将导致高污染产业倾向

于建立在环境标准相对较低的国家或地区。污染光环假说就是外商直接投资可以通过技术效应与规模效应，带来先进的、清洁的技术，调整地区的产业结构，根据发展要求引进服务业与高新技术产业，提高生产国的生产效率，从而实现绿色发展。第二，对外直接投资方面。现有研究大都认为中国的对外投资能够直接促进绿色发展。通过对外直接投资，能够转移一些污染较高的产业，从而调整本国的产业结构。综上所述，本章从污染光环假说出发，分析中国双向投资影响绿色发展的规模效应、结构效应与技术效应三个机制。

（一）规模效应

一方面，外商直接投资可以给予当地企业一定的资金支持，扩大企业规模，促进企业发展。然而企业在发展的同时，由于一定的技术限制，会造成大量的环境污染。但是根据边际效应递减规律，随着企业继续生产与学习先进的生产技术，会带来能源消耗的降低，从而减少固体废气的排放，降低对环境的污染。另一方面，中国对外投资过程中可以学习当地国家先进、清洁的生产技术及管理经验，再将这些传授到本国企业，以便本国企业能够进行更加清洁的生产活动，从而提升绿色发展水平。

（二）结构效应

外商直接投资会对产业结构产生影响，在投资初期以资本密集型产业为主，随着资本密集型产业带来的利润下降，投资会减少，转向具有高额利润的第三产业，从而促进绿色发展。中国在对外投资过程中学习了先进的技术，能够提高产业绿色生产效率，倒逼产业结构进行调整，同时使得高新技术产业得以发展，从而提升绿色发展水平。

（三）技术效应

外商直接投资会在本国引起各个企业间的竞争，使各企业竞相革新自己的生产技术，以便获得更多的发展资金。外商直接投资也有利于本国技术创新，通过模仿外商企业的生产流程，加速本企业的技术改革与创新。外资企业发展需要培育人才，可以为本国企业的发展提供高素质的人才，丰富本国的人才储备。本国的对外投资可以给予本国企业一定的技术压力，倒逼企业不断进行技术创新，研发绿色发展技术，使本国的绿色发展技术与国际接轨，从而打开国际市场，提高本国企业在国外的竞争力，提高绿色发展水平。

四、模型设计与数据选取

（一）研究对象及数据来源

本章以全国 31 个省份为研究对象，利用 Stata 软件进行分析，研究中国双向投资对本国绿色发展的促进作用。研究所使用的数据来自历年《中国统计年鉴》、《中国环境统计年鉴》和《中国第三产业统计年鉴》等。

（二）模型设定

根据研究假设，拟定以下计量模型：

$$Y_{it} = \alpha + \beta x_{it} + \gamma A_{it} + \varepsilon$$

其中，i 表示省份（i = 1，2，…，31）；t 表示时间；Y_{it} 为被解释变量，代表绿色发展水平；x_{it} 为解释变量，代表中国双向投资水平；A_{it} 为控制变量；α、β、γ 为估计系数；ε 为随机误差项。本书采用 OLS 回归分析法进行分析。

（三）变量说明

1. 被解释变量

绿色发展的指标可以从投入变量与产出变量两个角度衡量。投入变量包括劳动力数量与能源消耗，产出变量包括资本存量、期望产出与非期望产出。本章以非期望产出中的废气产出（二氧化硫）排放量与各省生产总值的比值为被解释变量。该比值越小，说明中国双向投资对绿色发展的促进作用越大。

2. 解释变量

（1）对外直接投资水平（OFDI）：采用实际对外直接投资总额，并且将对外直接投资总额取对数表示对外直接投资水平。

（2）外商直接投资水平（FDI）：采用实际利用外商直接投资总额，

并且将外商直接投资总额取对数表示外商直接投资水平。

3. 控制变量

以二氧化硫排放量/GDP 为被解释变量，以双向投资发展水平为解释变量引入产业结构、经济发展水平、政府干预程度、环境规制 4 个控制变量，研究中国双向投资对于绿色发展的影响。

五、实证结果分析

（一）基础回归结果分析

分别以二氧化硫排放量/GDP 和双向投资水平为被解释变量和核心解释变量，依次加入各控制变量进行回归（见表 7-1），得出结果如下：

表 7-1 双向投资对二氧化硫排放量基础回归结果

变量	(1) egas
lnOFDI	-6.128***
	(1.232)
lnFDI	-6.355***
	(1.498)
ind	-15.72***
	(2.999)
pgdp	0.000880***
	(0.000288)
gov	-78.36***
	(14.11)
er	4327***
	(432.6)
Constant	194.7***
	(22.51)
Observations	341
R^2	0.489

注：括号中是回归系数标准差；***、** 和 * 分别表示 1%、5% 和 10% 的显著性水平。下同。

表中 lnOFDI 表示对外直接投资数额取对数的结果，lnFDI 表示外商直接投资数额取对数的结果，ind 表示第三产业与第二产业的比值，pgdp 表示人均地区生产总值，gov 表示政府的干预程度，er 表示环境规制。由 OLS 回归结果可知，双向投资与二氧化硫排放量呈负相关，双向投资对降低二氧化硫排放量有显著正向影响，说明中国的双向投资对绿色发展具有促进作用。可能的原因是中国的双向投资可以调整地区的产业结构，提供更为清洁的生产技术，从而促进绿色发展。

从控制变量来看，产业结构的优化能够推动绿色发展，产生显著的正向效应。将第二产业与第三产业的比重进行合理配置，大力推动能耗低、污染小的第三产业发展，促进产业升级转化，进而促进绿色发展；经济发展水平与二氧化碳排放量呈正相关，说明在经济发展过程中会相应地排放废气，因此在经济发展中后期要确保有足够的资金为绿色发展创造和提供条件，将更多的资金投入到技术创新、环境保护等领域，推动绿色发展；政府的干预能够推动绿色发展，产生显著的正向效果。政府对绿色发展的支持力度越大，就越能够促进绿色发展，政府具有制定政策的优势条件，在绿色发展各方面具有先导作用；由于制造业与经济发展之间呈现出一种倒 U 形关系，在制造业发展初期，由于技术等方面发展不成熟，阻碍绿色发展，造成大量污染，故环境保护成本较高，因此需要较高的环境规制强度来促进绿色发展。在制造业发展后期，由于企业生产技术的提高，污染排放逐渐降低，对环境的破坏性逐渐减小，因此环境规制作用会更加显著。

（二）稳健性检验

为确保结果的准确性，进行稳健性检验，主要选择替换变量的方法。第一，将 2011~2021 年替换为 2017~2021 年的时间限度。第二，将被解释变量二氧化硫的排放量替换为氮氧化物排放量。结果如表 7-2 和表 7-3 所示，两次检验结果 p 值均小于 0.05，因此结果显著，证明此回归模型的可靠性，稳健性结果与前文一致，故可以认为双向投资对绿色发展具有促进作用。

表7-2　2017~2021年双向投资对二氧化硫排放量的回归结果

变量	(1) egas
lnOFDI	-1.448**
	(0.639)
lnFDI	-2.456***
	(0.662)
ind	-1.251
	(1.380)
pgdp	1.39e-05
	(0.000139)
gov	-16.68***
	(6.105)
er	3524***
	(377.9)
Constant	56.95***
	(9.253)
Observations	155
R^2	0.570

表7-3　2011~2021年双向投资对氮氧化物排放量的回归结果

变量	(1) nogas
lnOFDI	-6.488***
	(1.054)
lnFDI	-3.188**
	(1.280)
ind	-15.20***
	(2.564)
pgdp	0.000952***
	(0.000246)
gov	-36.67***
	(12.07)

变量	(1) nogas
er	4120 ***
	(369.9)
Constant	149.7 ***
	(19.24)
Observations	341
R^2	0.523

六、结论

自改革开放以来，中国作为经济发展最快速的国家之一，不断吸引大量投资者进行直接投资。此外，由于中国的经济实力和国际竞争能力日益凸显，已经成为全球重要的对外直接投资国。本章结合中国经济高质量发展的要求，以绿色发展为方向，构建二氧化硫排放量与 GDP 的比值作为评价指标，研究中国双向投资对绿色发展的促进作用及其内在机制，得出以下结论：一是中国的双向投资对于绿色发展具有显著的正向效应，能够显著改善我国环境质量，加快推进经济高质量发展；二是中国的双向投资可以调整地区的产业结构，为中国提供更为先进、清洁的生产技术，从而促进绿色发展。

第二节　中国双向投资扩大内需的实证研究

扩大内需是我国经济发展的重要战略之一，内需不足一直被视为制约我国经济增长的重要问题。双向投资连接国际国内两个市场两种资源，是国际大循环的主要表现形式，是我国构建新发展格局的重要组成部分。我国对外直接投资增长迅速，外资吸收质量不断提升，外资结构也在逐步优化，外资利用的产业结构也从第二产业转向第三产业。近年来，我国吸引外资与对外直接投资的规模和结构都发生了较大变化，这归因于我国全方位构建对外开放新格局和实行开放型经济体制。在当前单纯靠外贸出口拉动经济增长越来越困难的情况下，扩大内需已经越来越重要。

随着中国双向投资的不断扩大，中国当前内需是否会由于双向投资的变化而受到影响？如果受到影响，是正面影响还是负面影响？在国际经济环境日益复杂的今天，发挥双向投资对我国经济的拉动作用，推动我国经济发展迈向新台阶已经成为许多学者研究的热点问题。对这些问题的研究有助于推动我国双向投资进一步优化发展，不断解放我国内需的活力，使经济增长更多依靠内需拉动，推动我国经济健康可持续发展。本节基于2007~2020年我国双向投资流量存量和内需的时间序列数据进行回归分析，探究我国双向投资对内需的影响。

一、相关文献综述

双向投资的发展已经引起了全球经济学家的广泛关注，随着研究的深入，取得了丰硕的研究成果。这些成果为世界各国双向投资的发展提供了重要的理论依据。

宋勇超等（2022）利用2003~2019年中国省级面板数据对理论模型进行实证检验，结果发现，整体上FDI质量提升有利于扩大内需，在进行各种稳健性检验后该结论依然成立。国内外学者普遍认为，国际大循环应充分利用国内国际两个市场两种资源，推动外向型经济发展。立足内需参与国际大循环不仅是经济全球化的一般性经验，也形成了理论共识，所以内需规模对国际贸易与投资的影响非常显著。国际大循环脱离内需，就会切断本土企业基于国内需求构建高层次国际竞争优势的路径，如Porter（1990）所言，国际化战略并未降低国内市场的重要性。若将内需置于一旁而一味朝着出口导向发展，就将限制本国经济发展。并且外资企业倾向于在内需规模较大的地区进行生产，以充分利用规模经济，所以经济发展不能忽略内需。

管豪（2006）力图解释为什么不具备竞争优势、垄断地位和资源禀赋优势的中国企业会走出国门，借助数学推导，认为"优势"并非企业对外直接投资的充要条件。中国企业对外直接投资是基于多方面的需求，包括微观经济的需求和宏观经济的需求。程伟东和毛良伟（2016）从外商直接投资的引进对于促进中国社会整体向前开放发展的作用、外商直接投资对中国的国内需求及国民收入的宏观经济贡献这三方面进行论述。任义才（1999）指出，从宏观经济运行的实际和推动经济进一步发展的拉力因素看，有效需求不足已经成为当前经济增长的主要制约，有效需求不足形成的原因包括对外直接投资需求不足，企业投资资金紧张。王晶晶和黄繁华（2013）利用 26 个省份 2004～2010 年的面板数据，分析了我国 FDI 结构性转变的原因，研究结果表明，地区需求规模等因素影响 FDI 结构的转变。徐雨欣等（2022）基于我国 2008～2019 年省际面板数据，运用固定效应模型和工具变量法，研究外商企业投资总额对社会消费品零售总额的影响，结果表明外商直接投资的消费拉动效应显著，但存在地区异质性，据此得出供给与需求以及内外循环的联动效应以及效应存在的区域不平衡性等结论。姜真林（2009）认为扩大内需的战略方针要求对部分 FDI 采取抑制政策，扩大内需是维护国家经济安全的重大战略问题。郭春丽和相伟（2013）认为外商直接投资是影响内外需变化的主要因素，改革开放尤其是自 20 世纪 90 年代以来，我国大力吸引外商直接投资，与外商直接投资高速增长接踵而至的是外需大幅增加、内需率大幅下降。

朱金生（2000）强调了我国对外直接投资的重要性，认为在当前经济增长的背景下，仅仅依靠外贸出口已经不能满足需求，而且内需刺激也难以立即见效，因此应当积极推动我国对外直接投资的发展，以期培育新的出口增长点和经济增长点。梁少锋（2017）通过理论分析、实证检验验证了我国对外直接投资与国内需求存在替代关系，经过面板数据模拟，发现 31 个省份之间的对外直接投资和消费需求之间存在显著的差异，因此，为了更好地促进经济增长，建议各地采取适当的措施，如加强对外直接投资和招商引资。

综合来看,关于双向投资以及内需问题的研究论文和调研较多,但多数的研究方向是从外商直接投资或对外直接投资单一视角进行的。本章在已有研究基础上,构建时间序列回归模型,利用2007～2020年内需和双向投资规模等数据来进行分析,期望得出我国双向投资对内需的影响。

二、我国内需现状

从2001年中国加入世界贸易组织以来,中国的内需市场份额一直处于下降趋势,从60%的最高点一路下降到2008年的低点,尽管在接下来的几年里,这一比例并未进一步下降,但增长的速度却相对缓慢,自亚洲金融危机以来,内需不足已经成为阻碍中国经济发展的关键性问题。我国经济发展的主要动力来自出口和投资,有效消费需求却未能得到充分释放,从而阻碍了经济的可持续增长。中国一直面临着内需不足的严峻挑战,这主要是由于传统观念、收入分配、社会保障、就业状况、城乡发展、商品质量等多种因素的影响。为了解决这一问题,政府应该采取有效的政策措施,努力提升居民消费水平,从而促进中国经济的持续增长。中国在特色社会主义的指导下,从1978年起,经历了几十年经济的快速增长,现在已成为全球第二大经济体。从1978年的3650.2亿元到2014年的636138.7亿元,我国的GDP增长了惊人的174倍,这一成就令人瞩目。人均GDP也从1978年的382元上升到2014年的46629万元,增长122倍。而我国居民消费水平的绝对数从1978年的184元上升到2014年的17806元,增长97倍。都以1978年为起点,2014年我国人均国内生产总值指数上升到了1978.7,收入指数到了2813.9左右,而消费指数到了1576.6。1978年我国居民消费率为48.79%,20世纪80年代基本都在50%左右波动,但90年代以后逐年下降,2005～2013年我国的居民消费率分别为38.9%、37.1%、36.1%、35.3%、35.4%、34.9%、35.7%、36.0%、36.2%,而同期美国的居民消费率分别为67.1%、67.3%、68.0%、68.3%、68.2%、68.9%、68.6%、68.5%、68.5%。近十多年来，中国经济增长对投资和出口的依赖大幅增加，消费份额不断萎缩，这不是一条可持续的发展道路，内需的重要性不可忽视，它不仅能够支撑经济的稳步增长，而且能够有效地促进国家的可持续发展。近年来，由于基础设施建设的进度放缓，投资对经济增长的推动作用减弱，内需成为推动经济增长的关键因素。

三、实证分析

（一）模型设定

为了验证双向投资对扩大内需的影响，本章对 2007～2020 年的时间序列数据进行实证研究。通过研究期间的数据样本，得到 14 个观测数值，整理所得到的数据，并进行描述性统计及回归分析，了解变量之间的关系，最终得到本章的研究结论。

根据本章的目的，设置了被解释变量、解释变量，并通过设置的变量以及变量数据的类型建立模型：

$$\text{lndom}_t = \alpha_0 + \alpha_1 \ln\text{OFDI1}_t + \alpha_2 \ln\text{OFDI2}_t + \alpha_3 \ln\text{IFDI}_t + \alpha_4 \text{URBAN}_t + \varepsilon_t \quad (7-1)$$

其中，α_0 为常量，代表在其他数值为 0 时，被解释变量的平均值；α_i 为系数项，代表控制变量对被解释变量的影响系数，可以看到变量的影响方向如何；t 为数据所在的年份；ε_t 为未被考虑到模型中的其他因素，从数值上来说，是实际值与真实值的差值。

（二）变量说明

内需（dom）的主要核算方法有三种：一是用支出法核算国内生产总值，将最终消费支出、资本形成总额视为内需；二是以拉动经济增长的"三驾马车"为依据，将投资、消费视为内需；三是以国际贸易理论和垂直化分工为依据，将消费、投资的国内增加值视为内需。考虑以上三种衡量内需的方法，结合中国的经济现状和可用数据，本章采用第一种方法来表示内需。

双向投资包括外商直接投资（FDI）和对外直接投资（OFDI），它们能够反映一个经济体吸收国际资本来本地投资以及输出资本到境外投资的能力和水平。为衡量双向投资对内需的影响，采用 OFDI 流量和存量，FDI 总量作为自变量。

城镇化水平（urb）是城市化的度量指标，采用城镇人口占总人口的比重进行衡量。

本章选取 2007~2020 年全国数据作为样本，相关数据源于《中国统计年鉴》。

（三）描述性统计

表 7-4 对数据进行描述性统计，包括样本、均值、标准差、最小值以及最大值。

表 7-4　描述性统计

变量	样本	均值	标准差	最小值	最大值
lnDOM	14	12. 9348	0. 4442	12. 2094	13. 5299
lnOFDI1	14	6. 8661	0. 5364	5. 5800	7. 5126
lnOFDI2	14	8. 8492	0. 9856	7. 0725	10. 1584
lnIFDI	14	7. 1015	0. 1533	6. 7277	7. 2750
URBAN	14	0. 5396	0. 0583	0. 4490	0. 6390

数值样本个数均为 14 个，lnDOM 的均值为 12.9348，最小值为 12.2094，最大值为 13.5299，lnOFDI1 的均值为 6.8661，最小值为 5.5800，最大值为 7.5126，lnOFDI2 的均值为 8.8492，最小值为 7.0725，最大值为 10.1584，数据的区间相差不大，lnIFDI 的均值为 7.1015，最小值为 6.7277，最大值为 7.2750，URBAN 的均值为 0.5396。

（四）回归分析

表 7-5 为模型回归结果。

表 7-5　模型回归结果

变量	（1） lnDOM
lnOFDI1	−0. 0615 （−0. 6772）

续表

变量	(1) lnDOM
lnOFDI2	0.3745 ***
	(3.5571)
lnIFDI	0.0617
	(0.2708)
URBAN	1.6634
	(1.1402)
Constant	8.7074 ***
	(7.3079)
样本	14
R^2	0.9948
r2_a	0.9925
F	432.8297 ***

　　以上模型结果仅有 lnOFDI2 是显著的，且模型的拟合优度很高，F 检验值显示整个模型的显著性检验也是通过的，因此，存在高度的多重共线性，接下来进行逐步回归，如表7-6所示。

表7-6　逐步回归结果

变量	(1) lnDOM
lnOFDI2	0.3170 ***
	(4.9358)
URBAN	2.2583 *
	(2.0809)
Constant	8.9111 ***
	(96.1233)
样本	14
R^2	0.9945

续表

变量	(1) lnDOM
r2_a	0.9935
F	999.3915***

$$lnDOM_t = 8.9111 + 0.3170 * lnOFDI2_t + 2.2583 * URBAN_t \qquad (7-2)$$

表 7-6 中 R^2 为 0.9945，调整 R^2 为 0.9935，即拟合优度为 99.35%，拟合优度是良好的，F 检验值为 999.3915，在 1%的显著性水平整个回归模型通过显著性检验，变量 lnOFDI2 存在显著的影响且为正向影响，在 1%的显著性水平通过了显著性检验，OFDI2 每增加 1%，会引起 DOM 平均增加 0.3170%，而 URBAN 的影响系数为 2.2583，URBAN 每增加 0.01 个单位，会引起 DOM 平均增加 2.2583%。

四、结论

研究结果显示：我国双向投资中对外直接投资对内需具有显著的正向作用，外商直接投资对内需的作用在该模型下不显著。

第三节 中国双向投资对出口贸易结构影响的实证研究

双向投资对当今中国而言已然成为参与经济全球化的重要部分，是联系国内国际两个市场、两种资源的有力方式，在影响中国出口贸易结构方面更是发挥着举足轻重的作用。随着中国双向投资的扩展与深化，中国的出口贸易结构是否会由于双向投资的变化而产生变化？如果双向投资会对出口贸易结构产生一定的影响，这些影响又会给中国的出口贸易结构带来怎样的变化？研究分析这些问题会对帮助我们加深了解中国双向投资与出口贸易结构的关系，以及中国双向投资对出口贸易结构产生的影响，在推动我国优化出口贸易结构方面具有重要意义。国际环境日益复杂严峻的今天，中国如何不断增强出口竞争力、优化出口贸易结构、发挥双向投资的积极作用是值得研究的问题，它有利于推动中国更好地落实深化"引进来"和"走出去"，在经济新常态下充分发挥共建"一带一路"倡议的积极作用，加快我国从"贸易大国"转变为"贸易强国"。本节基于 2003～2021 年中国 24 个省份的面板数据，运用 OLS 多元线性回归分析探究中国双向投资对出口贸易结构的影响。

一、文献综述

针对双向投资和出口贸易结构，本章主要梳理以下两个方面的相关文献：一是双向投资对贸易影响的研究；二是关于出口贸易结构优化的研究。

许创颖和于开贺（2021）以粤港澳大湾区为研究对象，分析粤港澳大湾区与共建"一带一路"沿线国家进行双向投资对经贸发展的作用机制，指出，总体而言双向投资对进出口贸易存在显著正向作用，其中经济水平和贸易自由度对出口贸易有着显著负向作用，而贸易自由度却对进口贸易有着显著正向作用。韩亚峰（2018）基于 2006～2015 年中国与共建"一带一路"国家双向投资和进出口贸易数据得出，双向投资对进出口存在显著推动作用，中国与共建"一带一路"沿线国家的双向投资对双边贸易的发展和深化有着积极作用。顾雪松等（2016）从"中国—东道国"研究视角出发，发现中国对东道国的对外直接投资具有出口创造效应，且其效应强度随着东道国与中国产业结构差异程度的提高而增强。陈俊聪和黄繁华（2014）通过研究中国对 40 个国家直接投资和出口贸易的数据，得出顺—拟梯度对外直接投资并存在培育国内新兴产业、提高中间产品出口比重和推动对外贸易结构转型升级方面有着积极作用。胡方等（2013）基于 H-O 模型的 DFS 模型对国际直接投资与中国出口贸易结构变化的关系进行研究，其实证分析表明外国对中国的直接投资有利于形成贸易结构的高级化倾向。

连增和孙艺华（2022）通过中国对外直接投资和非洲各东道国出口贸易数据，对中国对外直接投资对非洲东道国出口贸易结构的影响进行研究，发现从长期来看，中国对非洲东道国直接投资使得非洲出口贸易结构从第一、第二产业向第三产业优化升级。汪晓文和张辉（2020）利用2007~2018年青海省经济增长与出口贸易的灰色关联度，分析了出口各结构要素，研究得出在共建"一带一路"倡议下，青海在出口贸易区域结构、出口贸易商品结构和出口贸易方式结构方面得到了一定的改善。张志新等（2017）运用门槛回归模型分析外资流入与人力资本对我国出口贸易结构的影响，研究得出短期内外资流入推动我国出口贸易结构升级，但从长期着眼会对出口贸易结构优化产生不利作用，而外资流入与高技术人力资本结合则对出口贸易结构产生积极作用。刘树林等（2017）运用空间杜宾模型，从金融效率的分置、转化和配置三个维度出发，探究中国不同地区金融效率对出口贸易结构的优化作用。通过实证得出金融效率的三个维度均可对东部地区出口贸易结构起到优化作用，而金融效率在推动中西部地区出口贸易结构优化方面的作用有限。上官绪明（2014）通过利用中部六省1994~2012年的统计数据，利用SVAR模型进行实证分析，研究表明，中部地区物流发展水平与FDI显现了互动，并没有有效推动出口贸易结构优化。

综上所述，当前研究主要涉及双向投资对出口贸易规模的影响、对外直接投资对被投资国出口贸易结构升级的作用、出口结构要素与出口贸易结构优化的关系、外商直接投资或对外直接投资对贸易结构的影响及某一指标对出口贸易结构优化的作用，并没有深入涉及双向投资作为主要因素对出口贸易结构的影响。且当前的研究对象主要以国家或部分地区为主，较少涉及中国各省份。因此，本章将在已有研究的基础上进行补充，运用OLS多元线性回归分析，利用中国各省份2003~2021年外商直接投资、对外直接投资以及各个省份出口贸易结构指数来进行分析，以期能够得出中国双向投资对出口贸易结构产生的影响。

二、中国双向投资对出口贸易结构的影响机制

（一）外商直接投资对中国出口贸易结构的影响机制

基于要素禀赋理论，一国应对本国相对充裕的生产要素所生产的产品进行出口。在没有双向投资发生时，一国生产要素的相对充裕程度是不变的，国与国之间在此基础上进行国际贸易。而伴随着双向投资的产生和发展，外商直接投资使得本国生产要素的相对充裕程度发生了改变。外商直接投资为被投资国带来了资金、先进的技术、管理及技术人员和各方面的经验，使得被投资国得以利用这些资金和先进的技术提高其产业竞争力。同时外商直接投资也为被投资国带来了管理和技术等方面的人才和各方面的经验，这些人才支撑和经验支持也能促进被投资国产业发展，提升其产业竞争力。外商直接投资缓解了被投资国产业发展的资金压力，使其在一定程度上摆脱了融资约束，让企业更易获取到先进技术，提高了企业生产经营和管理的能力。在这种情况下，被投资国的产业得到更好的发展，其产品在质量和技术层面都会得到改善，提高了产品的国际竞争力，更有利于产品对外进行出口，从而对出口贸易结构产生了影响。

在中国经济发展早期阶段，中国凭借自身固有的丰富生产要素进行产品生产，并且向外出口比较优势产业的产品和具有相对充裕生产要素的产品。改革开放初期，世界其他国家看到中国经济的发展潜力和对中国进行投资可获得巨大收益，对中国进行外商直接投资。此时的中国以"引进来"为主，引进外资是资本要素从国际流入中国的主要方式，外商直接投资让中国比较优势产业得到了丰富的生产要素，产品质量和技术水平都得到了提高，中国比较优势产业得到了快速发展，推动提升了"中国制造"的产品的国际认可度和国际竞争力，从而促进了中国对外出口额的增加，使得中国出口贸易结构得到优化（见图7-1）。在此过程中，中国经济得到了进步和发展，对外开放水平不断提高。

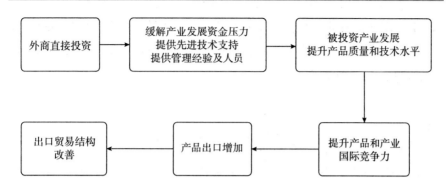

图 7-1 外商直接投资影响中国出口贸易结构机制

（二）对外直接投资对中国出口贸易结构的影响机制

边际产业扩张论认为，国际直接投资应从投资国的边际产业开始依次进行，投资国的这些边际产业也应当是东道国具有比较优势或者潜在比较优势的产业。投资国通过对东道国进行投资，将边际产业从投资国向东道国进行转移，使得在投资国和东道国之间流动的资本增加，同时加快劳动力、先进技术及管理经验等生产要素向东道国的流动速度。在对边际产业投资的过程中，投资国与东道国都会从中获得益处：一方面，东道国从国际直接投资中获得资本、技术、劳动力及管理经验等生产要素，促进了东道国比较优势产业的进步和壮大，推动东道国经济与贸易的发展；另一方面，投资国当前的比较优势产业将获得更广阔的发展前景，得到更多的生产要素倾斜，提高发展速度，优化投资国资源配置，从而对其出口贸易结构产生影响。随着经济的发展与腾飞，中国在不断扩大"引进来"的同时，也开始注重和发展"走出去"，对外直接投资数额不断增加，投资国家不断增多。中国进行对外直接投资，让资本要素流动从国际单向流入中国转变为在中国和世界各国之间双向流动，让资金、技术、人员等生产要素在中国与东道国之间流动。中国通过对外直接投资将中国的边际产业向东道国进行转移，促进了东道国被投资产业的发展。同时，中国边际产业被转移后，国内的生产要素可以进行重新配置，让先进生产要素向新兴比较优势产业转移和倾斜，推动中国资源配置优化。资源配置优化后，中国新兴比较优势产业得到更高质量的发展，产品质量、技术水平和国际认可度、竞争力都得到提升，新兴比较优势产业产品出口额增加，从而影响出口贸易结构（见图7-2）。

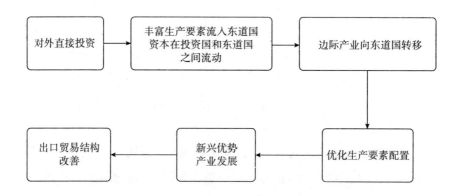

图7-2　对外直接投资影响中国出口贸易结构机制

伴随着共建"一带一路"倡议的逐步推进，"引进来"进入高质量发展阶段，"走出去"的范围更加广阔，"引进来"和"走出去"向着高质量和均衡发展不断迈进。中国从最初的"引进来"为主进入到当前的"引进来"和"走出去"共同发展阶段，二者良性互动，中国双向投资驱动出口贸易结构优化，助力经济发展。

根据上述分析，假设双向投资对出口贸易结构具有正向作用，下面将运用中国部分省份2003～2021年的有关数据对该机制进行实证分析。

三、模型设定及数据选取

（一）模型设定

本章以中国部分省份为研究对象，研究中国双向投资对出口贸易结构的影响。由于部分省2003～2021年外商直接投资和对外直接投资数据未公布，代表性及准确性不足，因此不将其作为研究对象。故研究对象具体为北京、天津、河北、山西、内蒙古、辽宁、黑龙江、上海、江苏、浙江、安徽、福建、江西、山东、河南、湖北、湖南、广东、广西、四川、云南、陕西、甘肃、新疆，共计 24 个省份。研究所使用数据来自国家统计局、《中国统计年鉴》、《中国对外直接投资统计公报》以及各省统计年鉴。

普通最小二乘估计方法（Ordinary Least Square，OLS）是单一方程线性回归模型最常用、最基本的估计方法，最小二乘估计是 Gauss 在 1974 年提出的参数估计法。根据普通最小二乘估计方法，本章设定进行实证检验的具体模型如下：

$$\text{etrade}_{it} = \beta_0 + \beta_1 \text{lnfdi}_{it} + \beta_2 \text{lnofdi}_{it} + \beta_3 X_{it} \tag{7-3}$$

其中，etrade_{it} 为被解释变量，代表各省各时期出口贸易结构指数；lnfdi_{it}、lnofdi_{it} 为被解释变量；lnfdi_{it} 为各省各时期外商直接投资额取对数形式；lnofdi_{it} 为各省各时期对外直接投资额取对数形式；β_0 为常数；β_1、β_2、β_3 均为系数；X_{it} 为控制变量。

（二）变量及数据选取

1. 被解释变量

运用出口贸易结构指数来衡量出口贸易结构的变动，设定出口贸易结构指数为：出口贸易结构指数 etrade = 出口总额/进出口总额。出口贸易结构指数增加，则代表出口贸易结构得到优化。

2. 解释变量

本书研究双向投资对出口贸易结构的影响，根据双向投资的定义确定解释变量为外商直接投资（FDI）和对外直接投资（OFDI）。由于数据为面板数据，故对外商直接投资和对外直接投资取对数形式，因此，外商直接投资在模型中表示为 lnfdi，对外直接投资在模型中表示为 lnofdi。

3. 控制变量

郭凯和任儒（2018）利用中国 1995 年第一季度到 2017 年第二季度数据以构建 VAR 模型，研究表明，人民币汇率、外商直接投资、贸易开放度和第三产业结构均对出口商品结构具有正向作用。刘爱兰等（2016）利用中国对非洲 46 个国家 2007~2013 年的出口贸易相关数据以建立面板门限模型分析中国对非洲出口贸易商品结构的影响因素。研究得出，经济和制度是影响中国对非洲出口贸易结构的主要因素。王培志和刘雯雯（2014）基于中国的出口贸易技术结构开展对影响出口贸易技术结构的因素进行分析，得出的结果显示贸易伙伴国经济波动程度对中低技术附加值产品出口会产生较大影响，而对中高技术附加值产品以及高技术附加值产品出口具有较小的影响。

本章基于上述有关出口结构影响因素的文献对控制变量进行选取，具体控制变量如表7-7所示。由于数据为面板数据，故对代表经济发展水平的人均地区生产总值取对数形式，即为lnpgdp。

表7-7　控制变量定义

变量名称	说明	代表符号
人民币汇率	人民币对美元汇率年平均价	erate
经济发展水平	人均地区生产总值	lnpgdp
对外开放水平	进出口总额/地区生产总值	open
产业结构	第三产业生产总值/地区生产总值	ind

四、实证结果及分析

（一）基于省级面板数据的实证结果与分析

使用OLS多元线性回归，以出口贸易结构指数为被解释变量，外商直接投资和对外直接投资为被解释变量，依次加入各个控制变量进行回归，得出结果如表7-8所示。

表7-8　双向投资对出口贸易结构的基准回归结果

变量	(1) etrade	(2) etrade	(3) etrade	(4) etrade	(5) etrade	(6) etrade
lnfdi	0.0199*** (0.00361)	0.0341*** (0.00447)	0.0330*** (0.00454)	0.0411*** (0.00451)	0.0427*** (0.00462)	0.0316*** (0.00445)

续表

变量	（1） etrade	（2） etrade	（3） etrade	（4） etrade	（5） etrade	（6） etrade
lnofdi		−0.0158***	−0.0116***	0.00759	0.00837*	0.0165***
		（0.00308）	（0.00425）	（0.00500）	（0.00502）	（0.00472）
erate			0.0163	0.00403	0.0135	0.0506***
			（0.0114）	（0.0111）	（0.0126）	（0.0124）
lnpgdp				−0.0930***	−0.0865***	−0.0129
				（0.0141）	（0.0147）	（0.0159）
open					−0.0290	−0.0307*
					（0.0186）	（0.0172）
ind						−0.00601***
						（0.000677）
Constant	0.259***	0.242***	0.0984	0.851***	0.698***	−0.00543
	（0.0465）	（0.0454）	（0.110）	（0.155）	（0.183）	（0.187）
样本	456	456	456	456	456	456
R^2	0.063	0.114	0.118	0.196	0.200	0.320

运用 2003~2021 年部分省份外商直接投资、对外直接投资、出口贸易结构指数等数据，对中国双向投资对出口贸易结构的影响进行实证分析。在仅有外商直接投资作为解释变量时，由表7-8可知，外商直接投资对出口贸易结构具有显著正向作用。当解释变量为外商直接投资和对外直接投资时，外商直接投资仍对出口贸易结构具有显著正向作用，且系数较其作为单一解释变量时更大，即对出口贸易结构的正向作用更强。而对外直接投资则对出口贸易结构具有显著反向作用，但其系数小于外商直接投资对出口贸易结构的正向作用，且 2003~2021 年外商直接投资额远大于对外直接投资额，故总的来看双向投资对出口贸易结构优化具有积极作用。由于对外直接投资对出口贸易结构的优化具有滞后性，所以在短期内并不利于中国出口贸易结构的优化。对外直接投资从中国流入东道国后，资金的流入推动了东道国经济的发展，在对外直接投资流入东道国的第三

年才会拉动中国与东道国之间的进出口贸易总额的增加。且伴随着对外直接投资进行的边际产业转移会减少一定数量的出口，国内新兴比较优势产业的发展和产品能够形成出口规模也需要一定的时间，故对外直接投资对出口贸易结构优化在一定时期内并不具有显著正向作用，而是反向作用。因此，此处的回归结果可能由于对外直接投资具有滞后性的原因呈现为对外直接投资对出口贸易结构具有显著反向作用。加入控制变量人民币汇率后得到同样的回归结果，仍考虑得出该回归结果的原因为对外直接投资的滞后性。

依次加入控制变量经济发展水平、对外开放水平和产业结构后，外商直接投资仍对出口贸易结构具有显著正向作用，同时对外直接投资对出口贸易结构也具有正向作用，且显著水平逐渐升高。在中国经济不断发展、对外开放水平不断提高、产业结构不断优化的过程中，对外直接投资对出口贸易结构的显著正向作用得以显现。

从控制变量来看，人民币汇率对出口贸易结构具有显著正向作用。人民币汇率上升有利于中国对外出口，因此有利于出口贸易结构优化。经济发展水平对出口贸易结构具有不显著的反向作用，可能是因为随着经济发展，原有部分比较优势产业逐渐成为边际产业，出口额降低。对外开放水平对出口贸易结构具有显著反向作用，根据对外开放水平指标，对外开放水平越高，进出口总额占地区生产总值比重越大，不利于出口贸易结构优化。产业结构对出口贸易结构具有显著反向作用，可能是由于第三产业生产总值占地区生产总值比重不断增加，产业结构不断优化，更多的资源向第三产业倾斜以推动其发展。但是我国第三产业产品的贸易综合国际竞争实力不足，并不能在第三产业发展的同时让更多的第三产业产品出口，因此对出口贸易结构具有反向作用。

（二）稳健性检验

为检验基准回归结果的稳健性，下面替换被解释变量进行稳健性检验。选用新的出口贸易结构指数 etrade1 作为被解释变量进行 OLS 多元线性回归。定义新被解释变量为 etrade1 = 出口贸易总额/进口贸易总额，进行与基准回归模型相同的实证操作，得出的结果如表 7-9 所示。

表 7-9　双向投资对出口贸易结构的替换被解释变量稳健性检验结果

变量	（1）etrade1	（2）etrade1	（3）etrade1	（4）etrade1	（5）etrade1	（6）etrade1
lnfdi	0.0809***	0.116***	0.110***	0.139***	0.148***	0.106***
	（0.0174）	（0.0220）	（0.0224）	（0.0227）	（0.0233）	（0.0232）
lnofdi		−0.0386**	−0.0165	0.0519**	0.0564**	0.0870***
		（0.0152）	（0.0209）	（0.0252）	（0.0252）	（0.0246）
erate			0.0861	0.0421	0.0972	0.237***
			（0.0562）	（0.0558）	（0.0634）	（0.0646）
lnpgdp				−0.332***	−0.294***	−0.0168
				（0.0711）	（0.0739）	（0.0830）
open					−0.169*	−0.175*
					（0.0934）	（0.0895）
ind						−0.0227***
						（0.00353）
Constant	0.160	0.118	−0.637	2.051***	1.159	−1.493
	（0.224）	（0.224）	（0.541）	（0.782）	（0.923）	（0.976）
样本	456	456	456	456	456	456
R^2	0.046	0.059	0.064	0.107	0.114	0.188

　　由表 7-9 可知，对被解释变量进行替换后，由基准回归得出的结论依然成立，外商直接投资和对外直接投资都对出口贸易结构具有显著正向作用。

　　下面将对基准回归模型中进行实证研究的时间区间进行替换，对基准回归结果进行稳健性检验。在基准回归模型中，进行实证研究的时间区间为 2003~2021 年，在此将其替换为 2012~2021 年，进行与基准回归模型相同的实证操作，得出的实证结果如表 7-10 所示。由表可知，对进行实证研究的时间区间从 2003~2023 年替换为 2012~2021 年后，由基准回归得出的结论依然成立，外商直接投资和对外直接投资都对出口贸易结构具有显著正向作用。

表 7-10 双向投资对出口贸易结构的替换时间区间稳健性检验结果

变量	(1)	(2)	(3)	(4)	(5)	(6)
	etrade	etrade	etrade	etrade	etrade	etrade
lnfdi	0.0391 ***	0.0505 ***	0.0513 ***	0.0610 ***	0.0604 ***	0.0459 ***
	(0.00560)	(0.00720)	(0.00734)	(0.00704)	(0.00709)	(0.00655)
lnofdi		-0.0204 **	-0.0216 **	0.00156	0.00455	0.0213 **
		(0.00826)	(0.00848)	(0.00882)	(0.00987)	(0.00901)
erate			0.0183	0.0796 ***	0.0724 **	0.130 ***
			(0.0305)	(0.0303)	(0.0321)	(0.0294)
lnpgdp				-0.148 ***	-0.142 ***	-0.0680 ***
				(0.0248)	(0.0266)	(0.0254)
open					-0.0277	0.00830
					(0.0407)	(0.0364)
ind2						-0.00746 ***
						(0.000933)
Constant	-0.0102	0.0826	-0.0343	0.779 ***	0.734 ***	-0.0980
	(0.0746)	(0.0828)	(0.211)	(0.240)	(0.249)	(0.244)
样本	240	240	240	240	240	240
R^2	0.170	0.191	0.192	0.298	0.300	0.450

在经过上述替换被解释变量和替换时间区间的两次稳健性检验后，得出的结果与基准回归结果一致，说明基准回归结果具有稳健性。

（三）异质性分析

根据国家统计局对东、中、西部地区的划分方法对本章作为研究对象的 24 个省份进行划分，具体如表 7-11 所示。

表 7-11 东部地区、中部地区、西部地区的划分

地区	所包含的省市
东部地区	北京、天津、河北、辽宁、上海、江苏、浙江、福建、山东、广东
中部地区	山西、黑龙江、安徽、江西、河南、湖北、湖南
西部地区	内蒙古、广西、四川、云南、陕西、甘肃、新疆

对三个地区进行与基准回归模型相同的实证操作，通过异质性分析探究本章所提出的机制在东部地区、中部地区、西部地区之间的传导是否存在差异，并对基准回归结果进行进一步的检验（见表7-12）。

表7-12 东部地区双向投资对出口贸易结构的回归结果

变量	(1) etrade	(2) etrade	(3) etrade	(4) etrade	(5) etrade	(6) etrade
lnfdi	0.0104	0.0334**	0.0328*	0.0257*	0.0208	−0.0174
	(0.0124)	(0.0167)	(0.0167)	(0.0154)	(0.0168)	(0.0134)
lnofdi		−0.0127**	−0.00701	0.0237**	0.0247***	0.0440***
		(0.00620)	(0.00844)	(0.00930)	(0.00943)	(0.00750)
erate			0.0201	0.00276	−0.00269	0.0491***
			(0.0202)	(0.0188)	(0.0202)	(0.0163)
lnpgdp				−0.140***	−0.144***	−0.0113
				(0.0235)	(0.0242)	(0.0222)
open					0.0186	0.0319
					(0.0256)	(0.0199)
ind2						−0.00839***
						(0.000753)
Constant	0.367**	0.197	−0.000906	1.385***	1.510***	0.414
	(0.172)	(0.190)	(0.275)	(0.343)	(0.385)	(0.314)
样本	190	190	190	190	190	190
R^2	0.004	0.026	0.031	0.187	0.189	0.517

由表7-12可知，东部地区双向投资对出口贸易结构影响的回归结果与基准模型的回归结果并不相同。东部地区外商直接投资对出口贸易结构具有反向作用但并不显著，而对外直接投资则具有显著的正向作用。

东部地区经济发展水平较高，经济发展速度较快，在外商直接投资方面备受青睐。在东部地区经济发展初期，外商直接投资对出口贸易结构优化有着推动作用。但随着经济的不断发展，东部地区的工资成本随之快速上升，其对外商直接投资的消极作用日益凸显，经济发展水平与外商直接投资之间不能相互适应的负向关系日益显著。这可能是外商直接投资在东部地区对出口贸易结构优化具有反向作用的原因。而东部地区原有比较优势产业随着经济发展、工人工资及生产成本的提高，高新技术产业的发展逐渐成为边际产业，对外直接投资让边际产业向外转移，让更多的生产要素向新兴比较优势产业流动，优化了资源配置，促进了当前比较优势产业的发展，从而推动了出口贸易结构的优化，因此对外直接投资在东部地区具有显著的正向作用。

由表 7-13 可知，中部地区双向投资对出口贸易结构影响的回归结果与基准模型的回归结果基本相同。外商直接投资对出口贸易结构具有显著正向作用，对外直接投资对出口贸易结构具有正向作用但并不显著。

表 7-13　中部地区双向投资对出口贸易结构的回归结果

变量	(1) etrade	(2) etrade	(3) etrade	(4) etrade	(5) etrade	(6) etrade
lnfdi	0.0239*** (0.00766)	0.0215* (0.0113)	0.0258** (0.0113)	0.0260** (0.0116)	0.0285** (0.0115)	0.0220* (0.0114)
lnofdi		0.00170 (0.00603)	0.0113 (0.00740)	0.0118 (0.00880)	0.0104 (0.00875)	0.00902 (0.00850)
erate			0.0434** (0.0199)	0.0426* (0.0222)	0.0416* (0.0220)	0.0711*** (0.0235)
lnpgdp				-0.00276 (0.0316)	0.00216 (0.0314)	0.0782* (0.0398)
open					0.486* (0.264)	0.335 (0.261)
ind2						-0.00525*** (0.00176)
Constant	0.262*** (0.0994)	0.275** (0.110)	-0.178 (0.234)	-0.150 (0.392)	-0.266 (0.393)	-0.918** (0.440)
样本	133	133	133	133	133	133
R^2	0.069	0.070	0.103	0.103	0.126	0.184

不显著可能是由于对外直接投资具有滞后性。中部地区经济基础较东部地区差，经济发展水平低于东部地区，对外直接投资形成规模和整体优势的时间较晚，加之对外直接投资对出口贸易结构的影响在时间上具有滞后性，需要在原有边际产业得到转移和新兴比较优势产业得到一定程度的发展后才能较明显地对中部地区出口贸易结构产生影响。因此，这可能是造成中部地区对外直接投资对出口贸易结构具有正向作用但并不显著的原因。

由表 7-14 可知，西部地区双向投资对出口贸易结构影响回归结果与基准模型的回归结果存在差异。外商直接投资对西部地区出口贸易结构具有显著正向作用，但对外直接投资对出口贸易结构具有不显著的反向作用。

表 7-14　西部地区双向投资对出口贸易结构的回归结果

变量	(1)	(2)	(3)	(4)	(5)	(6)
	etrade	etrade	etrade	etrade	etrade	etrade
lnfdi	0.0167***	0.0293***	0.0305***	0.0330***	0.0375***	0.0406***
	(0.00628)	(0.00661)	(0.00647)	(0.00670)	(0.00658)	(0.00749)
lnofdi		-0.0203***	-0.00298	0.000971	0.00203	-0.00107
		(0.00479)	(0.00787)	(0.00836)	(0.00805)	(0.00879)
erate			0.0640***	0.0519**	0.0511**	0.0410
			(0.0234)	(0.0250)	(0.0240)	(0.0266)
lnpgdp				-0.0310	-0.0376*	-0.0496*
				(0.0229)	(0.0221)	(0.0260)
open					0.457***	0.497***
					(0.135)	(0.143)
ind2						0.00181
						(0.00205)
Constant	0.272***	0.325***	-0.302	0.0318	-0.0150	0.0922
	(0.0714)	(0.0683)	(0.238)	(0.342)	(0.329)	(0.351)
样本	133	133	133	133	133	133
R^2	0.051	0.166	0.212	0.223	0.287	0.292

西部地区的企业多数规模偏小，对外直接投资的整体优势尚未形成，大部分企业现有管理体制落后，企业产权关系不明晰，跨国投资存在一定的盲目性，成功率较低。在这种情况下，对外直接投资让资本流出的同时并没有对产业发展和转移起到好的作用，从而对出口贸易结构起到反向作用。由于西部地区对外直接投资没有形成规模，加之对外直接投资具有滞后性，因此当前西部地区对外直接投资对出口贸易结构的反向作用并不显著。

经过异质性分析，再次检验了基准回归结果，并发现在东部地区、中部地区和西部地区双向投资对出口贸易结构的影响存在着差异，即双向投资对出口贸易结构的影响机制在中国不同地区的传导存在着差异，但从中国整体来看双向投资对出口贸易结构的影响机制通过了实证的检验。

五、结论

双向投资作为一种加强国内国际市场联系、促进利用国内国际各种先进生产要素和资源的重要形式，对出口贸易结构具有不容小觑的影响。本章运用 2003~2021 年中国 24 个省份面板数据，研究中国双向投资对出口贸易结构的影响及其内在机制，通过运用 OLS 多元线性回归进行实证分析，得出如下结论：①从中国整体来看，双向投资对出口贸易结构具有显著的正向作用。②从中国不同地区来看，东部地区、中部地区和西部地区双向投资对出口贸易结构的影响存在着差异：东部地区外商直接投资对出口贸易结构具有不显著的反向作用，而对外直接投资则具有显著的正向作用；中部地区外商直接投资对出口贸易结构具有显著正向作用，对外直接投资对出口贸易结构具有不显著的正向作用；西部地区外商直接投资对出口贸易结构具有显著正向作用，但对外直接投资对出口贸易结构具有不显著的反向作用。

第八章　新形势下中国双向投资
新趋势及战略调整

第一节　数字经济背景下中国双向
投资新趋势及战略调整

一、数字经济

当今时代是一个科学技术水平突飞猛进的时代，世界经济格局正发生深刻的变化，科学技术在经济领域的运用产生了巨大的影响，数字经济应运而生，极大地便利了生产和生活。数字经济是以新一代信息技术为依托，在农业经济、工业经济之后的一种新经济形态，它运用网络信息技术进行数据的整理与加工。数字经济包括大数据、云计算、物联网、区块链、人工智能、5G通信等新兴技术，以及"新零售"、"新制造"等应用层面的典型代表。数字技术的应用不仅能够提高经济运行的效率，而且能够进行经济结构的调整。2017年的《政府工作报告》中第一次出现"数字经济"，并在后来几年的政府工作报告中不断进行内容补充；2021年《政府工作报告》中阐述了"加快数字化发展，建设数字中国"是"十四五"规划和2035年的远景目标，延续了2020年"打造数字经济新优势"的提法；2022年的《政府工作报告》中，继续强调数字经济的重要性，报告提出一系列完善数字经济治理的政策，更好赋能经济发展。

双向投资对我国经济发展起到了重要的作用，我国双向投资受经济发展水平、地区发展状况以及国家政策等因素影响而发生变动。从利用人口红利、资源优势发展传统产业、吸引外国传统产业向我国转移到利用教育人才优势支持发展高新技术产业、吸引外国科技企业投资，我国双向投资领域正发生深刻变化。进入新时代，我国对双向投资的发展提出了新的要求，如坚持质量为先、规模并重，并注意产业和区域发展平衡。面对经济发展新常态新挑战，在数字技术逐渐成熟的背景下，我国双向投资也受数字技术影响产生新的变动和调整，企业数字化转型成为热点之一。

数字经济作为经济发展的一个热点领域，对于我国投资和技术应用都有很大的影响。数字经济对于提高我国供给侧质量，推进供给侧结构性改革具有重大意义，是推进供给侧结构性改革的重要抓手。贯彻"创新、协调、绿色、开放、共享"五大发展理念，数字经济在诸多领域的应用可以说是创建了一种新的经济形态、一种新的资源配置方式，以推进我国投资结构优化。把握数字经济背景下我国双向投资的新趋势，有利于我国把握资金流动，趋利避害，避免盲目性，推进经济社会长期发展。

构建以国内大循环为主体、国内国际双循环共同促进的新发展格局是新形势下重塑我国国际合作和竞争新优势的战略抉择，双向投资连接国内外两个市场两种资源，是国际大循环的主要表现形式，而数字经济总体规模在我国 GDP 中的比重正逐年上升，规模不断提高，因此在数字经济背景下把握我国双向投资新趋势，有利于我国对外开放程度向着更深层次展开，顺应经济全球化的大趋势，也可以让跨国企业认识到企业数字化经营、进行数字投资的重要性，从而对资金投入进行重新分配，提高资金使用效率，在竞争中形成自身优势。

二、数字经济与双向投资文献综述

（一）数字经济对双向投资的影响效应

科学技术快速发展，数字经济应运而生，引起众多学者的研究与分析，在该背景下，对中国双向投资的研究也成为关注点。在数字经济能否促进中国双向投资的问题上，一些学者给出了自己的证明，如张微微和王媛（2022）从多个视角证明了数字经济发展能够促进中国双向投资，并且数字经济发展对双向投资还存在空间溢出效应。范建红等（2022）基于 2010~2019 年我国 31 个省级面板数据的实证分析证明了，数字经济能够显著促进 IFDI 和 OFDI 的发展，但影响程度不同，对 OFDI 的影响存在门槛效应，且因地区不同而对双向投资影响效果不同。曹书维（2022）从自然资源寻求动机、劳动力资源寻求动机、市场寻求动机、知识技术寻求动机四个方面分别说明数字经济对 IFDI 和 OFDI 的影响。周璐璐（2021）通过收集我国 31 个省级行政区划单位 2011~2019 年数字经济和利用外资的面板数据建立回归模型，分析数字经济发展对我国吸引外商直接投资的影响，得出互联网宽带接入数、大学生数量、科研人员数量、企业信息化和电子商务交易量都对我国吸引外资有显著的促进作用，数字素养在模型中没有表现出显著的影响，但是经研究证明，数字素养对于数字经济发展存在滞后期，提高群众数字素质有利于整体数字化水平的提高。

（二）数字经济下双向投资载体

在中国对外投资中，跨国公司起到了非常重要的作用，企业通过海外并购来获得自身的规模经济效益，可以提高其国际竞争力。张金杰（2014）分析了影响全球并购市场的三大因素、中国海外并购的主要动向以及未来海外并购的主要趋势。万志宏和王晨（2020）指出我国对外投资规模不断扩大，并分析我国跨国公司进行海外扩张时所面临的风险与挑战，以及影响其发展的微观因素。刘振林（2023）运用空间杜宾模型证明了东道国数字经济发展水平是影响我国对外直接投资的重要因素且对邻近地区的 OFDI 产生挤出效应。

（三）数字经济制度、政策与双向投资

无论何时，制度、政策都是影响一国双向投资的重要因素，如冯慧莹（2019）从各国政策出发，注重分析各国的制度质量（政治制度、法律制度）对外国直接投资的影响，并分析了其影响机制和影响方向，从而对如何制定差异化策略提高吸引外资水平提出相关建议。王鑫（2018）认为，通过双向投资可以获得国外技术溢出，从而可以提高我国的创新能力，但其创新效应有待增强，可以通过提高市场化程度、深化简政放权改革等措施实现。在吸引外资方面，一国的营商环境有重要影响，杨智淇（2022）分析了外商直接投资的影响因素以及数字经济对外商直接投资的影响机制，并提出了二者良性互动的方法。

张菀洺和代伟（2023）较为系统地把握数字经济治理带来的新变化和新现象，借鉴主要经济体的经验，给数字经济的健康发展提出政策建议。双向直接投资的进行可优化全球资源配置，对全球产业链价值链的升级起到了非常重要的作用，牟亚静（2022）采用固定效应模型探索双向直接投资对中国制造业价值链升级的效应，研究结果表明 IFDI 和 OFDI 都可以促进价值链的升级。大力发展数字经济，助力双向投资需要企业进行数字化转型，对此特日格乐（2022）通过分析影响中小型制造业数字化转型的因素，从企业自身和政府方面提出相关建议。赵琳瑞（2022）说明了制造企业数字化转型对技术创新能力有明显的促进作用。同时，数字领域发展的多变性、多样性和动态性使得相关研究更加复杂，一方面，数字经济通过扩大资源和市场的范围、改进产品和服务以实现规模经济，从而促进经济增长；另一方面，数字经济带来全球价值链的改变，其运行将会造成资源配置发生变化，给社会诸多方面带来挑战，因此需要我们采取措施进行调整。

三、数字经济背景下双向投资新趋势

（一）从整体规模角度看中国双向投资变动

表 8-1 收集了中国 2010~2020 年的中国数字经济规模、对外直接投资规模和外商直接投资规模，双向投资规模即为对外直接投资与外商直接投资的加总。研究所使用的数据来自历年的《中国统计年鉴》、《中华人民共和国商务部》。

表 8-1　2010~2020 年中国数字经济规模与双向投资规模

单位：亿美元

年份	数字经济规模	OFDI	IFDI	双向投资规模
2010	10164	688.1	1057.4	1745.5
2011	13740	746.5	1160.1	1906.6
2012	19526	772.2	1117.2	1889.4
2013	21800	1078.4	1175.9	2254.3
2014	23397	1160.0	1195.6	2355.6
2015	26973	1456.7	1140.4	2597.1
2016	32685	1961.5	1260.0	3221.5
2017	39381	1582.9	1363.0	2945.9
2018	45318	1430.4	1383.1	2813.5
2019	51833	1369.1	1390.0	2759.1
2020	56756	1537.1	1630.0	3167.1

资料来源：商务部。

　　由表 8-1 可以看出，2010~2020 年，我国数字经济总体规模不断提高，每年 OFDI 和 IFDI 规模基本呈现上升趋势。而由于数字经济规模代表的是一个存量的概念，OFDI 与 IFDI 代表的是一个统计年度的发生额即流量概念，因此为了更好地展现彼此之间的关系，通过计算得出每个年度数字经济增长额并通过图表展示相关关系。图 8-1 为 2010~2020 年中国各年数字经济增长与双向投资情况。从中可以看出，我国数字经济规模增长量与双向投资规模变动有着同方向的变动关系。因此随着我国数字经济存量的不断增加，双向投资规模也在增加。所以，在数字经济快速发展的今天，我国对外投资的规模将会不断扩大，且对外直接投资规模超过吸引外资的规模，这与我国双向投资中外商直接投资规模超过我国对外投资规模有着不同，并形成新的趋势。

（亿美元）

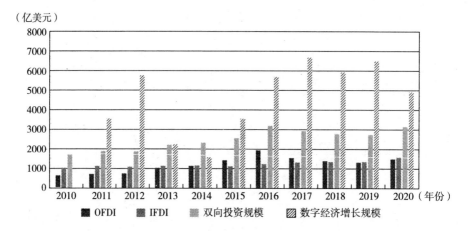

图 8-1　2010~2020 年中国数字经济增长与双向投资情况

资料来源：国家统计局。

（二）从海外并购角度看中国对外投资行业变动

海外并购是指一国跨国企业，通过一定的渠道和支付手段，将另一国企业的一定份额股权直至资产收买下来。海外并购涉及两个或两个以上国家的企业、两个或两个以上国家的市场和两个以上政府控制下的法律制度。

自 2013 年共建"一带一路"倡议提出之后，中国双向投资发生了新的变化，如投资领域的变动、投资主要地区的变动等。海外并购属于对外投资的一部分，因此，中国海外投资结构的变动也从一定程度上反映了中国对外投资领域的结构变动。本章根据历年中国企业海外并购的金额（按照交易中实际披露的金额统计）并计算其中 5 大行业（TMT、医疗健康、房地产、能源及矿业、制造业、金融）占各年份交易额中的比重得出中国企业海外并购行业分布（见图 8-2）。

从图 8-2 中可以看出，能源及矿业在 2014 年之前在中国海外并购行业中占比很大，在我国转变经济发展方式实现高质量发展之前，中国正处于获取自然资源来进行投资发展的阶段，通过并购基础能源与矿业来获得自身原料优势，是一种较为粗犷的经济发展方式，也是一个旧的发展手段。

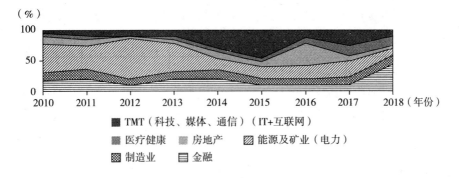

图 8-2　中国企业海外并购行业分布

资料来源：国家统计局。

金融业的海外并购保持较为稳定的水平，维持在 10%，可见，金融行业的海外并购在我国对外直接投资中始终有着重要的作用，这是我国企业在经济全球化的大势中获取国内、国际两个市场双重胜利目标的重要支持，也为全球扩张做好准备，尤其对发展中国家更为重要。此外，以科技、媒体、通信为主体的 TMT 行业的海外并购正蓬勃兴起，其在我国企业海外并购中所占的比重不断增加，这与我国科学技术水平的不断提高有着很大关系，这也表明中国企业"走出去"的步伐不断加快，"走出去"的领域不断拓宽。科技、互联网、多媒体技术的广泛应用便捷了人们的生活，大型企业为了提高经营效率不断更新经营方式，对经营状况进行数据分析，优化产量与经营布局。还有，最近几年我国"卡脖子"技术受限于外国政策约束，大多数都与科技、通信领域有关，可以说，通信技术领域的发展不仅需要一国的力量支出，更需要汲取全球精英进行技术研究，而科技领域的跨国并购会受到很多方面的阻力。

　　由此可以看出，我国对外投资除了制造业、金融业等比重较为稳定的行业，还有向科技、媒体、通信行业领域倾斜的趋势，投资领域朝着多元化发展。

　　（三）从国内数字经济政策支持看外商直接投资

　　拥有一个好的营商环境是跨国企业对外投资的一个重要因素，企业在进行外商直接投资决策时，要考虑当地政治状况、市场状况以及对待外商和外资的政策支持，因为营商环境影响企业经营稳定性、关系到企业的成本与利润。因此，一个国家政策的变动不仅会影响该国国内厂商行为的变动，而且会对外商直接投资具有一定的导向作用。所以，我国对数字经济发展的政策支持也会影响外商直接投资在我国投资领域的变动。表 8-2 为 2011~2019 年中国实际利用外资总额以及各个行业分布状况。

由表 8-2 可知，2011~2019 年，无论是我国实际利用外资总额还是信息传输、计算机服务和软件业这一行业所实际利用的外资总额都呈现出逐年增长的趋势。信息传输、计算机服务和软件行业所实际利用的外资金额占总金额中的比重变化如图 8-3 所示，在 2016 年之前，信息传输、计算机服务和软件行业在实际利用外资总额中的比重基本保持不变，且当时我国对数字经济发展并无准确的官方指导，2016 年与 2017 年信息传输、计算机服务和软件行业所实际利用的外资金额占总体中的比重提高较大且该行业实际利用外资规模绝对数量也很高，这与 2016 年 G20 杭州峰会发布的《二十国集团数字经济发展与合作倡议》有着不可分割的关系，此后的官方文件和重大场合才有了数字经济的提法。在重大国际场合中提出数字经济，对外表明了我国对数字化经济的重视程度，同时我国政府也采取了实际措施，如给予了相关税收优惠和财政支持。这些政策支持和国内较好的营商环境吸引了国外信息技术等相关行业对我国的投资。国外信息技术与科技行业对我国的投资的增加也成为一种趋势。

表 8-2　2011~2019 年中国实际利用外资总额及各行业分布

年份 指标	2011	2012	2013	2014	2015	2016	2017	2018	2019
实际利用外商直接投资金总额	11601100	11171600	11758600	11956200	12626700	12600100	13103500	13496600	13813462
农、林、牧、渔业	200888	206220	180003	152227	153386	189770	107492	80131	56183
采矿业	61279	77046	36495	56222	24292	9634	130198	122841	219044
制造业	5210054	4886649	4555498	3993872	3954290	3549230	3350619	4117421	3537022

续表

指标 \ 年份	2011	2012	2013	2014	2015	2016	2017	2018	2019
电力、燃气及水的生产和供应业	163897	242910	220290	225022	214677	352132	442390	352398	211843
建筑业	91694	118176	121983	123949	155876	247744	261940	148809	121551
交通运输、仓储和邮政业	319079	347376	421738	445559	418607	508944	558803	472737	453316
信息传输、计算机服务和软件业	269918	335809	288056	275511	383556	844249	2091861	1166127	1468232
批发和零售业	842455	946187	1151099	946340	1202313	1587016	1147808	976689	904982
住宿和餐饮业	84289	70157	77181	65021	43398	36512	41914	90107	97180
金融业	190970	211945	233046	418216	1496889	1028901	792119	870366	713206
房地产业	2688152	2412487	2879807	3462611	2899484	1965528	1685559	2246740	2347188
租赁和商务服务业	838247	821105	1036158	1248588	1004973	1613171	1673855	1887459	2207283
科学研究、技术服务和地质勘查业	245781	309554	275026	325466	452936	651989	684373	681298	1116831
水利、环境和公共设施管理业	86427	85028	103586	57349	43334	42159	56951	47408	52242
居民服务和其他服务业	188357	116451	65693	71813	72131	49038	56723	56166	54218
教育	395	3437	1822	2097	2894	9437	7747	7420	22248
卫生、社会保障和社会福利业	7751	6430	6435	7757	14338	25411	30516	30178	27186
文化、体育和娱乐业	63455	53655	82079	82338	78941	26732	69846	52290	62986
公共管理和社会组织	66	5	5	930			3057	12	166

资料来源：国家统计局。

从上述三个方面可以看出，数字经济背景下中国双向投资存在以下趋势：①数字经济快速发展，数字经济规模提高使得双向投资规模不断提高，中国对外投资规模超过吸引外资规模；②数字经济发展推动中国对外投资领域变动，尤其侧重科技、媒体以及通信领域；③国内营商环境优化、数字经济建设政策支持吸引国外信息、计算机科技行业投资。

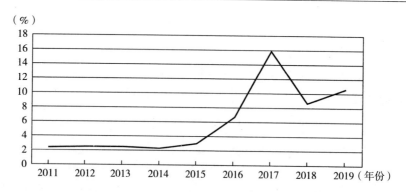

图 8-3 信息传输、计算机服务和软件行业实际利用外资情况

资料来源：国家统计局。

四、数字经济下中国双向投资面临的问题与挑战

数字经济时代作为重要的发展机遇期，数字技术也是我国经济发展中实现弯道超车的重要技术，数字经济技术的蓬勃崛起在当代中国的应用既是机遇也是挑战。数字经济已经深入社会经济和发展及人民群众的日常生产生活中，成为不同类型企业经营方式全要素、全流程优化和升级的重要动力。运用好数字经济技术，对于我国双向投资也具有非常大的帮助。

在数字经济发展的过程中，无论是数字经济本身还是数字经济背景下我国的双向投资都会面临以下问题。

（一）企业信息基础设施领先但缺乏投资核心技术

从数字经济总体规模来看，我国仅次于美国居于全球第二的位置，拥有完善的基础设施，至 2022 年底，我国已经累积建设并开通了 231 万个 5G基站，拥有覆盖超过 5 亿户家庭的千兆光网，在移动支付方面是世界上最发达的国家。但是，我国关键技术领域缺乏自己的核心技术，使得我国企业在对外投资时核心技术没有自主权，从而徒增成本劣势，并限制国外市场的开拓。例如，高端芯片、操作系统、工业设计软件等都是处于受制于人的状态，都是"卡脖子"的短板。在我国积极研发新的通信技术的同时面临着发达国家对我国的技术封锁以及科技领域的制裁，发展举步维艰。这也对我国科技企业的海外扩张、集全球智慧带来了重大挑战。核心竞争力的形成关键是看人才的培养与支持，我国企业人才培养问题尚需努力。

1. 缺乏完善的人才培养体系

从当前我国所处的发展阶段来看，学校教育在人才培养中占很大的比重，而在这种具有前沿性的重要领域中，不仅需要高校进行科学研究，也需要企业进行人才培养、技术研发。而我国很多企业缺乏完善的人才培养体系，这不利于人才的培养与技术研发。

2. 研发创新性人资投入不足

技术创新是企业形成核心竞争力的必由之路，在双向投资中亦是如此，只有掌握了核心技术才能在竞争中形成自己的独特优势。我国企业在创新型人力资本投入方面的投入较少，这也是我国信息基础设施建设领先但缺乏投资核心技术的重要原因，在数字经济对双向投资影响越来越深刻的今天，更需要创新型人力资本的投入，以提高企业的经营能力。

（二）生产型数字经济投资不足不利于企业转型升级

党的十九届五中全会提出，发展数字经济，推动数字产业化和产业数字化，这里所强调的是"数字化实体经济"，这是针对"虚拟经济"所提出的。虚拟经济的过度繁荣容易形成经济泡沫，而将信息化、数字化的技术运用到实体经济中，如电商乃至跨境电商，是可以创造社会财富的，并非是对社会财富的再分配，因此产业的数字化转型有利于增加社会财富，提高生产效率，在我国对外投资中亦是如此。

虽然我国很多大型企业都将数字化转型作为今后发展的重要战略决策，但真正做到数字化转型，与企业实际相结合，任重而道远。我国服务型数字经济发展较为迅猛和完善，为人们的生活提供很大的帮助，而生产型数字经济的运用较为落后，企业对生产型数字经济的投资不够重视，使得企业在转变生产方式时会面临一系列问题，转型升级更加困难。

（三）企业数字经济投资受地区发展水平影响深刻

我国幅员辽阔，各地区发展不平衡，在数字经济发展方面亦是如此，数字经济地区发展不平衡，主要包括地区互联网普及率、5G 基站覆盖率等存在地区差异。根据工信部《中国数字经济发展指数报告（2022）》，

2021 年东部地区数字经济发展指数为 7818.25、中部地区为 3066.77、西部地区为 2855.36，三大地区发展存在很不平衡性，而在我国提出进行"产业数字化、数字产业化"转型发展时，各个地区将会面临不同的挑战，数字经济发展较为落后的西部地区进行数字化转型时缺乏必要的技术支持。

（四）企业数字投资缺乏自身标准，存在投资与治理难题

1. 世界各国数字治理目标

全球主要经济体的数字经济治理具有不同特征，美国主张数字自由主义，欧盟侧重隐私安全，日本对接欧美兼容自由与安全，发展中国家主张进行保护。而中国的数字经济治理体系要坚持党的核心领导地位，坚持数字向善的价值导向，坚持适度自由以保持数字经济运行动力，坚持安全边界，实施多元协同监管，积极参与国际数字经济治理，构建中国特色数字经济治理体系成为我国数字经济治理的重要目标，也是实现国家治理体系和治理能力现代化的要求。

2. 我国企业存在数字投资难题

一是传统产业面对新兴技术在转型过程中缺乏全局的战略支撑，尽管数字化转型意愿强烈但缺少可行措施，面临想转型而不知如何转型的困境，且传统制造企业尤其是中小企业的利润率较低，在数字化转型资金投入方面尤为谨慎，它们更加关注投资回报，往往缺乏足够的资金投入。企业投资数字化转型项目一旦没有取得显著效果，企业进一步数字化转型的投资动力就会受到制约。二是制造业的各个细分行业差异很大，处在各个产业链中不同位置的企业个性化很强，即使是同类企业由于企业实际建设水平的差异，数字化转型的突破口也各不相同，企业往往没有可以直接照搬的模板，缺乏可借鉴的经验和专业的指导。

五、数字经济下中国双向投资战略调整

《全球数字经济白皮书（2022）》指出，数字经济为全球经济复苏提供了重要支撑，产业的数字化转型不仅关乎企业的持续经营，还与国家的经济发展有很大的关系。在数字经济快速发展的今天，在面临上述问题的同时，

若想我国在双向投资中始终把握住优势地位，势必要做出一些战略调整。

（一）注重人才培养提高双向投资核心竞争力

1. 坚持以人为本，注重提高质量

数字经济正逐渐成为世界经济主流的趋势，因此有必要重视增强国内数字经济的核心竞争力，包括宽带网络的建设和优化，这有利于数字经济的长期增长和发展。在注重数量增长的同时，也要注重企业自身人才培养，完善企业的人才培养体系，这可以有效增强国内数字经济发展中"以人为本"的重要原则和理念，对企业的可持续发展具有重要意义。在双向投资方面，各个国家制定各自的数字经济发展战略，这不仅对投资方是一种激励，对受资方来说也能迅速地接受来自国际的挑战。企业需要形成自己的人才培养体系，可以向先进企业学习，不断完善，才能为之后核心竞争力的形成打下制度基础。

2. 增加人资投入，突破技术壁垒

科技、媒体、通信领域在双向投资中越发成为重要领域，面对一些国家对于我国的技术封锁，更需要增强自主创新能力，提高我国的核心竞争力，而技术进步更需要增加人力资本投入。加强科技人才培养，培育经济与技术进步双重动力，推动社会发展、企业进步。

科技技术企业组建自己专门的科研团队，加强与相关科研团队的合作。对于存在国外技术封锁的重要领域，更需要国家力量进行支持，在人才培养、人才吸引方面引培数字技术人才，这样在对外投资时才能以自身竞争力取得优势。

（二）企业投资要注重数字化转型与创新

企业转变自身经营方式，更加注重数字化经营，不仅要注重服务型业务的数字化经营，还要增加生产型数字经济的投资，推动企业数字化转型与创新。企业增加数字经济硬件设备与软件设备投资，助力对外投资经营，同时，提高企业员工整体教育素质，培育员工数字技术应用能力，挖掘数字技术应用空间，推进企业进行数字化投资，提高企业经营绩效及跨国经营能力。

（三）加大中西部地区数字经济投资，平衡地区差距

为了支持中西部地区数字经济发展，2021 年的《全国一体化大数据中心协同创新枢纽实施方案》首次提出"东数西算"工程。将东部算力有序引导到西部，优化数据中心建设与布局。在数字经济投资方面，由于中西部地区数字基础设施方面存在较大的发展空间，因此应该充分利用空间优势，加大中西部地区新型基础设施建设力度，还要做好西部地区人才政策落实，助力数字化。在提升区域开放水平方面，要扩大对外开放，畅通国际循环，积极引进外资、吸引外资，推动开放、安全、多元的数字贸易格局的形成。还要因地制宜地制定区域数字经济协调发展的产业政策，给予政策帮助。

（四）强化数字投资标准化建设，推动数字化转型

企业进行数字投资标准化建设，要统一企业数据存储结构、统一数据定义、数据理解和数据来源，建设相应的数据标准管理组织，并分配好各自的职能，其组织一般包括数据标准决策层，数据标准管理部门和数据标准工作组等。积极融入数字经济全球产业链，鼓励数字经济企业加快布局海外研发中心。完善数字标准化建设，不能仅仅依靠企业制定自己的措施和标准，更需要政府进行积极引导，出台相关措施。

数字经济标准化体系建设有数字经济标准化制定、实施、检查、评估等诸多环节，包括数字基建标准化支撑工程、数字产业标准化提升工程、制造业数字标准化提升工程、服务业数字标准化提升工程、公共服务数字标准化提升工程等诸多方面，需多方共建。

第二节　RCEP 框架下中国双向投资问题研究

一、RCEP 概况

《区域全面经济伙伴关系协定》是东盟在 2001 年制定的一项全球性

的合作协议，它的实施过程跨越 8 年和 31 轮的正式磋商，并最终定稿，该协议的参与国家有东盟十国、中国、韩国、日本、澳大利亚、新西兰等，但印度却没有按照协议的规定加入，这是由于印度和大多数参与国家都面临巨大的贸易逆差。RCEP 缔约国既有发达国家，如日本、韩国、新西兰等，又有如中国、文莱、越南等发展中国家。这些缔约国之间具有不同的要素禀赋及资源。其中东南亚国家拥有着相对较为廉价的劳动力资源；澳大利亚、新西兰拥有着丰富的自然资源；而日本和韩国拥有着较为先进的生产技术。

RCEP 被称为"东亚经济一体化建设近 20 年以来的最重要成果"。是第一个以发展中国家为主导的自由协议，其第一要义理念为发展经济，目的是为区域内的企业提供更多商机，从而促进缔约国之间的经济合作，较大程度上实现各个缔约国之间经济利益的平衡。RCEP 内容共有 20 章，主要包括货物贸易、原产地规则、海关程序和贸易便利化、贸易救济、服务贸易、自然人临时移动、投资、政府采购等。

在货物贸易方面，双出价方式普遍存在于 15 个成员国之间，对货物贸易自由化作出安排，主要通过缔约国之间关税立即降税至零及 10 年内降税至零兑现所有货物贸易自由化的承诺。在服务贸易方面，要求 15 个缔约国均将采用负面清单的方式，其中中国、泰国等 8 个缔约国先采用正面清单方式承诺，并承诺于协议生效后 6 年内转化为负面清单方式。在投资方面，15 个缔约国均将对 5 个非服务业领域投资做出较高水平开放承诺并适用棘轮机制，增强各方政策的透明度，有利于扩大我国外商投资市场准入。

RCEP 投资章节旨在提高"东盟'10+1'自由贸易协定"投资规则的效率，涉及投资自由、投资安全、投资促进以及投资便捷性四个方面。在投资自由方面，提供了投资审批标准、投资报酬标准以及投资优惠政策，同时也提供了投资管理的相关政策，以减少双方投资的不平衡。在禁止业绩方面，对任一缔约方均规定了多方要求，同时也规定了禁止业绩要求的限制和例外。在投资安全方面，较为全面地规定了其适用的范围、投资及投资者的定义、公正公平待遇、国民待遇及最惠国待遇等投资保护条款。在投资促进和投资便捷性方面。旨在通过多种措施，如鼓励投资、促进商业配对活动、提升本地区投资认知等来促进投资。此外，缔约国还将采取措施，简化投资申请及批准流程，推广投资信息，并建立联络点和一站式投资中心，以加强投资者与经济发展伙伴之间的沟通。

二、RCEP 与双向投资文献综述

在双向投资方面，理论探索从未止步，Zmuda（2012）着重探讨了 2003~2010 年中国与发展中国家在直接投资方面的现状，运用混合普通最小二乘法估计模型对参与投资国家的 GDP 数额、对外贸易开放方面等 7 个变量进行了具有实证意义的分析，认识到 GDP 数额的上涨与我国对外直接投资具有明显的正相关关系。此外，王志鹏和李子奈（2003）探索了中国 500 家具有研究价值的工业企业生产效率方面的影响因素，发现外商直接投资可以推动区域的经济实力、企业的生产力以及充分完善市场。但是 Bitzer 和 Gorg（2002）分析了 30 年的制造业数据，察觉到对外直接投资在参与投资的国家全要素生产率的提高上造成了阻拦。沈桂龙和于蕾（2005）意识到外商直接投资放大了任意一个国家经济增长的贡献，加上我国存在使用外资成本相对较高的问题，种种弊端阻碍了我国经济内生增长能力的提高。中国在双向投资的诸多方面仍然需要改善。而 RCEP 的涉及，将直接改善中国的双向直接投资。

进入 2023 年，各地区经济逐渐步入正轨，各地积极完善经济治理制度，越来越多的国家坚持多边主义与贸易自由，由此 RCEP 的落实对双向投资具有重要意义。随着 RCEP 的发展，各国经济将会得到提升，国家间友好关系也会得到维护。海关发布的数据显示，自 RCEP 实施以来，相较于其他 RCEP 成员国，中国进出口同比增长达到 8.4%。胡雅蓓等（2021）则分析了签约国建立和经营企业的障碍以及非服务业领域和服务业自由化等方面，认为新的"负面清单"也为外商直接投资创造机会。此外，鉴于江苏重要的外资大部分来源于 RCEP 成员国，江苏面对 RCEP

提供给自己的机遇，将会进一步深化当地双向投资合作，以此来推动全省开放型经济的高质量发展和进步。刘主光（2022）着眼于广西市场，侧重 RCEP 成员国进出口贸易额、实际投资额以及变动程度，得到在贸易便利化规则实施的同时，广西将采取行动巩固和扩大在 RCEP 框架下自身与东盟的合作策略，朝着达成共识、落地合作成果的方向努力，扩大双向贸易和投资活动的结论。毫无疑问，RCEP 规则一定会为中国提供更多的投资机会、提升市场开放程度、坚定外商投资信心。中国也会遇到很多的阻力，在面对困难时，中国更需要持之以恒及不断创新的精神，在世界动荡之际，尽快顺应时代发展的需要去打造新的天地。

三、RCEP 框架下中国外商直接投资的机遇与挑战

RCEP 协定主要是通过减少关税壁垒与非关税壁垒等方式创建的多国自由贸易协定。与其他协定相比，RCEP 协定更加倾向于现代化、高水平、全面化。它在区域贸易活动、贸易投资的便捷性与灵活性、成员国的随机应变能力等方面具有推动力，给我国发展经济提供了新的机遇。近年来，随着 RCEP 的不断完善，必然使得外商投资"引进来"和企业"走出去"的动作显著加快。根据调查显示，2022 年，从行业来看，制造业实际使用外资金额为 2624.1 亿元，同比增长 2.4%；服务业实际使用外资金额为 6302.3 亿元，同比下降 15.0%；建筑业、研发与设计服务领域实际使用外资同比分别增长 46.3% 和 10.2%。从来源地来看，法国、英国、加拿大、瑞士、荷兰实际对华投资同比分别增长 121.7%、116.9%、109.2%、76.9%、32.6%（含通过自由港投资数据）。联合国贸易与发展会议指出，RCEP "将显著推动区域外商直接投资增长"。在 RCEP 框架下，中国外商直接投资会面临以下机遇和挑战。

（一）累积规则方便 RCEP 区域内的企业积极落户低成本生产区

对中国而言，按照累积规则的内容，在中国境内，中国的原产地材料定义范围较为广泛，包括销售给 RCEP 缔约方的货物生产中使用的所有其他缔约方的原产地材料。企业可以凭借累积规则对缔约国的原材、零部件

和中间产品加以利用，从而带来贸易上的收益效应、产业间的合作和投资效益。累积规则在产品获得福利资格的门槛方面作用显著，发挥了"软化剂"的作用。与其他自由贸易协定相比，RCEP 允许原材料在 15 个缔约方范围内积累，因此该协定的积累规则适用范围更广，带来的加成效应更明显。

（二）促进产业链供应链优化布局

企业可以依据 RCEP 累积规则，在 RCEP 区域内优化产品研发、原材料及零部件采购、生产组装等跨境布局，优先考虑廉价原材料、劳动力等生产要素，提高产业链和供应链的灵活性和弹性，以此来降低综合成本。对于跨国企业来说，它们依靠当地发达的科学技术和管理能力，以及发展中国家的丰富且廉价的劳动力和自然优势，按照 RCEP 累积规则，在区域内灵活运用供应链、产业链的弹性来创造价值。

（三）RCEP 投资准入规则使得投资市场更加开放

RCEP 负面清单制度在消除部分行业的隐形准入限制、增强投资的可行性和可预测性等方面发挥了很大作用。RCEP 成员国彼此承诺实施负面清单，促进了区域内国家企业的对外投资，也增加了我国企业海外投资的机会。在一些服务业以外的部门，如制造业以及林业等，RCEP 在一定程度上限制投资。在服务业的准入方面，RCEP 将采取两种不同的规则，对新加坡、韩国、马来西亚、文莱、印度尼西亚、日本和澳大利亚等国家设置投资准入限制，对中国、新西兰、越南、缅甸、菲律宾、柬埔寨、泰国和老挝等国家放宽服务业投资准入，并制定了详细的放宽规则。

为刺激 RCEP 跨境合作朝气，各缔约方还将采取一系列方法来简化投资程序，如简化行政手续等。此外，据调查发现，RCEP 表里的跨国公司将以增加投资，结合区域经济融合趋势的方式，在竞争日益激烈的情况下提高资本流动的效率。

（四）RCEP 规定的投资促进和投资便利化措施增强外商投资信心

RCEP 投资章节为促进和便利投资做出了规定，成员国致力于组织联合投资、促进企业对接、加强信息交流，帮助和支持企业开展跨境投资。

该协议还包括一系列方便投资的思路。作为外商投资的主要目的地，中国不断加强投资，实施有助于促进和便利化的举措。商务部于 2021 年发布的《关于围绕构建新发展格局做好稳外资工作的通知》中提出，对于外商投资服务保障体系、外商投资服务机制、与外商的信息交流的能力这三个方面要加以重视，同时，也要留意重点外商投资项目的顺利推进问题。以上做法有益于引进外资、聚集资本要素，为外国投资者来华投资奠定良好的制度基础，发挥"引进来"的重要作用。

（五）外商直接投资对我国经济总量增长具有明显的积极作用

首先，外资的引入是弥补一个国家发展缺乏资本的一种重要手段，我国由于资本供给不足生产力遭到严重限制问题也得以改善。其次，东道国可借助大规模的外资流入和国际高端金融业务模式，提高资金供给质量和资金使用效率，刺激经济增长。FDI 的技术溢出效应具体包括示范效应和劳动力溢出效应两个角度。示范效应是东道国企业抓住外资带来的发展机遇，对外商直接投资带来的先进生产技术和管理经验加以运用，提升东道主企业的全要素生产率。劳动力溢出效应是 FDI 考虑到东道国失业现象普遍，一方面来缓解就业压力，另一方面也为东道国解决了在技术、管理、研发等领域缺少高水平人才的发展难题，促进技术知识成果向现实生产力转化。最后，由于跨国企业凭借较强的科技研发能力和丰富的管理经验优势，在东道国产生品牌效应，由此建立了与当地企业的竞争关系，进而推动了东道国企业优化生产技术、创新商业营销模式。此外，高质量产品的引进具有积极作用，是东道国消费者的消费需求，也推动了企业在产品上的创新研发，充分发挥国内消费者的消费能力，扩大本国消费规模。

（六）不平衡的经济发展难以避免，实际利用外资有着明显的区域差异

东、中、西部地区在对外资的使用规模上相对稳定，但地区分布不平衡问题无法避免。在 2019 年，东、中、西部地区新建立外商投资企业数量占比分别为 89.5%、5.2% 和 5.2%，实际使用外资金额占比分别为 84.3%、6.9% 和 6.6%。

另外，在外商直接投资方面，中国一直以来比较看重生产性方面的投资，长久以来，第二产业的外资占比高达70%，第三产业的外资占比在25%左右，第一产业使用的外资非常少。并且根据调查数据反映，在第二产业中，一般加工装配企业的外资需求较多，主要是消费型、加工型企业；在第三产业中，外资主要集中在房地产公用服务领域。这些产业布局是中国经济体制、生产比较优势和政策引导共同作用的结果。

（七）RCEP下对外商直接投资的数额增长的预期为时过早

利用外商直接投资数额的增长是这个时代的聚焦点，这个数额不增加，经济发展和人民生活质量的提高也就失去了物质基础。但是，把增加利用外资作为一个阶段需要实现的最大目标，把利用外资质量和效益放在次要的地位是单方面的。重数量轻质量在任何一个国家都是行不通的，这无疑造成利用外资重资金和轻技术的差距。以前一般认为我国利用外资数额的增长速度适中；但是，如果与所得到的利用外资的效益和质量相比，利用外资的合同金额与实际金额之间明显不匹配，就存在显而易见的差距，会让人产生是利用外资目标上出现错误的怀疑。

四、RCEP框架下中国对外直接投资的机遇与挑战

对外直接投资使得企业获得更多的市场渠道和自然资源，促进我国产业国际合作的进一步发展。2007~2020年，根据中国对RCEP成员国的直接投资流量的数据可以看出，总体呈上升发展的趋势。2007年，投资流量仅为15.9亿美元，而2020年投资流量增长了10多倍，达到了183.4亿美元，呈现了较大的飞跃。2012年RCEP开始谈判，中国对RCEP成员国的投资流量的增长迅猛，2015年增长到199.1亿美元，2016年下降到168.6亿美元，2017年达到顶峰的200.6亿美元，2018年、2019年均呈现下降趋势，到2020年开始上涨。但2017~2020年，中国对RCEP成员国的直接投资存量呈现稳步增长的趋势，从72.2亿美元稳步增长到1773.0亿美元。

（一）RCEP 投资规则的高标准市场准入为中国提供了多种投资机会

RCEP 规定，成员国均将采用负面清单的方式对制造业、农业、林业、渔业及采矿业 5 个非服务业领域的投资做出较高水平的开放承诺，这提高了各成员国外资政策的透明度和预见性。投资者可以通过查询负面清单，来了解各成员国在不同领域和行业，现行或未来对外资可能的限制或措施。同时，RCEP 投资便利化条款中规定，简化投资申请及投资程序，设立一站式投资中心和联络中心等，并向投资者提供便捷的帮助服务和咨询服务，帮助投资者的投资活动顺利进行。

（二）中国与东盟十国优势互补，投资合作领域广阔

中国对 RCEP 成员国直接投资有着国别差异性。根据统计数据显示，中国对 RCEP 成员国的对外直接投资流量，除 2009 年，中国对非东盟国家的直接投资流量占比高于对东盟国家的直接投资流量的占比，其他时间东盟国家在中国的对外直接投资体系中一直处于优势地位。并且在 2020 年，中国对东盟国家的直接投资流量达到了 160.6 亿美元，占比高达 87.6%，而非东盟国家的占比仅为 12.4%。从直接投资存量来看，中国对东盟国家的直接投资存量占比一直处于优势地位，并从总体来看，呈现上涨态势。到 2020 年，中国对东盟国家的直接投资存量的占比达到了 73.6%，共 1276.1 亿美元，同年的中国对非东盟国家的直接投资存量占比为 26.4%，二者相差较大。

我国自然资源相对缺乏，而东盟国家拥有如有色金属、石油、煤炭、天然气等相对丰富的矿产资源。中国可以通过参与开发，利用东盟国家储量丰富的资源，缓解国内能源供给及需求矛盾的问题。柬埔寨、老挝、越南等国家劳动力价格较为廉价，而我国近年来劳动力成本和地租成本不断上升，通过向东盟国家进行产业转移，不仅可以促进东盟国家的产业结构的调整升级，还可以带动中国国内出口生产设备和半成品数量，扩大中国市场的占有率。

（三）投资保护条款为中国对外直接投资提供安全保障

RCEP 协定采用"实体先行"的方式对投资进行保护，即先制定实体

保护标准后，在不对缔约方各自立场有损的前提下，对投资争端实行讨论的方式解决，并且就最终的讨论结果而言，必须经过所有缔约方的同意后方可实施。RCEP 投资章节第十三条征收条款规定："缔约方不得对涵盖投资进行直接征收或国有化，或通过与之等效的措施进行征收或国有化"，这一条款解决了投资者所担忧的在跨境投资过程中征收或资产国有化的问题。另外，在损失补偿方面，RCEP 规定若领土内的投资因内乱或武装冲突等而遭受一定的损失，缔约方应按照不低于对缔约方本国或任何其他缔约方甚至非缔约方的投资者及其投资的赔偿待遇，对另一缔约方的投资者及其涵盖投资做出相应的赔偿。RCEP 协定的投资保护条款较大程度地为投资者提供了制度保护，增强投资者的投资信心。

（四）中国的对外直接投资布局不合理且投资过度集中

中国对 RCEP 成员国的直接投资存在国别差异，且非东盟国家在中国对 RCEP 成员国对外直接投资体系中处于劣势地位。中国对澳大利亚和新加坡的直接投资流量占比较大，可见中国的对外直接投资呈现出单一性，投资地区分布不平衡且过度集中。

对于东盟国家的直接投资，主要集中在新加坡和印度尼西亚，其中新加坡为直接投资的主要国家。东盟其他国家位于东南亚地区，拥有丰富的中国相对缺乏的自然资源，且该地区拥有着丰富的廉价劳动力。将投资资金投向除新加坡和印度尼西亚之外的国家，有利于中国进行产业转移，并降低生产成本。除东盟国家外，日本和韩国均为发达国家，拥有着较高的生产技术。然而中国对这两国的直接投资甚至低于中国对柬埔寨的直接投资。日本拥有着大量高素质劳动者，高技术人才相对于东盟国家也较多。日本拥有着世界一流的基础设施，为企业提供良好的交通和物流条件。韩国拥有着较为发达的 IT、半导体、汽车等行业，与中国存在着产业互补现象。且韩国地理位置优越，经济从重工业向服务业转型，发展潜力巨大。新西兰拥有着完善的法律体系，且对商业法律有着广泛的覆盖，法律环境相对稳定、透明度高、执行力度较强。其市场经济机制较为自由，商业活动自由度较高，提供了良好的商业发展环境。新西兰积极推动外商投资，提供了一系列的优惠政策和扶持措施，政府注重投资后的监管和服务，为投资者提供投资便利和保障。RCEP成员国均拥有着各自的投资优势，中国对RCEP国家的直接投资有着巨大的发展潜力。

从中国对东盟国家直接投资的行业来看，投资产业的集中度较高，逐步向第二产业和第三产业转移，产业结构不断优化。从《中国对外直接投资统计公报》可以看出，中国对东盟国家的直接投资行业主要是租赁和商业服务业、制造业、批发和零售业。由于新加坡是东盟十国中唯一的发达国家，其经济发展水平最高、投资环境优越且投资需求量大，中国对这些行业的投资很大一部分都流向了新加坡。从2020年中国对东盟国家的直接投资流量数据可以看出，随着东盟国家生产技术水平的不断进步，中国对东盟国家的投资逐步向知识技术密集型的产业聚集。

（五）中国对外直接投资的立法和保护监管体系不健全

由于中国对外直接投资方式的起步相对较晚，其立法也相对比较落后，对外直接投资的有关法律体系建设的进程与中国对外直接投资的发展步伐不相符。中国对外直接投资的政策主体主要是大型的国有企业和中央企业，而忽视了民营和私营的中小企业。若继续忽视中国民营、私营的中小企业，会导致该企业的对外直接投资发展与中国整体发展趋势脱节，对中国对外直接投资的发展带来不利影响和严重后果。

（六）RCEP协定对跨区域生态环境保护及碳排放提出更高的要求

RCEP覆盖地区广阔、横跨亚洲，覆盖15个成员国，人口共约23亿，是当前世界上覆盖区域面积最广、人口占比最多、经济贸易规模最大、拥有巨大发展潜力的跨区域自由贸易区。但会对区域内带来巨大的生态环境压力，在全球低碳转型的背景下，跨区域合作所导致的碳排放量更应该多加重视。RCEP成员国在经济贸易合作时，应平衡经济效益与环境效益，尽力提升碳排放效率，共同促进成员国的可持续绿色发展。对于中国对外直接投资而言，应多注重产业结构优化领域、碳足迹管理领域、绿色科技创新领域，推动经济绿色高质量发展。

五、中国的应对策略

(一) RCEP 下致力于外商直接投资均衡发展

1. 政府鼓励外商直接投资进入中西部地区

外商直接投资在东部地区占据主要优势，而在中西部地区的发展则相对薄弱。要解决好区域发展的不平衡问题，需要政策措施。政府应当积极鼓励外商直接投资在中西部地区的发展，加大对中西部地区的经济扶持力度；此外，政府需要改变其运营环境，致力于中西部地区的基础设施建设，如交通、通信等方面，以吸引更多的外商在中西部地区的投资。

2. 以产业升级带动区域发展

在中国，具有沿海优势的中部地区经济发展迅速，没有地理优势的中西部地区经济发展相当缓慢。但是中西部地区拥有广阔的市场基础和人力资源优势，政府需要在发展东部地区的同时充分发挥中西部地区的这些优势，将经济重心逐渐向此靠拢，大力推广先进的科学技术，并积极推动中西部地区的产业结构转型和升级，促进中西部地区的经济发展。

3. 优化资源环境，保护生态环境，保证东部地区经济持续发展

东部地区发展迅速，毫无疑问将会对东部地区的资源、生态造成一定程度的影响。在促进中西部经济发展的同时，也要维护东部地区的不落后。面对生态问题，东部地区需要政府采取措施，培养公民环保意识，积极进行环境保护宣传知识。坚持"绿水青山就是金山银山"的绿色发展理念，促进东部地区的经济持续发展。

(二) 关注点由外资数量向外资质量和效益转移

在当今的时代背景下，人们对外商直接投资的需求日益增长，但经济发展是一个循序渐进的过程，中国在发展自身经济的同时，要适当降低期待，脚踏实地一步一个脚印来实现。我们不能只是追求外资数量而无视外资质量和效益，这对于中国的长久发展来讲显然是行不通的。

(三) 深入了解 RCEP 成员国的资源优势，优化对外直接投资结构

RCEP 成员国资源优势差异较为明显，充分了解 RCEP 各成员国的资

源优势，有利于中国对外投资分布布局的合理优化。例如，除新加坡外的东盟国家，大部分都拥有着丰富的自然资源优势和廉价劳动力优势，因此可考虑在这些国家多开展劳动力密集型产业的投资；而日本与韩国的生产技术水平较高，且高技术人才资源较多，可考虑技术型投资。

（四）健全中国对外直接投资的政策体系，完善相关法律法规

加快与RCEP协定内容的协调速度，完善中国对外直接投资的法律体系，促进中国国内制度与国际规则相协调。虽然中国已出台了与RCEP协定适配的法律法规，但并不完善。中国应加快完善与国内民营、私营中小企业对外直接投资的相关政策体系，预防这部分中小企业对外直接投资发展的脱轨对中国整体的对外直接投资发展造成严重影响。另外，中国还应该加快完善投资保护等方面的法律法规，加强投资者的投资信心。

（五）发展绿色高质量经济，推动低碳转型

RCEP成员国之间达成了低碳能源转型、碳中和的共识，强调低碳绿色经济合作。目前，世界经济发展面临停滞的危机，需要发展绿色经济来维护世界经济的稳定。零碳给投资者带来了更多更好的投资机会，增加对新能源、新技术、新材料的投资，对接相关供应链，有利于推动经济绿色高质量发展，推动产业的低碳转型。

第三节 逆全球化背景下中国双向投资面临的挑战

一、逆全球化概况

近年来，国内外学术界和媒体越来越关注"逆全球化"。21世纪以来，复杂的国际形势和经济状况共同导致了"逆全球化"的出现。许多国内外学者对该领域进行了深入探索，其中的一些意见概述如下：

首先是出于经济原因，主要是全球利益分配不规则和货币不平等加剧。在资本主义国家主导的全球化中，它们以生产力和科学技术的优势，促进了工业经济的快速发展。然而，由于资本回流，发达国家为了获得更多的利润，将一些行业转移到发展中国家，从而逐渐增加了对发展中国家的依赖。

二、逆全球化与双向投资文献综述

（一）逆全球化对双向投资的影响效应

双向投资是指一个国家或地区在另一个国家或地区进行的投资，包括直接投资和间接投资。双向投资是全球化的重要组成部分，有助于促进各国之间的经济合作和互利共赢。而在逆全球化背景下，投资风险上升、贸易壁垒加强、资本流动受限等因素对双向投资产生负面影响。因此，在当前的国际环境下，如何应对逆全球化的挑战，保持双向投资稳定增长，是各国政府和企业需要关注和探讨的重要问题。

逆全球化对我国双向投资无论是直接投资还是间接投资都带来负面影响，徐坚（2017）提到，双向投资可以促进中国经济的结构调整和产业升级，同时也可以增加就业机会和促进贸易往来，但是在逆全球化情形下，贸易保护主义抬头，投资政策不确定性增加，加之资本流动受限，企业跨国投资活动的资金来源减少，影响双向投资的发展。此外，如何处理好逆全球化过程中，其与外资企业的合作往来关系，陈伟光和王燕（2017）提出逆全球化可能导致投资环境恶化，企业面临的市场准入、知识产权保护等方面的压力加大，我国可以从帮助企业更好地融入全球价值链，提高企业的国际竞争力入手，恢复双向投资活力。逆全球化状态下的税收情况同样是一个严肃的问题，双向投资的繁荣与否和税收政策也有很大的关联关系，如张宗斌和朱燕（2020）从多个视角证明了制定适当的税收政策，不仅可以更好地应对逆全球化，也可以带动逆全球化下双向投资的颓势。而贸易问题是更详细看清双向投资问题的重要指南，如马霞和李荣林（2016）探讨了贸易与双向投资间的互促关系，双向投资可以促进贸易的发展，而贸易的发展也可以反过来推动双向投资的增长，更好的贸易关系与交流也可以削减逆全球化的影响，逆全球化背景下，各国加强贸易壁垒，限制跨国投资，影响双向投资的规模和效果，这是世界各国不想看到的一幕。

（二）逆全球化下制度、政策与双向投资

无论何时，制度、政策都是影响一国双向投资的重要因素，冯慧莹（2019）从各国的政策出发，注重分析各国的制度质量（政治制度、法律制度）对外国直接投资的影响，并分析了其影响机制和影响方向，从而对如何制定差异化策略提高吸引外资水平提出相关建议。

唐坚和刘文川（2019）提到应在坚持人类命运共同体这个大方向上，坚持对外开放政策，坚持国际合作政策，坚持完善内部政策，坚持推动区域经济一体化政策，由此构建出多元化世界市场，各国通过提高自身竞争力，促进经济繁荣，削减逆全球化影响，促进双向投资增长。逆全球化带来全球价值链的改变，其运行将会造成资源配置发生变化，给社会诸多方面带来挑战。同时，逆全球化与双向投资发展的多变性、多样性和动态性使得相关研究更加复杂，因此需要我们采取措施进行调整。

三、逆全球化背景下中国外商直接投资面临的挑战

逆全球化问题作为全世界共同面临的风险问题，给我国外商直接投资也带来了巨大挑战。

（一）外部环境的不确定性

外部环境的不确定性是指在国际和国内政治、经济、社会等各个领域，由于各种因素的变化和相互作用，导致未来情况难以预测和控制的情况。而这些对中国外商直接投资造成的影响是巨大的，国际政治不稳定，在国际冲突、政治变动、恐怖主义的影响甚至威胁下，外商将不会进行投资行动，严重影响我国经济运行；如果引发通货膨胀，进而使得汇率变动，同样让外商投资者望而生畏，不敢承担巨大的损失。外部环境的不确定性同样导致了贸易政策的变化，包括贸易保护主义、贸易壁垒、贸易战

争等因素，政策没有稳定之前，外商投资者们同样不会轻举妄动。社会文化因素也是使直接投资受到冲击的主要因素，包括社会动荡、文化差异、消费者趋势等，使企业市场营销和品牌形象产生影响。

（二）地缘政治风险

地缘政治风险是指由于地理位置、地缘关系等因素导致的政治、经济、军事等方面的风险。地缘政治学是研究地理因素如何影响国家政治行为、国际政治格局的学科。它以地理因素为基础，结合经济、社会、军事、外交、历史、政治等多个方面，分析和预测世界或地区范围的战略形势和有关国家的政治行为。而在逆全球化背景下，随着中美贸易摩擦的升级，以及其他地区政治紧张局势的加剧，外商投资者也投鼠忌器，受政治稳定性、政策环境、经济形势、市场准入、投资安全等的影响，不得不制定安全的风险管理策略，以降低投资风险。

（三）技术竞争和封锁

技术竞争和封锁是指在国际间，国家或企业为了争夺科技优势和市场份额，采取各种手段进行竞争，甚至限制他国技术和产品进入本国市场的一种现象。在逆全球化的情形下，尤其在当前科技迅猛发展的背景下，各国纷纷将科技作为国家竞争力的重要来源，加大投入，推动科技创新和发展。而技术封锁是限制他国发展的强大武器，通过在技术领域对其他国家或地区采取限制措施，包括限制技术出口、投资、学术交流等，以保护本国技术和产业的发展。然而，这种做法也可能导致国内科技发展陷入自我封闭的困境，无法充分利用全球科技资源，影响科技水平的提升。正是因为技术的竞争和封锁，以美国为首的西方国家，限制对我国资源的出口，同时限制进口和我国外资企业进入，裁制我国科技企业和民生企业，使我国外商对外投资尤其是高科技投资产生巨大挫折。如何突破封锁，建造正常的国家交流体系，是我们面对逆全球化不可避免的冲突之一。

（四）劳动力成本

我国是一个人口大国，早年时经济发展程度不高，青壮年比例占多，劳动力成本十分低廉，而随着经济发展越来越高、越来越快，人口老龄化的加重，这些问题在逆全球化的过程中暴露出来，我国劳动力成本大大提高，外商直接投资在我国的优势也大大减少。

（五）市场准入

市场准入是指在一定时期内，国家或地区允许外国货物、劳务和资本进入国内市场的程度。市场准入是一个重要的经济政策领域，其松紧程度直接影响着市场主体进入市场的成本和难易程度，以及市场秩序、交易安全、经济效率和活跃程度等因素。在国际贸易中，市场准入主要包括两国政府间为了相互开放市场而对各种进出口贸易的限制措施，其中包括关税和非关税壁垒的放宽程度。此外，市场准入还可以涉及服务贸易领域，如《服务贸易总协定》第十六条规定，成员方给予其他成员方服务和服务提供者的待遇应不低于其在承诺义务的计划表中确定的期限、限制和条件。

而在逆全球化的进程中，一些国家通过限制市场准入来限制别国市场资源和市场投资，给我国外商直接投资带来巨大限制和不便，市场准入制度是影响市场主体进入市场的关键因素，其建立应该取决于市场安全与经济效率成本之间的平衡点。我国政府正在采取一系列措施来降低市场准入成本，包括全面实施市场准入负面清单管理，规范工业产品生产、流通、使用等环节涉及的行政许可、强制性认证管理、规范实施行政许可和行政备案，切实规范政府采购和招投标，便利市场主体登记等。这些措施旨在破除隐性门槛，推动降低市场主体准入成本，优化市场环境，提高经济效率。在逆全球化情形中应对其负面影响的积极表率和大国路线，对世界各国在应对逆全球化危机中贡献中国人民的智慧和力量，只有如此，在我国的带动作用及各国效仿之下，我国外商对外直接投资方能如鱼得水，促进资源与经济的交流和互动。

（六）投资环境的变化

投资环境的变化是指在一定时期内，影响投资活动和投资效果的各种外部因素的变化，包括政治、经济、社会、文化、技术和环境等因素。这些因素的变化可能会对投资者的投资决策、投资策略和投资收益产生影响。

受逆全球化的影响，当下政治环境的不稳定已成定局，在这种时局动荡的情形下，我国外商和企业只有采用收缩战略，使得各种投资行为受到巨大限制。而经济环境的变化会对投资需求、投资回报率和投资风险产生影响，恶劣的经济环境使投资需求减小，投资回报率降低，投资风险增大，企业外商直接投资行为也会减少。社会文化环境的变化对投资行为的影响同样巨大，可能会影响投资项目的社会接受度和市场需求。此外，社会因素还包括人口结构、消费水平和消费观念等，这些因素的变化也使投资环境产生改变。技术环境的变化会对投资项目的技术含量、创新能力和市场竞争力产生影响。技术的进步和革新可能会改变投资环境，为投资者带来新的机遇和挑战；而逆全球化下糟糕的技术环境使外商投资者不愿意进行高手段的投资行为，使投资者投鼠忌器。环境因素的变化会影响投资项目的可持续性和环保要求。随着人们对环境保护意识的提高，环境因素在投资环境中的重要性越来越明显。当逆全球化进程越来越高时，保护环境的念头自然不再急迫，当环境保护意识下降，投资项目的可持续性和环保性下降，企业外商直接投资自然减少。

尽管面临这些挑战，中国仍然具有强大的吸引力，主要是因为中国市场的巨大潜力、完整的产业链、良好的基础设施以及政府的优惠政策等。因此，在逆全球化的背景下，中国外商直接投资虽然面临一定的挑战，但长期来看，仍然具有强大的竞争力。

四、逆全球化背景下中国的应对策略

全球化是时代的潮流，逆全球化是发展过程中可能存在的一个特殊阶段。在逆全球化日益增强的趋势下，中国应以"利益最大化、平衡世界利益"为出发点，"逆风而行"，抓住全球化"钟摆"的难得机遇，在新环境下制定新规则，开辟一条更具包容性的发展道路。

（一）坚持改革开放，促进多边发展

加入世界贸易组织使中国以更加开放和包容的市场参与世界产业分工，成为真正的全球工厂。中国充分利用了多边商业体系，但多边面临困

难。作为世界上最大的发展中国家，中国要为推动多边发展发挥建设性作用。

一方面，中国应继续开放，利用自身优势，重点向共建"一带一路"国家出口，与伙伴国家共享发展。另一方面，中国应努力推动以世界贸易组织为代表的多边贸易体制的变革，积极提出解决现有问题的建设性方案，并利用自身的经贸力量和当前的全球经贸模式来跟踪多边贸易体制。

（二）以供给侧改革为基础改善贸易结构

推动国民经济恢复和发展是抵御逆全球化的基本途径。面对外部需求不充分和国际经济不景气，中国应积极实施供给侧改革和发展战略，提高全要素生产率，通过创造新的国内需求来填补出口不足。通过减少传统行业的生产成本和进出口关税壁垒，应该立即建立一套强制性的国家标准，鼓励行业学习"工匠精神"，并提高质量管理水平，真正从"制造业大国"向"制造业强国"转变。

（三）在各国之间建立协议，并制定全球经济和贸易规则，以促进有效的经济合作

中国是世界第二大经济体，中国不仅要在现有秩序中争取更大的发言权和影响力，同时也应积极推动国际合作，参与新秩序的建设——一个更加理性和真实的国际秩序。

（四）强调内部市场的重要性

尽管对外贸易在中国经济增长中发挥着重要作用，但在全球化不可逆转的趋势影响下，我们仍然必须关注国家市场的重要性，加强对内需和外需的研究。尽管逆全球化给中国的出口贸易带来了障碍，但一些出口导向型企业需要将目标市场转变为外国市场。如今，大多数中国公司仍然缺乏在国外销售产品的能力，而大的国内市场仍然是大多数中国公司的销售目标。因此，中国应继续加快社会主义经济建设，提高人民收入水平，扩大内需，建立健康、统一、开放的营销体系。

第九章　中国双向投资风险测度

第一节　中国外商直接投资风险
测度及应对策略

一、研究背景

全球化是指全球各地各方面的交流进程和互动交流不断深化，带来很多益处，但随着其进程不断深化，其缺陷逐渐显现，如出现各种不平等现象并不断加剧，逆全球化便由此催生出来。逆全球化不同于全球化，它强调的是反集中，是一些国家为减削和抵制全球化带来的负面影响而产生的，逆全球化认为可以专注于本土的产业和经济发展，减少对其他国家和外来的依赖。

由于 2008 年发生经济危机，世界发展速度变缓，各地经济复苏艰难，致使各国之间发展速度不尽相同，因此拉大了国家之间的发展差距。此时社会问题凸显出来，以资本主义国家为例，它们为防止其利益受损，开始推动逆全球化。"逆全球化"的出现不仅影响了世界，也影响了中国的外商直接投资。自出现金融危机后，全世界的外商直接投资因逆全球化受到很大影响，在该影响下其投资呈现出下降的趋势，因欧美在外商直接投资方面占据很大一部分，所以它们投资的变化程度影响了世界投资的变化程度。而在这种大环境下，与欧美相反，亚洲的外商直接投资呈现出上升趋势。

本章着重强调逆全球化背景下的外商直接投资，它是每个国家参与国际竞争和合作的关键途径。金融危机爆发之后，各国外商直接投资都呈现低迷状态，然而中国的外商直接投资总体呈现上升的趋势，且中国的外商直接投资方式逐渐多样化。在改革开放初期，中国经济发展遭遇瓶颈，经常出现资金短缺的现象，这使得中国对资金的需求量较大，但却没能吸引更多投资。1994 年以后中国开始真正大规模地吸引外商直接投资，在改革开放后的 15 年里，中国引进的 FDI 仅为 591 亿美元，而在 1994~2017年，中国吸引到的外商直接投资金额为 7011 亿美元。

自逆全球化出现后，中国的外商直接投资处于增加的状态，从对外经济贸易大学国际经济研究院发布的《中国外商投资发展报告（2022）》可以看出，中国的外商直接投资一直呈现出增长态势，数据表明，2012年中国外商直接投资为 1117.16 亿美元，而到了 2021 年，中国外商直接投资增加到 1734.8 亿美元，增加的幅度超过了 55%，中国已经超 30 年处于发展中国家的首位。同时，中国外商投资的水平不断提升，投资结构不断升级且近年来中国 FDI 的范围不断扩大。

因此本章以逆全球背景下中国外商直接投资为研究对象，论述其存在的风险，同时为监测风险设计相应的指标，根据指标数值分析风险情况，针对不同的风险提出相应的解决策略和建议。

二、文献综述

单边主义和贸易保护主义不断抬头，对世界各国的外商直接投资都产生了或大或小的影响，从而导致世界经济下行，此时各国采取的行动就直接推动了逆全球化，而逆全球化对中国的外商直接投资也产生了很大的影响。许士密（2021）认为全球化负面效应的不断积累是"逆全球化"重要的诱发因素。张俊彦等（2021）认为投资东道国"逆全球化"现象对中国的投资造成明显的负面冲击。在逆全球化的背景介绍方面，覃淙治和石翠凡（2022）认为逆全球化是一个逐步深化的过程，很多因素影响着经济全球化，使得逆全球化逐步加深。刘炜珊和付江（2022）经研究了解到逆全球化之所以产生，最根本的原因在于全球经济政治等方面发展的失衡以及全球化带来的好处不足，而全球化发展也有一定的范围和限度，超过这个限度便会使逆全球化更为严重。庞玉红和关安柏（2022）认为逆全球化主要表现为经济保护主义不断升级、民粹主义和单边主义不断加剧以及社会维度的民族主义和排外主义逐渐盛行；逆全球化产生的根源主要是由欧美发达国家为进行意识渗透、转嫁矛盾以及维护其地位采取的种种措施引起的。

在外商直接投资的风险研究方面，有的学者根据平台提供的数据进行衡量，如吴晓涵（2022）认为一些外资的引入弥补了中国经济发展的缺口，提高了中国经济的发展速度，外国企业的投资为中国带来了资本和技术以及管理经验，但是在这其中投资的质量参差不齐，使得产业结构产生很大的差异。何玉琼（2022）以长江中上游为例，认为虽然外商直接投资的流入促进了经济的高质量发展，但是也在一定程度上对生态环境造成了污染和破坏。王叙果等（2010）认为外商直接投资加大了中国整体外债风险，影响中国宏观经济的稳定发展，作者着重强调要注意防范和控制FDI下外债风险。魏静（2017）认为外资在促进经济的同时，带来的风险逐渐显露出来，如产业控制、环境污染、生态破坏等，所以识别风险、防控风险是当务之急。王博（2014）基于1984~2007年美国企业对全球43个发展中国家投资的固定样本数据，证实风险与外商直接投资存在反向关系。

在外商直接投资风险测度方面，杨柳勇和金戈（2002）站在东道国立场研究FDI的主权风险，在对FDI经济主权风险特征分析的基础上，提出监测FDI经济主权风险的指标体系，以此分析我国利用FDI的经济主权风险状况，并提出相应的风险控制对策。张宝友等（2012）运用指标量化数据处理、三角模糊数等方法，对 2001～2010 年我国物流产业 FDI 风险进行评估，揭示其变化规律；并根据研究结果结合我国物流产业的实际情况，提出降低我国物流产业 FDI 风险的对策性建议。张亦凡（2008）采用 2003～2007 年云南省经济发展的相关数据，利用 FDI 的长期挤入挤出效应系数分析了 FDI 对其国内投资产生的挤出效应及其引致的产业结构缺陷，并提出规避、控制 FDI 风险，使其效用优化思路。

三、中国外商直接投资风险测度指标体系

影响一个国家或地区经济的因素有很多，导致经济发生风险的环境也很复杂，在逆全球背景下研究外商直接投资风险是一个很复杂的内容，需要多方综合考虑，但是很少有基于逆全球背景的 FDI 风险测度的参考文献，本章根据外商直接投资风险形成机理分析以及风险导致的不好现象，通过数据构建了一个风险评价指标体系（见表 9-1）。

表 9-1　中国外商直接投资风险评价指标体系

评价内容	可量化的指标体系
外债风险	外资企业负债率（U_1）
产业控制风险	外资市场占有率（U_2）
丧失控股权风险	外资股权控制率（U_3）
无形资产流失风险	技术占有率（U_4）

（1）外资企业负债率（U_1）：外资企业的外债额占全部企业的总资产的比例。计算公式为：U_1＝外资企业外债额/全部企业总资产×100%。

（2）外资市场占有率（U_2）：外资企业的销量占中国企业销量的比例。计算公式为：U_2＝外资企业销量/全部企业销量×100%。

（3）外资股权控制率（U_3）：外资企业的外方注册资本金占全部注册资本金的比例。计算公式为：U_3＝外资企业注册资本/全行业注册资本×100%。

（4）技术占有率（U_4）：中国企业引入国外先进技术的支出占企业支出的比例。计算公式为：U_4＝中国企业购买国外技术支出/总支出×100%。

这个指标体系中，U_2 和 U_3 占据很重要的位置，数值越高，说明外资企业对中国的市场控制力越强，其他企业面临的风险也就越高。外资企业负债率（U_1）越高，外资企业面临的风险就越高，因此它们需要偿还的债务就越高，甚至可能出现资不抵债的情况。技术占有率（U_4）越高，说明中国的企业竞争力与国外相比很弱，因为它们需要依靠外界技术来提高的竞争水平和市场容量，那么国内企业面临的风险也就越大。由于全部外资企业的市场占有率以及股权控制率是难以估计的，本章仅以大众外资为例，对其进行描述。

第一，随着进入中国的外商数目逐渐增多，外资对中国市场的控制不断增强，大众的市场占有率虽然有波动，但总体上处于上升趋势，从2012 年的 0.146 变为 2022 年的 0.151，增速为 0.45%。据数据统计，在物流产业，外资市场占有率在 2010 年就达到了 40%，而警戒线在 50%，仅有 10% 的差距。不论是从大众企业还是物流产业，都说明了外资对中国的渗透力是不断增强的。若此时外资企业察觉自己利益亏损，很容易将产业进行迁移，那么中国企业的投资活动就很容易受其影响发生变动，中国的市场也会因为其迁移受到影响而变小。从股份控制率来看，大众股份由 2012 年的 12.5% 变为 2022 年的 37.2%，不论是市场占有率还是股权控制率都呈现出上升的趋势。出现这一现象的原因，一是中国需要不断扩大自己的业务往来以及企业规模，需要资金变多，中方企业资金匮乏，股份控制就变少，从而可能出现丧失控股权的现象；二是中外企业还存在着各种差异，包括经济、文化等方面，从而外资企业弥补中国差异，导致外资企业增多。

第二，从外资企业负债率来看，2012 年大众企业的负债率为 0.077，而到了 2022 年大众企业的负债率增加到 0.113，尽管增长的幅度并不大，但是资产负债一直在增加，外资企业所借的外债越高，其企业融资渠道越宽，融资金额越大，但是在这期间也带来了一些风险，增加了外债风险，影响中国的资本市场，给其带来冲击。

第三，每个国家经济发展的核心最根本的就是技术，技术决定经济发展的程度和产业竞争力，大众企业的技术占有率由 2012 年的 38.1%增长到 2022 年的 69.5%，增长幅度很明显，说明了外资企业的技术占据了中国的大部分市场，对中国企业竞争力造成了不小的冲击，中国吸引外商的最重要的还是市场，中国企业将自己的市场让给外商以获取先进的技术，使得自己能够掌握先进的技术从而掌握市场发展的主动权。然而大部分情况是中国将自己的市场让出却很难获得技术，那么在此时最重要的还是以自主性创新为主，其次是吸引海外投资，否则会对国外技术形成很大的依赖，不利于中国企业的长期发展。

四、应对策略

虽然中国的外商直接投资在近年有了突飞猛进的进步，但是这其中还存在着各种风险需要规避。中国在进行外商直接投资或者外商对中国进行投资时，要对项目的益处和坏处进行评估，同时要考虑到各种风险的存在。中国的外商直接投资可能面临三种风险：一是外债风险；二是产业链外迁风险；三是丧失控股权以及各种无形资产，那么针对这三种风险，下面提出相应的应对策略。

（一）改善外商直接投资发展机制

首先，中国应该利用好自己的独特优势，中国市场较大，在吸引外商直接投资时就不应该盲目将市场让给外商以获取技术，这不利于技术的获取，同时利用好自己的产业结构优势，加强外商对制造业的投资力度。同时中国企业以及政府需要制定适合中国的发展战略，高效率地利用外商直接投资。其次，中部和东部各省政府应制定合适的发展战略，提高 FDI 利用效率，改善投资环境，促进现代企业的发展，使得企业不断进行产品升级，提高自己的竞争优势，吸引更多的外商进行直接投资，从而使得企业向一种稳中向好的态势前进。最后，中国应更新负面清单，并提交产业指导引导外商向制造业继续进行投资，壮大制造业，发挥制造大国优势，建立合理的机制，使中国适应产业的更新换代和转型。

（二）提高技术创新资本投入，加速科技成果转变

技术创新既是企业发展的前提，也是企业发展的根本路径，需要加大研发投入，通过技术创新支撑中国企业的快速发展。我国FDI正在上升发展，且中国企业仍面临着技术落后问题，不进行技术改进和创新，中国企业不会抢占市场获取竞争力，同时企业还需要建立高效且优质的研发机制，大幅度提高企业的研发能力，防范高科技外商企业的竞争。同时，企业需要掌握市场导向，把握市场规律，运用先进的技术，使企业成为创新的主体，将产品研发和技术结合在一起，提高自己的竞争优势，获得收益，注重企业改革，调整产业结构，充分运用科学技术加强自身优势，防止自己的经营管理权和控股权被外商控制，加大高科技企业的培养，推进科技成果转化投入市场，努力将各种风险掌控在自己能力范围内。

（三）加强国际化市场化法制化

外商直接投资最重要的就是它自身的国际化，中国首先需要建立合理合法的国际机制，以此来更好地进行合作，同时中国需要建立国际机构、参与合作对话来加强企业间的合作和投资，建立合理的国际合作机制，以便有效实施国际合作行动，如可以通过一些贸易组织来促进经济发展。其次，应该扩展外商投资的领域，虽然中国是制造强国，但是也需要扩展其他的产业及领域。再次维护市场公平，拓宽市场发展规模，激发外商投资产业的动力和热情，改变市场发展环境，不仅是对外资对内资也要以公平的眼光去审视对待，减少内外资投资限制激发创新动力。最后，加强法制建设，加强外商投资的法律知识还有经营管理等权利的维护，营造一个良好的司法环境，使得外商投资企业乃至跨国企业都加入改善投资规避风险的阵营。

（四）树立品牌意识，打造核心品牌

中国企业要想在国际市场上站稳脚跟，减少无形资产流失带来的损失，关键是要提高民族品牌竞争力，要从产品质量和技术以及经营效率方面下手，以华为为例，它积极在海外设立研发机构，不断利用国外先进技

术并将其转化为自己的优势，同时广泛吸纳海内外优秀人才，靠着其品质卓越的产品以及严格的品牌管理吸引了国内外市场。同时中国企业在外资投资企业中要保持控股权，坚持自己的品牌，提升民族企业的核心竞争力，使得中国民族企业能够成为真正的名牌企业。中国的每个企业决策者也要提升自己的品牌意识，增强企业内部竞争环境以不断提高企业研发效率，同时各企业要构建一套完整的评价品牌价值的体系和标准，增强对民族品牌的保护意识，不断创造中国自己的品牌。

第二节　中国对外直接投资风险测度与应对策略

一、研究背景

对外直接投资是全球化的重要动力和标志。随着中国"走出去"战略的不断深入，中国已经成为全球第二大对外投资国，拥有超过2.7万家参与对外直接投资的境内企业，境内投资者在188个国家和地区投资了超过4.3万家企业，中国对外直接投资已经覆盖了世界超过80%的国家和地区。中国对外直接投资发展迅猛，势头强劲，崛起速度令世界瞩目。然而，各国家和地区在语言、文化、政治、社会、宗教等方面差异甚大，投资环境千差万别、风险和挑战错综复杂。在走出去的进程中，中国对外直接投资面临的风险和损失成为被学界和业界广泛讨论的话题之一。十几年来，中国对外直接投资风险的媒体报道从未间断，其中有一些是重大投资项目失败的案例，如中国企业投资项目因为利比亚内战损失严重、收购力拓交易失败等。如何识别和防范对外投资风险、保证投资收益成为中国企业迫切需要解决的问题。

二、文献综述

学者对外直接投资风险及风险的决定因素研究较多，如 Blonigen 等（2005）认为汇率、制度安排、保护主义政策等均会影响一国的投资风险。Jakobsen（2010）在铝业案例分析中发现地缘政治冲突和法律差异是对外直接投资的主要风险。陈炜煜和顾煜（2020）测度了 6 种对外直接投资风险，其中劳动力成本是对外直接投资的主要风险。蒋冠宏（2015）用中国企业资产报酬率的波动作为风险指标，发现东道国制度和文化对中国对外直接投资风险影响较大。李一文（2016）将对外直接投资风险因素梳理为政治方面、经济方面、文化方面、法律方面和自然环境方面五大类，并选取少数代表性国家对其风险预警模型进行了测度。杨娇辉等（2016）分析了制度风险与对外直接投资之间的关系，认为制度风险偏好并不存在。董雪兵等（2017）对共建"一带一路"国家的 20 个指标数据进行详细的分类。赵明亮（2017）选取不同的风险指标度量投资风险，利用投资引力模型着重研究各种风险对中国对外直接的作用机制。尹华和邓宇瑶（2021）使用中国上市公司企业的微观数据，实证分析了"一带一路"倡议在中国企业对外直接投资风险中的作用。刘永辉和赵晓晖（2021）认为投资便利化可以降低中国企业的投资风险。唐晓彬等（2020）建造了比较全面的共建"一带一路"国家的投资风险指标体系，并测算出 50 多个国家的风险指数和变化特征。中国社会科学院世界经济与政治研究所从 2013 年开始在全球层面构建中国对外直接风险评价体系，其中的经济基础方面、偿债能力方面、社会弹性方面、政治风险和对华关系五个评价体系沿用至今，已经对 114 个国家和地区进行了评级。

由于对外直接投资是跨国跨地区的企业经营方式，面对不同于本国的投资环境，企业进行跨国投资时面临的风险比国内投资更加错综复杂。经过对以往文献对外直接投资风险研究的总结，可以把对外直接投资风险综合划分为国际层面风险、国家层面风险及行业层面风险三个层次，每一个层面都包括三个方面的因素，分别是政治因素、经济因素和社会文化因素。

（一）国际层面风险

国际层面的风险表示对外直接投资风险来自国际政治与经济环境的动荡。虽然世界经济一体化发展到了新的高度，合作的深度和广度前所未有，全球各国各地区之间相互影响、联系和融合，但是国际经济政治形势瞬息万变，这种不可预测的变化对企业的跨国经营带来了挑战，有的已经带来了巨大的资金损失。近年来全球金融体系危机重重、商品市场摩擦不断、政治与地缘冲突频发、不良竞争日益严峻。国际层面的风险表现在多方面：一是经济一体化规则的变化带来的风险。最近十几年来，世界贸易组织在国际规则方面的影响力日益衰减，同时区域型的贸易规则发展迅猛，世界性的一体化正在被区域贸易协定切割为类似"意大利面条碗"的重叠交叉的合作集团，每一个合作集团达成的规则存在不同程度的差异。影响力较大的几个贸易和投资协定都在寻求更高层次的合作机会，制定高水平一体化规则，谋求重建国际经济规则，以期争取全球一体化的领导权。这种规则之争和变化造成了对外直接投资所处的国际环境错综复杂，国际制度环境不确定性增加。二是世界经济波动性风险。由于各国经济体联系紧密、一体化程度较高，国际性的经济危机和金融危机对全球经济将会造成一系列的连锁反应，单个国家的重大事件有可能扩散迅速，影响程度不可低估。在全球经济下行趋势大环境下，以美国为代表的发达国家保护主义抬头，国际直接投资环境严峻。三是国际政治风险。21 世纪以来，新兴经济体在经济和政治方面的影响力集体崛起，全球经济中的政治力量对抗增多，国际政治格局面临重构。

（二）国家层面风险

经济学家们在研究对外直接投资的东道国政治风险时首次使用国家风险的称谓。对国家风险的研究成果已经非常丰富，研究的深度逐渐加深，研究范畴已经扩展到国际投资领域。简单而言，国家风险主要是跨国公司在进行对外直接投资时在东道国所面临的宏观风险，这些风险根据来源的不同，可以分为国家社会文化风险、国家政治风险、国家经济风险。国家社会文化风险是指对外直接投资面临的重要风险，社会文化是在人类发展历史过程中形成的对社会民众具有深刻影响的一系列社会标准和文化特征的综合，体现在节日风俗、饮食习惯、宗教信仰、价值观念、行为标准、文化传承、生活形式等方面，它与广大人民群众的工作和生活密切相关，在不同的地域、群众和民族之间显著不同。如果投资母国与东道国之间的社会文化存在较大不同，跨国公司在东道国的经营生产势必面临多重风险。国家政治风险是由于东道国政府的法律、政治及宏观政策各方面发生了重大变化而给对外直接投资者带来的经济损失和利益损害。从表现形式和作用程度来分类，国家政治风险包含东道国政治制度改变、争权更迭、国际关系变动、国内民众矛盾激化、动乱和内战、治安恶化及政府使用的干预手段。政治风险伴随的政治冲突及动荡往往会造成企业在东道国难以继续经营，投资资金被非法侵占，其损失要远远高于平均市场风险。国家经济风险是由东道国本身经济波动对企业跨国经营带来的运营困难、资本消耗及利润损失。在宏观经济运行的短期和长期周期中，经济的繁荣和疲软存在一定的循环特点，同时，国家外部环境的变化也会对经济体运行带来影响。国家经济风险体现在经济运行和价格水平的波动过程中，从具体经济指标来看，包括东道国经济低迷、物价上涨、失业率上升、利率调整、经常账户失衡、汇率波动等。

（三）行业层面风险

行业层面的风险是指由于行业存在的不确定性因素，使得特定行业在生产、销售、运营及跨国投资出现难以预料的结果，从而带来经济损失的概率。例如，每个行业都存在特定的周期，技术新旧更迭、政策扶持变化及竞争环境的改变等都会带来行业风险。跨国公司在开展对外直接投资时需要提前了解所在行业的运行情况，尤其是具有高度政治敏感性或国际化竞争水平高的行业，更加需要对投资决策进行全方位的论证，充分权衡风险与收益，保证投资项目在可控的风险范围。

三、中国对外直接投资面临的主要风险

近十几年来，中国对外直接投资虽然表现出强劲的增长，但是失败案例不断出现，收益率不容乐观，总的来看，中国对外直接投资还处于初级阶段，投资经验不足，防范投资风险和抵御潜在风险的能力仍然不足，跨国并购的成功率只有二三成。当前国际安全局势非常复杂和严峻，企业在海外经营的安全风险加大，财产损失和人员生命安全事件呈上升趋势。根据美国传统基金会与美国企业进行的"中国全球投资追踪"（CGIT）数据对中国对外直接投资失败项目（Troubled Transactions）的分析，中国对外直接投资面临的风险主要分为东道国政局动荡、恐怖主义威胁、保护主义因素、社会文化风险、商业风险五类。

第一，东道国政局动荡。综观中国对外直接投资地理结构，其分布大量集中在东南亚、中亚东部、非洲等发展中国家和地区。总的来看，由于历史遗留和政治斗争原因，有一些国家和地区多年来政局更迭不断、民族冲突时常发生。

第二，恐怖主义威胁。国家或地区之间由于民族、信仰、宗教、意识形态等方面的不同，某些极端分子和组织试图通过制造恐怖事件达到特定的经济目标或政治目的。此外，一些中国企业遭到袭击除了恐怖主义还有其他社会不稳定因素，如不良竞争和反感情绪，这些事件不仅对企业的财产造成威胁，而且可能对员工的生命安全构成危险。

第三，保护主义因素。全球投资和贸易保护主义出现抬头趋势，我国企业在海外投资和并购面临着各国投资保护主义和民族主义的危险，而保护主义的抬头将导致国际和各国投资政策体制出现变化。在投资方面，各国政府相继出台刺激经济方案，成为投资保护主义的温床。在部分拉美国家甚至出现因限制外资而发起的国有化趋势。非洲的一些国家开始对此前签订的外资开采合同重新进行谈判。保护主义一直是投资和贸易自由化的巨大阻碍，尤其在近十年来，保护主义再次在全球泛滥，对投资自由化和便利化造成了极大的破坏，并呈现出多种新形式。

第四，社会文化风险。长期以来，中国公司在进行国际直接投资时，仍然使用国内拓展市场的方法，比较倾向于先依靠东道国政府和管理阶层，走的是"上层对接"的路线。虽然中国公司抓住合作机遇与当地政府进行了深入的项目洽谈，但没有与地方社会进行恰当的融合，从而在后续的运营过程中可能会出现难以控制的事件发生，最终造成财产甚至生命的损失。

第五，商业风险。我国企业对外直接投资的风险压力除上面几种非商业风险，还有企业层面的商业风险，如抉择、管理和财务。商业风险主要是由于各种不确定因素引起的商业主利益损失或机会的丧失，现实中的商业风险无时不在，如价格波动、偏好改变、技术更迭等。我国一些企业对投资东道国的政治国际化程度不够高，对投资东道国商业环境了解不全面，对商业风险把握不够。目前，中国企业大多具备自己的境外投资管理策略，但是由于缺乏行业长远发展的经验，在海外经营管理的工作中经常存在冒险投机行为和盲目决策行为，这些商业行为带来了境外投资企业的运营和管理风险。

四、对外直接投资风险应对策略

为了保证中国对外直接投资的安全发展，需要从多方面入手，构建防范风险的制度体系。

（一）建立政府和企业交流体系，携手应对风险预警

为更好地应对海外经营带来的巨大挑战，应建立政府和企业交流网络，共同携手为对外直接投资良性经营创造良好环境，运用多方式规避和化解风险。对政府来说，有责任帮助企业与各驻外领事馆之间的信息交流，充分使用国际商务网络和外交网络，为中国企业的对外直接投资提供有效经营信息，辅助企业做出正确的预估和判断。此外，政府在签订贸易投资类的合作协定时，应保证企业的发展环境有所改善，维护好企业的经营利益。对企业来说，不断提升核心竞争力，制定跨国经营发展战略，有效防范和化解投资风险。例如，在企业发展规划、评价指标、任务分配、

考核标准等环节加入境外监管内容，完善信息报告制度、跨国投资的考核制度及追责制度等。在投资项目可行性研究阶段，对风险进行定性和定量分析，在立项评审及决策阶段，不应为了掩饰风险，把可行性报告作为可批报告。增加多方案备选机制，比较各方案的指标差异，结合自身可承受能力确定最优方案。在投资项目实施过程中，随时量化风险，做出科学判断，减少风险。

（二）高水平签订双边投资协定，积极参加全球经济治理

投资保护协定对跨国投资具有保护作用，中国应对其高度重视。在我国对外直接投资高速发展时期，原来已经签订的双边投资协定很多已经不能适用，政府应该及时进行清理、修订或者内容调整，同时，与尚未签订协定的国家开展交流谈判，务必重视企业跨国投资的合法利益和安全，扩大投资协定的保护范围，有选择地提高标准投资保护待遇。首先，协定中表明承保机构具有代位求偿权，两个缔约国政府应高度保障投资企业无力承受的政治风险。其次，增加间接征税保护范围，明确补偿标准，避免在金融危机时的紧急举措影响对外投资企业，同时注意征收标准的可行性及与本国法律的一致性，赔偿表现要符合"及时、有效及充分"原则。再次，接纳国际仲裁，在投资协定中明确 ICSID 的管辖权，最大限度地保护我国在海外的投资。最后，建立企业社会责任标准，投资协定中引入企业社会责任标准，中国要积极参与多边投资协定以改善中国企业海外形象。

（三）整理现存的规章制度，健全对外投资法律体系

通过制定《海外投资法》专门约束法人或自然人的对外投资行为。一是注意与其他国际法、国际惯例、国际公约相互协调。二是注意整体的系统性，作为高阶法，《海外投资法》具有主体作用，需与其他配套法规功能互补、相互联系，成为一个有机整体。三是维护好国家经济安全。我国对外投资面临很多不利因素，有可能给我国经济安全带来威胁，立法重点要以国家经济安全为基本前提。四要鼓励良性竞争，体现投资促进，鼓励企业履行社会责任，进一步深化对外投资体制改革。

（四）完善中国对外直接投资的保险制度

一是增加保险的保护范围。传统保险主要是针对战争和恐怖主义等政治风险，然而现阶段贸易保护主义和劳动者工会权益冲突引发非传统政治风险已经愈加凸显，应考虑将其明确纳入承保范围。二是制定清晰的代位求偿制度。我国法律还没有对代位求偿权做出明确的规定，中国在签订双边投资协定时，应建立以双边模式为主，外交保护为辅的代位求偿制度。三是将间接征收明确纳入保险范围，如贸易保护主义导致的或由劳工权益引起的风险纳入到风险体系。四是发挥保险在海外投资中的风险保障功能，改善企业运营效率，提高保险业的服务水平。五是弥补对外投资担保业务，担保服务在我国海外投资中还属于起步阶段，可参考别国成熟做法，设立专门担保机构提供抵御风险的保障。六是增加保险资金的投入，除国家财政外，商业保险机构也需加强合作，结合民间资本参股，共同增加保险资金存量，更好地提供海外风险规避服务。

（五）风险需要金融支持，构筑全方位的金融支持体系

根据对我国海外投资企业的调查结果，1/3 的企业对海外投资融资状态非常不满意，半数以上的受访企业迫切需要政府的融资支持。随着民营企业对外直接投资热情的高涨，金融机构提供的融资服务已经不能与之匹配，我国海外投资企业要拓宽融资渠道，可探索利用外汇储备、设立对外投资基金、注资多边金融机构等方式向海外投资企业提供外汇融资。

（六）建设政府主导，多方共建的风险规避咨询体系

首先，政府主导提供风险信息平台，企业可根据平台内容获得风险信息，政府同时支持驻外使馆或境外商会为中国企业提供风险信息服务。由商务部、国家发展改革委、外交部共建，以业务为根本，分工明确搭建中国海外公共信息平台，分国家分行业分专题具体展现海外投资现状，设置风险阈值提醒，高效引导各跨国企业规避东道国国家风险。其次，发挥各类行业协会及国际商会在风险平台建设的重要作用，商业组织往往对微观风险信息更加灵敏，可与政府宏观层面的风险信息互为补充，形成更为有

效的风险共享体系。最后，中国对外直接投资风险具有特殊性，国内专业机构评估产品较少，政府需要建立风险智库，鼓励高校、科研机构及商业机构对我国对外直接投资风险进行深入研究，形成对外投资风险防范智囊团，提高我国海外企业应对东道国风险的能力。

第十章 中国双向投资协调发展的重要意义与战略选择

IFDI 与 OFDI 作为资本跨国界流动的两种形式，二者动因的统一性可以从宏观与微观两个角度进行分析，从宏观角度来说，吸引外资或者开展对外直接投资的根本动因都是通过资本这种生产要素的跨国界乃至在全球范围内的流动，实现资本和国家其他生产要素的最佳配置和组合，最终达到产业升级、技术进步、国家竞争优势增强的目的，即在国内、国外两个市场最佳地运用资本这种生产要素以实现本国利益的最大化。从微观角度来说，企业无论是利用外资还是对外投资，都遵循资本流动的价值规律，其最终目的都是为了实现收益最大化。

IFDI 与 OFDI 对经济影响的作用机制有相同的途径也有不同的地方，不同类型的 IFDI 与 OFDI 必然存在不一致或冲突的地方，促进二者相互协调成为必要。尽管中国双向投资额已居于世界首位，但是如何从投资大国转变为投资强国成为我国急需研究和解决的重要问题。在 20 世纪 40 年代开始研究的协作失败解释了为什么有的国家顺利实现工业化，步入发达国家行列，而有的国家不但没有实现工业化，还出现持续贫困状态。Montiel（2006）指出协作失败是导致投资水平和资本回报率较差的重要原因，并以非洲为例明确论述了外资协作失败如何导致溢出效应低下的过程。本章分析了我国与投资强国之间的差距，认为缩小差距的关键在于如何通过双向投资的协调发展实现中国贸易附加值提升、产业升级和价值链攀升。

第一节 中国双向投资协调发展的重要意义

一、中国双向投资协调发展与国际贸易

投资与贸易之间的密切关系已经被学术界广泛证实，在贸易投资一体化的背景下，跨国投资往往以贸易为导向，双向投资与贸易的互补效应和替代效应并存，协调的双向投资可以正确地影响国际贸易的流向和流量。自改革开放以来，随着外商直接投资的大量流入，外资企业多为利用中国廉价劳动力进行生产，带动了中国国际贸易的蓬勃发展。中国企业不断壮大并越来越倾向于在全球范围内寻求资源进行生产，对外直接投资意愿强烈。自我国"走出去"战略实施以来，企业对外直接投资规模增长迅速，反映出我国对外直接投资潜力巨大，但对外直接投资相对于引进外资仍存在较多不足。

近年来，随着我国对外直接投资的迅猛发展，贸易条件和贸易环境却不断恶化。反倾销诉讼、技术壁垒、绿色壁垒不断对中国出口增长造成冲击，并形成世界范围内的"贸易绞杀"。中国对外直接投资的蓬勃发展与国际贸易的低迷形成了鲜明对比，究其原因不难发现，中国对外直接投资政策与引资政策往往存在冲突，并且对外投资政策与贸易规则之间也多有矛盾。

二、中国双向投资协调发展与产业升级

发展经济学和产业组织理论认为技术积累和创新是一国产业结构不断升级的根本动力，而技术积累和创新又依赖于企业技术能力的提高，不同于发达国家企业的技术创新过程，发展中国家企业通常没有很强的自主研发能力，而是需要通过跨国投资获取技术，在学习经验和组织能力不断积累的基础上逐步提高技术创新能力，因此无论引进外资还是对外投资很大程度上都是由获取技术和提高创新能力的动机驱动的。在经济开放初期，

发展中国家通过外资的技术转移和技术溢出，把外生技术能力转化为促进产业升级的内生技术能力。随着资金和国际经验的丰富，国内企业开始通过对外直接投资，主动进入发达国家市场获取更先进的技术和研发能力，同时通过向其他发展中国家的投资，输出部分成熟技术或过剩产能，促使国内产业结构进一步优化调整，随着国内市场和投资环境的完善，吸引高技术产业的外资流入并实现本土化发展。

世界投资报告多次强调跨国公司已经成为全球经济增长的重要引擎：IFDI 能给一国带来经济发展所需的先进技术和管理经验，促进东道国的经济增长；OFDI 可以调整投资国的经济结构，提升本国产业价值链地位，同样对经济发展具有重要意义。因此，IFDI 与 OFDI 的协调发展可以提高一国总体福利水平。自 1979 年以来，中国的双向投资取得了巨大成就，不仅成为吸收外商直接投资的大国，而且已经成为新兴的国际直接投资的输出大国。中国双向投资已经进入第三阶段。

中国尽管市场广阔，但是仍然由于产业结构不合理、重复生产和投资、供给结构刚性等原因在某些产业形成了生产能力过剩的局面。生产能力过剩造成企业在国内市场上拼价格，亏损经营，造成了巨大的人力、物力的浪费。在此情况下，企业为了生存并且图谋更大的发展，一个方法可以是转产或者进行产品的结构升级。但是企业无论是退出还是进入新的行业都要付出巨大的代价，而且企业原有的投资和人员由于无法充分利用会造成巨大的浪费。因此企业尤其是已经形成一定规模的企业在做这种选择时都要谨慎考虑。企业的另一种选择是放眼全球积极开拓更广阔的市场，特别是到海外投资，以延长本企业已有的技术和设备的使用寿命，用当地的资源和市场，解决本企业的生产和发展问题。

中国在改革开放前所施行的"重工业"发展战略，以及改革开放后依据中国的资源禀赋优势发展起来的劳动力密集型产业使中国的产业结构严重依赖第二产业部门特别是制造业的发展，形成主要以生产要素投入的不断增长实现经济增长的模式。虽然近年来经济学家和政府一直在强调改变经济增长模式，然而成效有限。形成中国制造业部门刚性结构的一个可能原因是随着中国资本积累速度的不断加快和要素禀赋结构的变化，资本密集型产业如钢铁、汽车制造、重型机器制造等产业在近年的经济增长中成为支柱产业。因为巨大的劳动力供给的存在（其中有很大一部分仍为低技术含量者），特别是当中国的第三产业仍然比较落后的情况下，国家必须发展劳动密集型产业，其结果是资本和资源密集型产业与劳动密集型产业共同成为国民经济的支柱产业。然而中国是一个资源相对贫乏的国家（按人均资源禀赋计算），特别是经过自 1949 年以后持续的以资源投入为主导的粗放型经济扩张后，经济增长赖以为继的资源储量已处处亮起红灯，成为国民经济持续增长的瓶颈。在中国现在的资源禀赋条件下，依赖国际市场来满足经济增长所需的能源投入是一种选择，而更为长久和可靠的选择是通过对外直接投资的方式，因而资源导向型的对外投资就成为中国政府鼓励对外投资的一个重要动机。

Moon 和 Roehl（2001）提出对外投资不平衡理论，从公司资产组合平衡的角度，论证了 OFDI 在公司竞争优势形成和产业升级发展中的意义，该理论指出，存在资产相对不平衡（如缺乏技术优势、无法形成规模经济等）的企业，可以通过 OFDI 在国外市场寻求补偿性资产，从而使其投资组合达到平衡，竞争力得到显著增强。因此，OFDI 是处于相对劣势的企业增强竞争实力的有效途径，是一国落后产业实现升级的有效途径。虽然目前较多的呼声是通过对外直接投资促进中国产业结构升级，但是对待外商直接投资仍需谨慎。

三、中国双向投资协调发展与全球价值链提升

全球价值链已经成为国际直接投资重要的研究视角，该理论认为在产品价值链条的不同环节中，只有处于价值链顶端的环节才能创造出更高的附加值。在全球化背景下，通过国际直接投资可以实现要素和资源的重新组合，不断改进价值链在全球的区位分布。因此全球价值链成为探讨国际资本流动动因的主要视角，各国资本的流出与流入都是一国在参与全球价值链分工和治理过程中利用和获取比较优势的重要途径。中国作为吸收和

输出资本的大国，双向投资的演化过程也与中国在全球价值链中地位的变化具有互为因果的内在联系。一方面，发展中国家通过大规模的吸引外资，可以实现快速融入"全球价值链"生产体系，使劳动力等要素的比较优势得以充分发挥；另一方面，本土企业通过对外直接投资，向上游高端制造业和下游服务业的扩展，实现全球价值链生产体系中国际分工水平的不断提升。借助吸引外资和对外直接投资，更积极地参与到全球价值链的利益高端，从而提高自身在国际产业链分工地位和企业国际竞争力。

第二节 中国双向投资协调发展的战略选择

我国作为跨国投资的重要母国和东道国，需要在成本与收益中争取平衡经济效益，在风险和机会中寻求发展，在流入和流出中实现结构优化。我国在参与双向投资的过程中，情况比大多数发达国家和发展中国家情况要复杂，风险更大，不可控因素更多。资本、劳动力、金融、贸易等共同作用下的市场背景，决定了双向投资在规则制定的公平和效率方面需要更加谨慎，遵循双向投资的协调发展规律，实现双向投资的帕累托最优配置。双向投资战略具有特定和丰富的内涵，目的是更好地利用国内外两种资源、两个市场，在更广阔的空间里促进经济结构调整和资源优化配置，更有效地发挥我国充裕要素资源的作用，降低对稀缺要素资源的使用成本，取得更大的经济效益，提高整个社会的福利水平，使中国成为世界经济强国。"走出去"战略事实上是根据中国的要素禀赋结构，为了维持中国庞大的制造业，实现持续中国经济长期的快速增长所作出的长远考虑。

一、权衡投资国和东道国的双重身份

改革开放 40 多年来，随着对外开放战略的不断深化，中国经济快速增长，国内企业的经营水平不断提高，中国已经从一个单纯注重引资的东道国转变成一个兼具投资母国与投资东道国双重角色的国家。因此，协调双向投资、平衡东道国与母国投资者利益，对促进中国经济和谐稳定发展具有重要意义，同时对世界范围内的资本流动有着举足轻重的影响。

与单纯的倾向于保护母国投资者或东道国利益的情况已经完全不同，双向投资的均衡发展问题需要在双边投资条约中谨慎探讨。双边投资协定（Bilateral Investment Treaty，BIT），通过商讨和谈判综合考虑中国作为东道国与中国作为母国的利益平衡。与国际贸易不同，国际投资领域始终没有一个完整的调整各方主体权利与义务的多边投资满意提议，同时也缺少一个类似 WTO 的组织。所以，双边投资条约在营造良好的投资环境、推进私人资本的流转、促进跨国投资、规范双方权利义务，为推动全球经济合作承担了责任，发挥着巨大的作用。

中国是一个兼具投资母国和投资东道国双重身份的经济大国，在拟定双向投资条约时更应该注意两者的协调与利益的均衡。在经济国际化过程中，合作和竞争、融合与摩擦、成功与失败、经验和教训相伴而行。双边投资条约最初的签订主体往往是一个输出资本的发达国家和一个急于从该国引进资本的发展中国家。因此，该协定从本质上就是发达国家保护本国的海外投资者而设立的高标准的保护要求。或者说，即使该协定原本的缔结目的是使缔约国之间能够实现劳动力、资本等要素的双向流动，因缔约双方实力上的巨大差异，这种期望往往最终沦为虚构。随着时代的演进，双边投资条约对投资者和东道国不平衡的保护标准并未得到改善，作为兼备投资母国与投资东道国双重身份的中国，研究如何在保护中国海外投资者利益的同时，维护对自身作为东道国的利益就显得尤为重要。从中国出发，研究一个兼具投资母国与东道国双重身份的国家在拟定双边投资条约时面临如何处理双向投资协调的问题，在投资模式上，面临正面清单与负面清单的选择问题等。

二、协调市场导向和政府调控的关系

自我国改革开放以来，市场的作用已成共识；市场有 5 个主要作用，分别是统一联系功能、信息引导功能、调节功能、收入分配功能、优胜劣汰功能。本章研究国际直接投资市场与中国市场的基本情况，以及对双向投资的作用机制与贡献。

本书研究的投资政策是指外资政策，既包括引资政策也包括对外直接投资政策，我国的主要外商直接投资政策有《中华人民共和国外资企业实施细则》、《外商投资产业指导目录》等；对外直接投资政策有《境外投资外汇管理办法》、《关于编制、审判境外投资项目的项目建议书和可行性研究报告的规定》、《境外投资项目审核标准暂行管理办法》。

政策的出台往往基于当下的市场情况，而市场的作用又往往印证了政策的力量。在经济"新常态"下，长期的双向投资协调不能只靠政策引导，更多的应该顺应市场机制，用市场的手段吸引和引导国际资本的流动。

随着我国经济的不断发展和对外开放的持续扩大，双向投资必定占有越来越重要的经济地位，因此对它的引导显得尤为重要。正确的双向投资引导方向应该是使中方与外方实现双赢的经济利益，而不是以零和为最优。

关于如何引导有实力的企业走出去，我国对外直接投资的原因主要有：第一，政府行为干预国内企业到国外寻求资源。第二，市场因素引导企业的投资行为。在市场需求的导向下大力引进资本和技术密集型产业，其中国际贸易就是很重要的市场风向标，利用贸易先导优势，为双向投资做好市场准备工作。

在外商直接投资方面，货币资金投资型FDI应逐渐减少，加大引进资本和技术型FDI。原因有三：第一，当前我国存在大量的闲置资金，国内并不存在资金短缺，融资困境是由结构性问题造成的，因此，充分利用国内资源是首要任务。第二，引资成本越来越高。早期由于我国资金短缺，中央政府与地方政府对外资企业在土地、信贷、税收等方面给予了较多优惠。我们往往强调外资企业在出口、科技、就业方面为中国经济发展做出了重要贡献，却很少计算利用外资的成本。潘英丽（2004）特别指出地方政府长期以来是引进外资的行为主体，然而在当前制度安排下，地方政府的行为往往是扭曲的，例如，地方政府为提升政绩，通过挤占银行信贷来吸引外资。扭曲的引资行为造成其成本越来越大，一方面，政府对外资企业的巨大优惠与外资企业的价格转移和利润汇出形成鲜明对比；另一方面，外资本币化对我国的二元经济结构具有强化作用，并进一步加大了地区间和阶层间的收入差距。第三，优化产业结构和发展技术密集型产业的需要。中国引进外商直接投资的目的不再是弥补资金缺口，更重要的是发展技术型和科技型产业，提高我国产品的核心竞争力，优化国内产业结构。综上所述，我国市场和政府共同引导的方向是促进技术投入型外商直接投资的流入，减少单纯货币投入型外商直接投资。

在对外直接投资方面，应正确定位政府职能，彻底摒除"政出多头"的现象，必须明确对外直接投资的主体不是政府而是企业，逐步对政府的审批制度进行改革，简化程序、减少不合理环节，鼓励各行业企业对外投资，提高企业的自主决策权。除特殊行业外，应提高审批程序的透明性，只要不涉及国家机密，对审批内容、审批条件、审批程序等应一一公开，使政府处于企业和民间组织的共同监督下。

政府职能应更多地定位于通过国外访问、商务洽谈、贸易促进会、领事馆交流等途径为国内企业提供信息服务和宏观指导，扭转思路，突破认识局限。

第三节　IFDI 与 OFDI 具体策略调整

一、IFDI 方面

（一）积极优化外资结构，协调区域经济发展

虽然 IFDI 对中国经济发展起到了重要的推动作用，但它也导致了中国东、中、西部地区发展不平衡，东部地区对外资依赖过重等不良后果。为此建议实施以下措施对外资结构进行优化，以促进区域经济协调发展。

首先，搭建地区间外资互动互助平台，推动地区外资联动，最大限度地发挥外资溢出效应。中国可以划分为东部、中部、东北和西部四大区域，但外资企业主要集中在珠三角、长三角和环渤海三大经济区，因此应建立以经济区为中心，中西部经济区为外围的"中心—外围联动机制"，加快信息、产业和交通的交流来推动外资从东部扩散到中西部。相对于东部，对待中西部应给予更高的外资优惠，创造和完善投资环境。针对由东部转移而来并对中西部的资源开发和利用有积极作用的企业，应放宽限制条款。另外，应建立并充分利用东中西部地区企业交流和学习的平台，使中西部的信息更好地传递给投资者。

其次，中西部地区要实现长期的经济增长需要实施"技术跟赶"战略，需要对外资企业进行技术选择，努力促进技术进步，但是中西部地区对技术的吸收能力如何关键在于科研水平和扶持力度。因此，中西部地区应增加科研投入，加大对先进技术和创新型企业的扶植，增加中西部地区科研人才的储备。在"技术跟赶"过程中，通过外资企业的产业链接、产品示范、专利技术等多个方面进行学习和获得先进科学技术和管理经验。另外，中西部地区中小企业居多，融资约束是限制其发展的又一原因，因此必须完善中小企业的金融服务体系，鼓励并引导社会资金更多地支持中小企业进行技术创新，保证科研成果在中西部地区的直接转化。

再次，构建"跨区域人才供求平台"，吸引外资人才。当前中西部地区人才匮乏，即使本地培养的人口也大量流入东部地区，从而抑制了中西部地区的经济发展。因此，中西部地区需要充分利用网络传媒技术，构建跨地人才供求平台，实现与发达地区人才的对接。中西部地区在进行人才招聘时，应解除对人口流动的行政性限制，并参考东部地区外资企业的工资水平制定激励性工资方法，以此吸引人才从东部地区回流到中西部地区。

最后，加强对知识产权的保护，优化产业外资结构和质量，制定各具特色的发展战略。由于东中西三大区域的产业发展重点各有不同，在通过利用保护知识产权促进外商直接投资流入方面具有不同的效果。东中西部地区在加强产权保护的同时，需要注意凸显地区特色，积极尝试可以调动本地优势的新途径、新措施和新方法。例如，对待敏感性高并对区域经济发展具有重要作用的高科技产业，各区域为更大限度地吸引这类外资，需要适度提高其产权保护水平，并进一步提高相关部门的执法能力，增强产权保护的服务意识，为高技术企业提供放心的生产环境，提高外商直接投资的外溢效应。

（二）统筹经济增长与环境保护，注重外资的环境效应

不同行业的外资对环境的污染程度差异性较大，我国各省份由于利用外资的情况不同，其环境污染也存在异质性，因此各省份应结合自身情况，制定有针对性的政策以促进经济和环境的和谐发展。

首先，提高跨区域环保合作意识，实现"富邻"的共赢效果。为了改善我国整体环境，需要各级政府摒弃行政垄断，杜绝各自为政，经济水平高的省份加强对周边经济落后区的交流和合作，充分发挥外资的扩散效应和示范效应。同时，推进以排污权交易为中心的跨区域环保合作，一方面可以根据污染物排放的多少计算各省份应承担的治污成本，或者上游地区直接向下游地区购买排污权，建立合理的补偿机制；另一方面各省份要共建环境监控和监管机制，对跨区域实施全方位监控的实施方案、预警工作和政策引导，并对各种突然性环境污染进行妥善和及时的处理。

其次，加强"清洁型"FDI，建立科学的政绩考核标准。在引资过程中需要调整战略，从以单纯获得资金投入为目标转移到积极参与国际化生产、促进技术进步、实现环境和经济可持续发展上来。鼓励急需发展的技术产业抓住有利时机进行"清洁型"FDI的引进；对已经出现投资过热的行业进行外资调控，防止出现低水平重复建设，造成对资源的浪费。此外，各级政府需要从根本上改变"重经济轻环境"的观念，应把可持续经济和环保成效纳入政绩考核体系中来，以绿色GDP为考核指标。

再次，提高环境管制和保护标准，加强对FDI流入的产业和区域的引导。对现存外资企业需要加强环保监控，提高其在本土的环境责任感，环境不达标的企业需严肃整改，并进行处罚。在产业引导上，需要加强对农

业和服务业的引资力度，一方面，农业外资规模长期较低，为推动农业发展，引进现代化的农业技术势在必行，结合现代消费结构习惯，大力发展养殖业及后关联产业；另一方面，金融保险、环境、水利、教育等服务行业与国际水平相去甚远，加强该行业的外资引导具有重要意义，同时优化提升传统服务业，大力发展生产型和新兴服务业，坚持培育特色服务业与骨干企业集团并举，带动中小服务业的发展。在区域引导上，东部须发挥其区位优势，吸引全球价值链中附加值和技术要求更高的外资，而中西部地区须进一步完善基础设施、对现有工业基地进行现代化改造，为高质量外资提供好的生产环境，严格审核东部高污染外资向中西部转移。

最后，加大环保执法力度，提倡循环经济。加强环境保护的宣传力度，通过教育和传媒途径传导公众环保意识，使循环经济成为大众的共识，加强对循环经济发展的规划和引导。对资源循环利用建立政策法规，鼓励循环利用和再生利用物质产品，淘汰落后生产方式和技术，支持和鼓励企业研发循环技术，引导企业以"减量化、资源化、再利用"为原则进行生产活动，形成产业循环组合，实现资源节约型经济增长。

（三）利用外资梯度转移，促进劳动力市场一体化

20世纪90年代以来，外资企业在东部沿海地区蓬勃发展，为了实施本地化战略并且满足低成本生产的要求，需要大量廉价劳动力，从而吸引了大批农村剩余劳动力向城市转移，因此外资企业成为促使农村非熟练劳动力转移到城市的重要力量。立足我国经济转型的宏观背景，优化外资必将成为中国加快剩余劳动力就业的关键力量。

首先，利用外资时必须考虑当地经济发展的实际情况。在产业结构升级的浪潮下，为了实现对发达省份的"赶超"，地方政府往往片面追求资本和技术密集型产业的发展，加快培育具有国际竞争力的产业，但其后果却造成高新产业培育失败，劳动密集型产业比较优势过早丧失，从而造成劳动力需求骤减，阻碍了农村劳动力城市化。中西部农村储备有大量的剩余劳动力，这些地区需要结合自身经济发展阶段，发挥本地劳动力禀赋优势，重点引进和承接东部沿海地区的劳动密集型产业转移，使西部地区成为我国保持劳动力比较优势的重点地区。对东部沿海地区来说，可将产业关联度低的劳动密集型产业转移到中西部地区，重点引进技术密集型外资企业，使东部地区成为我国实现经济转型和优化产业结构的重点地区。

其次，利用外资产业的梯度转移可以帮助劳动力市场实现区域发展的平衡。我国区域间劳动力市场发展极其不平衡，东部地区具有大规模的产业集聚和众多外资企业，剩余劳动力转移充分，劳动力发展比较完善；而中西部地区工业基础相对薄弱，城镇化水平低、工业化程度滞后，农村剩余劳动力转移困难，劳动力市场还处于未成熟阶段。这种不平衡将在未来很长一段时间内存在，因此利用外资产业的转移带动区域劳动力转移，进一步促进劳动力市场的发展是较好的选择路径。东部沿海地区由土地和工资等成本上升加速了劳动密集型外资产业向中西部"梯度转移"，中西部地区应主动承接"梯度转移"，通过外资企业的转移消除地区间劳动力流动性差异，最终建立全国统一规范的劳动力市场。

（四）尊重投资国文化差异，建造和谐的人文环境

人文差异长期存在于世界各国之中，而FDI的投资偏好以及分布格局很大程度上是由人文因素决定的，例如，共同语言、文化和价值观等，来自"儒家文化圈"国家的外商直接投资在中国的比重不断提高。因此，从全球角度来看，必须重视投资国与东道国之间的文化差异，努力提高营造人文的包容性，以更好地利用和吸引FDI。

首先，需要学习投资国与中国之间的文化，明确文化差异和文化冲突，有针对性地制定应对策略。对于与中国文化差异较大的国家或地区，需要充分了解对方文化，避免因文化差异造成的不必要交易冲突和额外成本；对于与中国存在中度文化差异的国家或地区，需注重识别存在差异的细节，加强文化交流；对于与中国文化差异较小的国家或地区，应为形成更好的人文共识加强交流和学习。此外，中华文化历史源远流长，在世界范围内有极高的认知度和影响力，越来越多的外国人认同中国文化，这为优良外资更多地进入中国提供了很好的基础，基于此，我国各省份需要更加重视"文化软实力"，努力进行文化建设，解放思想，营造和谐的人文

氛围，对外资企业提供更好的投资环境。

其次，中西部须提高国际化服务意识，吸引外资进行梯度转移。中东部沿海地区因为较早地享受到引资优惠政策并具有明显的区位优势等原因，吸引了较多外商直接投资，并且外国投资者往往认为投资中西部地区面临的文化差异和交易风险都比东部地区大，所以倾向于投资东部。基于此，中西部地区要重视与国际化接轨，积极利用"中部崛起"与"西部大开发"相关的优惠政策，实现电子化和国际化的审批制度，营造对接世界的交流和经营环境，提高服务意识，保障外资更顺利地融入本地化生产活动，推动内陆地区的经济发展。

最后，加快跨文化交流人才的培养和引进，提高交通运输业的效率和建设。中西部地区应加大对跨文化交流方面人才的教育投入和引进，国际化和专业化人才可以提高本地区的服务质量，更好地与投资国企业进行洽谈和沟通，建立稳定的业务关系，降低中西部地区与外资企业的文化隔阂，更好地向外资企业学习。同时，中西部地区须加强与东部沿海地区和周边国家的交通运输能力，以促进资本向西部地区转移；并利用与东亚、东南亚、中亚和北亚的地理优势发展跨境交通，更好地促进投资国与国内省份的直接沟通。

（五）完善并购法律体系，引导关键产业的进入方式

外国企业在进行投资时，具体选择绿地投资还是并购投资的进入模式，需要对市场情况和法律条款进行斟酌，跨国公司的投资进入方式往往会随东道国的法律环境和社会环境的不同而做出不同的选择。

首先，积极引导重要产业的进入方式。跨国公司进入的产业和方式的不同对东道国的影响也不同，因此东道国需要积极引导跨国公司选择对东道国有利的产业和方式进入。我国和世界其他国家一样都在政策上对IFDI产业做出了限制，如《外商投资产业指导目录》、《指导外商投资方向暂行规定》等，对并购设计的行业、申报、审查都做出了相应规定，但这些规定有很多不完善的地方，需要进一步完善和具体化。为保证国家安全和明确外资并购标准，建议在划定哪些属于战略性行业和敏感行业前

提下，在《外商直接投资产业指导目录》中明确禁止类项目和限制类项目。涉及国家经济安全的主要行业包括国民经济支柱行业、自然垄断行业、公共产品和服务领域和高新技术行业，这些行业由于竞争不激烈，行业内企业较少，在确定外商可以参与并购的行业时要严格参考行业在国家经济中的地位和作用、产业分布结构、生产力发展状况和世界经济发展动态，以免影响我国经济安全。

其次，合理限制不同行业的外资占比。对东道国来说，行业对国民经济越重要，其外资占比应该越小，即越重要行业对外资持股额限制越低，反之越高。然而对外资企业来说在并购中则希望尽可能地提高持股比例，以获得更高的利润。这种矛盾需要国家通过制定外资政策加以约束，但我国外资立法中相应规定却过于简单，只明确了外资进入的行业和范围，并没有划定外资占比，因此，我国外资立法还需要对外资进入比例和程度做出具体规定。例如，公共物品行业往往关乎国计民生，这类垄断性行业必须由国家控股；对于一般性竞争行业可以允许外商掌握少数企业的控股权，但需要防止外商企业由少数企业演变为行业垄断。对待以垄断和控制行业为目的的并购行为，管理部门应进行谨慎甄别、核查并加以限制。同时，法律应该赋予中方企业对恶意增资的否决权，当外资单方面要求"增资扩股"时，必须企业董事会全体一致通过，以避免外国投资者以这种方式避开法律。

最后，逐步形成完整的并购法律体系。目前，我国存在多部设计并购行为的法律法规，但相对比较零散，还未形成完整体系，对我国外资并购指导作用较弱。例如，《中华人民共和国公司法》、《关于企业兼并的暂行办法》、《中华人民共和国证券法》、《上市公司收购管理办法》、《中华人民共和国证券法》等，还有针对外资并购的《利用外资改组国有企业暂行规定》、《外国投资者并购境内企业的规定》，针对现实制定的《反垄断法》等，虽然弥补了一些不足，但还是具有明显的不确定性和局限性。因此，我国应加快制定企业并购法，明确企业和政府在并购中的权利和义务，对并购主体、程序、合同、财务、产权等方面进行明确的规定，以规范和约束并购行为，制造公平竞争的经济氛围，促进外资并购的健康发展。

二、OFDI方面

（一）对外直接投资产业、区位和投资方式的选择

在产业选择方面，中国大多数企业与发达国家企业相比，只有在制造业环节具有优势，其他产业都存在不同程度的劣势。因此，我国的对外直接投资应当以提高中国整体核心竞争力、优化国内产业结构、弥补中国价值链的劣势地位等为首要考虑，以中国经济的长远发展为基准，转变当前经济发展方式，选择能优化国内产业结构和提升中国在全球价值链中地位的投资领域和方向。具体来看，在该阶段应该引导对以下三类产业的对外直接投资：一是具有比较优势的产业，发挥我国在劳动力密集型制造业方面的比较优势，通过对外直接投资避开贸易壁垒，扩大全球内的市场份额，从而转移我国过剩产能，提高行业效率，进而优化国内产业结构。二是短缺资源开发产业，充分利用全球资源进行合理的优化配置，选择合适的矿种和投资区域，并鼓励民营企业参与其中。考虑中国的能源形势，石油和天然气等为我国紧缺矿产，中国境外第一个资源圈为周边陆地邻国，第二个为非洲，第三个为拉丁美洲。三是抢占新兴产业，鼓励技术寻求型企业和有实力的战略企业的对外直接投资，由于我国新兴产业处于起步阶段，但我国国内市场环境并不成熟，有些新兴产业在国内面临有效需求不足的问题，因此鼓励利用国外市场促进其快速发展。

在区位选择方面，优先选择市场环境较完善、经济互补性强、与中国政治关系友好并有强烈的合作意愿的国家和地区，尤其是发展中国家的新兴经济体。在具体选择中需要把握以下几个原则：一是就近原则，由于邻近国家的人文环境相似从而可以缩小"心理距离"，并且交通运输方便快捷、信息交流快速，更有利于建立商务联系。二是多元化原则，由于全球资源分布非常广泛，对外直接投资需要追求最优组合和配置，实现更合理的多元化投资格局。三是追赶原则，中国企业往往以自身的比较优势为后

盾和基础考虑向经济落后地区进行投资，这种保守行为必然会使企业困于国际价值链生产环节的低端，而经济发展的长期目标是获取更高级的比较优势，因此，对外直接投资应该遵循赶超原则，获取发达国家高端领域的比较优势，扭转比较劣势。四是产业匹配原则，区位选择必须与产业特点相结合，发挥企业最大潜力并彼此促进，获得更好的发展。五是控制风险原则，由于高回报往往伴随着高风险，在对新市场进行开发时，投资环境与国内存在的差异较大，投资风险可想而知，一定要做好前期的调研工作，并进行试探性投资，对东道国政治、市场、资源供求、人文环境、技术基础等做出全面而正确评估后，再正式考虑进入。

在投资方式选择方面，主要分为"绿地投资"与"跨国并购"，这两种投资方式在运行中各有优势和劣势（见表10-1）。我国企业在进行对外直接投资时要有针对性地根据东道国及项目的具体情况，把两种方式的优缺点与投资目的和东道国其他具体因素相结合，选择出最合理的投资方式。一般而言，多数发达国家的投资环境良好，一是具有稳定的政治环境、完善的法律体系，为企业提供了良好的外部环境；二是发达国家具有完善的市场经济体制，开放的金融市场，健全的经济法规；三是发达国家存在大量高质量的企业，它们具有优秀的创新团队、先进的技术和管理经验、高价值品牌甚至商品声誉。中国对发达国家进行对外直接投资，主要目的是获取先进技术和扩大市场规模，而利用跨国并购的方式对其进行对外直接投资可以直接利用企业所提供的资源、迅速获得先进技术、快速进入当地市场、降低投资风险，综合考虑，中国对发达国家进行对外直接投资通常应采用跨国并购的方式。发展中国家或地区往往经济发展程度不高，缺乏优质企业，在技术、品牌和专利方面的战略性资源较少。从中国对发展中国家或地区进行投资的目的来看，主要是将一些边际产业进行对外转移，进而扩大市场规模。相对发展中国家而言，中国掌握了比较成熟的技术，对外直接投资主要是为了利用当地的原材料、低成本劳动力、广阔的市场潜力等因素，因此，中国对发展中经济体直接投资应当以绿地投资为主。

表 10-1　绿地投资与跨国并购优缺点比较

投资方式	绿地投资	跨国并购
进入障碍	受东道国法律法规的约束少	受东道国法律法规的限制多
整合难度	小	大
价值评估	不存在企业价值评估问题	市场价值评估比较难
手续完成后的工作	没有企业遗留问题	企业遗留问题较多
政策待遇	新建企业一般可享受较多的优惠政策	难以享受东道国政策
经营能力	无法利用被投资企业已有的便利条件	可以利用被并购企业已有的技术人员、管理经验、营销渠道等
市场竞争程度	加剧市场竞争	减少市场竞争
进入市场时效的长短	需要较长时间	可迅速进入

（二）完善财税支持政策，加快金融服务改革

财税政策是政府调控经济、配置资源的重要手段，发达国家往往已经形成了一套规范化、制度化的财税支持政策体系，而我国在这方面起步较晚，为适应对外直接投资的战略需要，有必要对财税支持政策进行科学的设计和调整。一是突出政策的时效和扩大扶持领域，优先支持宏观效益明显并符合国家发展战略的项目。对于有利于国内产业升级、获取先进技术的战略性对外直接投资，政府应给予重点支持，通过财政扶持政策，积极投资国际知名品牌、先进技术、研发机构和营销网络，掌握国际产业发展的高附加值环节。同时，鼓励通过对外直接投资向国外转移过剩产能。二是充分利用财政专项资金，以产业投资基金的方式支持我国对外直接投资，如对外经济技术合作专项资金、资源能源开发类前期费用补贴资金、境外经贸合作区建设专款、非洲建设专项资金及共建"一带一路"国家和周边新兴市场的专项基金，在项目执行中，应该对大型企业与中小企业、国有企业与民营企业一视同仁。三是明确税收激励的产业和区域政策导向，避免国际重复征税问题，建议细化税收抵免法政策的制度细则，提高可操作性，在对外直接投资的税收抵免中采用"综合限额抵免法"和"分国不分项抵免法"的选择制，并采用税收绕让的方法使企业充分享受东道国的税收优惠。四是加强对外直接投资税收征管服务体系建设，建立

规范、高效的对外直接投资税收征管制度，明确企业境外所得的申报和纳税操作细则，健全和完善对外直接投资反避税机制，为我国海外投资企业提供及时全面的税收信息服务。

在促进我国对外直接投资发展过程中，还要特别注重加强金融资本和产业资本的合作，产业资本只有借助金融资本的支持，才能在国际投资市场中降低风险，做大做强，同时使金融资本获得利益分享，获取回报。一是需要加大对政策性金融机构的资金支持力度，推动国家开发银行、进出口银行、农业发展银行等支持境外投资，充分发挥政策型金融机构的优势，提供中长期低息贷款。企业还可以与政策性金融机构建立战略联盟，以股权融资的方式由金融机构先占有企业部分股权，分担企业的经营风险，当企业经营进入良性循环之后再通过资本市场将股权转让或出售。二是加强商业性金融境外投资的金融服务。鼓励国内银行创新业务，满足对外直接投资多样化的融资需求，国内银行金融创新意识和自助创新能力明显落后，业务高度类似，同质化竞争激烈，客户群相对集中，在面对我国蓬勃发展的对外直接投资过程中，需要防止流失老客户，主动改变盈利模式，针对不同的海外投资模式设置更新更实用的金融产品。鼓励中资银行跨国经营，为海外投资企业提供本地化、多元化的金融服务，通过银行及保险等金融机构的信息优势为我国企业对外直接投资提供所需信息。三是建立比较完善的海外投资保险制度。有关对外直接投资的保险制度一般是政府以财政作为理赔的后盾，并以国家名义求偿的官方保险制度，由国家指定机构或特设机构实施。海外投资保险主要包括外汇保险、战争险和财产征用险三方面。外汇保险适用于东道国实行外汇管制或限制政策导致中国投资者转账、利润汇兑或者汇回国内造成的风险；战争险针对中国对外直接投资因东道国内战、革命、暴动、战争或其他恐怖行为而遭受的风险；财产征用险是指东道国对中国投资项目实行没收、征用、国有化而导致中国投资者丧失项目的风险。我国出口信用保险公司、中国进出口银行和中国保险集团公司都设立了海外投资保险业务。四是组建专业化的政策性银行。融资难严重制约了我国对外直接投资的发展，针对这一问题，我国相继设立了中非发展基金、中法中小企业基金、中葡合作发展基金、中国—东盟投资合作基金等国家间合作基金。但机构重叠、资金分散、多头管理问题严重，建议进一步厘清对外直接投资融资服务体系，从长远打算，考虑改革现有的对外直接投资融资体制，全面整合各类银行业务、基金功能，专门负责企业全方位金融服务。

（三）为企业创造良好的国际环境

大力发展对外直接投资，实现对外直接投资科学、健康地发展，需要从全局出发，动员各种资源为我国企业创造一个良好的国际、国内和宏观、微观环境。

首先，积极推进双边投资保护协定和自由贸易区的谈判。中国已经同130多个国家签订了双边投资协定，但是中国大部分是以东道国的身份而不是投资国的身份签订的，以吸引外资为导向而对我国对外直接投资的保护较少。传统的双边和区域自由贸易区（FTA）是以降低贸易关税和提供便利化为目标的国际安排，但自贸区谈判近年来普遍增加了投资条款，自贸区平台为我国企业享受贸易和投资优惠待遇，开展进出口以及"走出去"、"引进来"提供了良好条件。因此积极参与自贸区谈判、结合我国战略需要，推动签署更多的自贸区，对于切实改善我国国际发展环境、推进我国对外直接投资健康发展具有重要意义。结合共建"一带一路"，加快打造周边自贸区平台，同时向非洲、美洲、欧洲辐射，积极参与美国主导的世界高水平跨太平洋伙伴关系（TPP）和跨大西洋贸易与投资伙伴关系协定（TTIP）的谈判，实现有利于我国和平发展的经济新格局和国际经济新秩序。

其次，实现人民币国际化与对外直接投资的战略配合。目前人民币还是强势货币，多国与我国已经实现货币互换，借助对外直接投资动力发展我国人民币业务是重要时机，人民币国际化又可以为对外直接投资更好地服务，两大战略相互支持，密切配合，将切实提升我国主权货币在国际上的话语权。随着人民币大规模地在海外循环，人民币作为国际储备货币的可能性很大，人民币的有效输出输入，既为我国对外直接投资解决资金不足的问题，还可以把人民币送入国际化的"快车道"。实现人民币国际化是我国走向经济强国的必要道路，东道国直接以人民币投资设厂，之后人民币回流中国购买建厂所需要的技术装备等生产要素，不断地扩大业务来往，自我经营循环不断展开。

（四）将公私合作模式应用到对外直接投资中来

公私合作模式（Public Private Partnership，PPP）也称为公私合作伙伴关系，是欧美发达国家广泛采用的一种现代管理模式和新理念，传统意义上指公共部门与私人部门建立起的合作关系。PPP 能够体现公平与效率兼容的状态，从国家整体利益考虑资源配置，充分实现公共福利最大化。外商在直接投资实践中也需要 PPP 理念的支持。对外直接投资 PPP 模式下政府和企业的关系可以总结为以下几点：一是政府和企业在对外直接投资中有共同的目标和利益；二是政府负有不可推卸的支持和保障责任，企业要兼顾国家的战略方向；三是政府和企业各自发挥自身优势，避免或尽可能降低对外直接投资风险。

实施 PPP 模式可以带来"1+1>2"的机制效应，具体的实现方式是：首先，政府与企业需要密切配合，积极参与到国外的 PPP 项目中。各国的 PPP 项目由于政府积极参与，具有管理规范、利润稳定、风险较低等特点，是我国参与对外直接投资的理想选择。政府要引导企业更多地关注和参与其他国家 PPP 项目的投资，在了解我国对外直接投资中政府和企业合作理念的基础上，掌握国际 PPP 项目判断、优势、操作等实务知识，并推动国有企业与民营企业的合作。我国国有企业尤其是中央企业承担了实施国家战略的责任，其可支配资金较多、抗风险能力强、技术水平高，但在境外投资项目中，往往由于与中国政府具有密切关系而备受质疑，增加了承担 PPP 项目的难度；而民营企业反应迅速、决策机制灵活并且不存在政治质疑的问题，但由于 PPP 项目的周期性长和资金投资巨大等原因使民营企业处于心有余而力不足的困境。因此，政府需要促进国有企业与民营企业的合作，发挥各自优势，共同承担 PPP 项目。此外，需要把原本不是 PPP 模式的大型投资项目变成 PPP 项目，政府可以通过政府间磋商，制定双方互利共赢的融资、建设和运营方案，引导东道主政府与我国建立互利共赢的 PPP 项目。由于我国对外直接投资的国家很大一部分是发展中国家，PPP 模式还没有被广泛了解，我国政府部门可以为相关企业的经贸高级管理人员提供援助性培训，增加 PPP 模式的授课内容，并安排我国境外 PPP 项目的高管人员与他们面对面沟通经验，建立信任基础，做好以后 PPP 合作的基础。

其次，大力推动我国境外经贸合作区的建设。引入 PPP 模式，我国的境外经贸合作区具有了新的含义。我国境外经贸合作自 2008 年启动以来，已经具有相当规模，有效地改善了以往对外直接投资企业在海外"凤毛麟角"的局面，这些合作区投资的产业以纺织业、轻工业、家电、电子、机械、建材为主，消化了部分国内转移的过剩产能。PPP 模式增加了很多配套环节，大大降低了合作区企业的运营成本，丰富了区内企业的行业，有效地延长了产业链。区内企业组建商会，团结协作，提升了中国企业与东道国相关部门的谈判成功率，提高了话语权，争取到了更多的优惠政策。今后要继续以市场为主导，更积极地发挥政府相关职能，进一步统筹规划，创新合作区的管理模式，形成规模效应。

最后，灵活有效运用外汇储备支持对外直接投资。由于汇率变动等因素，我国积累的巨额外汇储备面临的保值风险越来越大。作为我国战略性资产，外汇储备必须积极作为支持对外直接投资的强大后盾，也是预防储备贬值的重要途径。利用外汇储备支持对外直接投资需要放松个人和境外企业购汇用汇方面的各种限制，鼓励企业通过购买外汇从事对外直接投资。目前企业的购汇途径基本畅通，但由于国际宏观环境持续低迷导致本币币值不稳定，企业将承担汇率浮动的风险。因此，利用金融创新工具可以拓宽企业的融资渠道，实现企业境内外汇负债和境外投资外汇资产之间的平衡，帮助企业控制风险。另外，外汇储备还可以支持金融业的对外直接投资，通过外汇储备拆借给商业银行和政策性银行，不但使国家外汇得到充分有效的投资和利用，带来更高的收益，还可以互相监督并规范双向的行为。

（五）以"一带一路"倡议为契机推动对外直接投资的发展

传统意义上的"丝绸之路"和"海上丝绸之路"贯穿了中亚、西亚、东南亚、南亚、欧洲等50多个国家，大多数为发展中国家和新兴经济体，然而"一带一路"倡议是我国提出的开放包容性经济合作倡议，并且不搞封闭机制限制国别，所有有意愿的国家都可参与，互利共赢。从传统意义上来看，共建"一带一路"倡议国家要素禀赋差异较大，发展水平不同，与我国具有较大的互补性，是我国对外投资合作和进行产业转移的重要区域。"一带一路"倡议对我国投资主体意义重大，我国需要结合自身客观条件，规划好战略选择。

首先，以基础设施为投资合作的重点，抓住重点通道、重点节点、重点工程，加快构建网络通畅和安全高效的客货运输网络。统筹规划与沿线国家实现陆地、海洋、航空三方面的"互联互通"。积极推进亚欧大陆桥、新亚欧大陆桥建设、沿线经济走廊骨干通道的建设；积极参与海上丝绸之路重要港口和航道的建设，全面拓展合作的平台。加强各方交通的对接，统一运输协调积极，可以降低国际货物运输成本，增加收益。对我国而言，应鼓励国有企业和民营企业参与到"一带一路"基础建设中来，扩大我国企业在该区域的对外工程承包业务，扩大东南亚、南亚、西亚和中东欧市场。

其次，引导比较优势产业和过剩产能逐步向外转移。共建"一带一路"国家总体发展水平不高，基础设施较差，迫切需要发展制造业，而我国制造业存在较多过剩产能，因此，共建"一带一路"国家成为我国转移边际优势产业和过剩产能的理想目的地，国家需要增强并制定有针对性的支持政策，引导我国产业结构的转变，形成中国与沿线国家之间的互补型产业链。例如，东南亚和西亚在基础设施方面的投资旺盛，可以在其主要的交通枢纽或港口发展一批经济贸易合作区；印度尼西亚等岛屿国家，适合作为船舶制造业的转移目的地，并发展其港口经济；东盟和印度等地的矿产资源非常丰富，但限制矿产品出口，我国应发挥其在有色金属、化工和钢铁方面的比较优势，加大对该行业的投资，更好地利用当地资源；东南亚、中亚和中东欧国家原材料分布广泛，并且劳动力廉价，要鼓励国内纺织、轻工和建材等产业对其进行产能转移，发展转口和加工贸易，更方便地出口欧美，实现我国出口原产地的多样化。

最后，关注中国与共建"一带一路"国家的农业合作和能源合作。共建"一带一路"国家的农业资源丰富，与我国的产品运输距离近，农业方面的合作潜力很大，例如，东南亚的橡胶、甘蔗、油棕、稻米等方面的培育、种植和加工；中东欧地区的牛羊肉、羊绒和乳制品的生产；俄罗斯和中亚地区的大豆、稻米、小麦、玉米和棉花的种植与加工。俄罗斯、西亚和中亚地区能源丰富，适合建设大型的能源合作项目，如加强与东南亚的水电合作，建设跨境电力一体化；推动东南亚煤、铁、铬、铝等矿产资源的合作，建设资源合作区；鼓励与北非、东南亚和南海地区在石油和天然气方面的合作与开发。

第十一章　结论与未来研究方向

第一节　结论与启示

一、结论

第一，我国存在非常明显的双向投资现象，即大规模吸引外商直接投资的同时伴随着大量的对外直接投资。双向投资反映的是一国吸收国际资本来本国投资与输出本国资本到境外投资的能力和水平，是一个国家参与跨国经营和国际化发展水平的重要标志。中国已经从一个单纯注重引资的东道国转变成一个兼具投资母国与投资东道国双重角色的国家。随着经济全球化、区域经济一体化的日趋深入发展，单方面的引资策略或对外直接投资策略已经不能适应资本流动的新趋势，双向投资已经越来越成为一个国家参与国际分工和全球竞争的重要选择。

第二，美国、日本和韩国的双向投资经验各有特色，具有一定的借鉴意义，但需要根据中国国情的特殊性加以甄别和调整。以美国为代表的发达国家企业是在长时间的市场环境中不断壮大起来的，在国内经营过程中开始规模化生产，不断改进生产技术，提高生产效率，并进一步实现市场扩张。当企业在一定领域具备了有利的核心竞争力和所有权优势后，开始跨出国界开展对外直接投资和经营。在发达国家对外直接投资过程中，作为投资国享受到跨国经营的大部分利益。随着全球化趋势的进一步加深，发达国家之间相互投资日益增多。同时发展中国家尤其是新兴经济体和转型经济体的不断崛起，使得发展中国家对发达国家产生了逆向性投资。东亚的日本和韩国国土面积狭小，国内资源比较匮乏，较早地确立了以国际贸易立国的经济发展路径，通过贸易与投资的相互结合，逐渐培养了一批大的综合商社和大财团，虽然这些大的集团企业不具有国有性质，但在其壮大过程中，政府大力的支持始终伴随。日本的三井和三菱、韩国的现代和三星都属于这种大型财团，并具备大规模对外直接投资的竞争力。因此，日本和韩国的双向投资是以国际贸易为依托发展起来的。在对待双向投资流向方面，韩国比日本更为开放，日本则以对外直接投资为主，而外商直接投资较少。纵观主要发达国家的双向投资发展过程，仍以 OFDI 规模超过 IFDI 规模为主要特点，而中国长期以来是 IFDI 规模大于 OFDI 规模。

第三，中国双向投资按照发展规模可以分为五个阶段，分别是双向投资空白期、IFDI 探索期、双向投资形成期、双向投资调整期和双向投资协调转型期。在新一轮双向投资改革中，需要考虑不同合作国的具体情况，不仅要关注双向投资的规模，更应该采取措施引导不同合作国通过双向投资发挥其对中国技术进步、产业结构调整、价值链提升等方面的积极作用。以美国、日本和欧盟为代表的发达国家和以亚洲四小龙、东盟、共建"一带一路"国家为代表的发展中国家与中国的双向投资情况各有差异，需要有针对性地对双向投资加以限制和引导，而不能不加区分笼统地总结中国双向投资特点。

第四，以中国为代表的广大发展中国家在经历了长时间的经济低迷时期后，实行开放型经济政策，注重招商引资。因此，中国的双向投资是以 IFDI 为起点，在近十年来，注重开展 OFDI。我国利用外资和对外直接投资结构失衡是多年发展的结果，却在多方面存在不协调之处。例如，双向投资适度问题、返程投资问题、双向投资经营状况问题、市场和政府导向问题等。因此，在新常态的经济背景下，不应只注重引资数量和对外直接投资规模的增长，更重要的是双向投资的协调发展，使双向投资指数与发展水平相对应。

第五，本书借鉴双向贸易指数，建立双向投资指数（TI 指数）对 IDP 理论进行调整，旨在更科学地度量双向投资部分，以进一步研究双向投资与经济发展水平（人均 GDP）之间的规律。双向投资指数 TI=0 的国家，说明该国只有对外直接投资（OFDI），或者只有外商直接投资流入（IFDI）；双向投资指数 0<TI<1 的国家，说明该国既有外商直接投资流入（IFDI），也有对外直接投资（OFDI）；双向投资指数 TI=1 的国家，说明该国的 IFDI 与 OFDI 规模接近，发展较为均衡。双向投资指数越高的国家表明其双向投资程度越深，相反则双向投资程度越弱。比较全球 119 个国家 TI 指数与人均 GDP 之间的关系，发现处于 TI 指数较小的国家多数是经济起步阶段的低收入发展中国家，开放经济起步阶段，对外投资能力很弱，以吸收外商直接投资为主。TI 指数较高的国家往往是高速发展的新兴经济体或发达国家。本为预测，随着经济的发展，双向投资指数将围绕 1 上下波动，双向投资趋于均衡。

第六，新指数下 IDP 理论把双向投资地位与该国（或地区）的发展水平联系起来，改进了原始 IDP 理论难以量化的不足，使理论对现实的指导作用更明确，显著性比原始 IDP 理论更高。比较整体样本、发达国家样本和发展中国家样本，可以发现虽然三个样本都呈现二次项特征，但形状存在差异。从整体样本来看是二次项符号显著为正，早现倒 U 形；发达国家样本的二次项符号显著为负，呈现 U 形；发展中国家的二次项符号显著为正，呈现倒 U 形。这种情况验证了上文的推测：一个国家在全球化过程中，经济发展到一定程度就会发生跨国投资，但发达国家与发展中国家投资路径有所差异，发达国家在经济全球化过程中，首先进行对外直接投资，随着对外直接投资之后实现双向投资的同步与协调发展；而发展中国家参与全球化跨国投资是从吸引外商直接投资开始的，通过不断的资本积累，逐步开始实现对外直接投资，达到双向投资流入流出的均衡。

第七，中国地区双向投资发展极其不平衡，各省份投资情况参差不齐，TI 指数差异较大。中国各省份双向投资状况存在长期的差异，地区性的双向投资不均衡趋势仍未改变。新指数下的 IDP 理论虽然从人均 GDP 与 TI 之间的相关关系界定投资发展阶段，然而二者之间不一定是因果关系，双向投资与发展之间的关系犹如一个"黑箱"，为打开中国省际双向投资路径"黑箱"，须进一步研究中国双向投资动态演变的决定因素。本书建立了 8 个理论假设对 IDP 理论进行扩展，决定要素贸易开放度（TRA）、劳动力成本（LC）、环境规制（ERS）、技术水平（TEC）、人口素质（EDU）、经济结构（TER）、政府行为（MON）及金融危机（SHOCK）的计量结果与理论假设一致，具体为贸易依存度、劳动力水平、技术水平、人口素质、经济结构、金融危机系数为正，改善了双向投资指数；环境规制系数为负，显著阻碍了现阶段双向投资地位的发展。

第八，IFDI 与 OFDI 对经济有多方面的重要影响，不同类型的 IFDI 与 OFDI 往往存在不一致甚至冲突，促进二者相互协调成为必要。从战略意义上，分析了双向投资协调对国际贸易、产业升级及全球价值链提升的重要作用。为防止中国地区间双向投资差异的进一步扩大，本书提出了在宏观上重视"新常态"的经济发展背景，兼顾中国投资国与东道国的双重身份，提高市场导向与政府调控的协作效率等政策建议；在具体环节上，分别针对外商直接投资和对外直接投资提出了针对性策略调整。

二、启示

40 多年前的 IDP 理论描述了一个国家投资发展的路径，即在经济发展过程中，随着国民收入的不断提高，其双向投资（净对外直接投资）会发生有规律的变化。当前经济的货币价值与当时投资发展路径的过渡值已经发生了较大改变，对 IDP 理论进行调整和扩展研究是探索双向投资在新时期发展情况的重要起点。

通过对中国双向投资的动态演变分析，总结出无论是对发达国家还是发展中国家，都表现出对外直接投资赶超外商直接投资的状态，但具体到某个国家时，需要进行区别对待，必须根据我国国情和发展需要引导双向投资流向。

双向投资事实上是利用国内国外两个市场、两种资源，形成国际化的生产体系，需要协调发展，不可偏废。协调发展的双向投资对中国国际贸易、产业优化升级、全球价值链的提升具有重要作用。在中国"走出去"浪潮的推动下，需要 IFDI 来均衡并防止产业空心化，而通过 OFDI 促使国内相关产业和配套服务的提高，吸引更多的优质 IFDI，形成良性循环。中国随着生产力不断发展，全球化已是大势所趋，双向投资实现了资本的跨国流动，促进了资源配置和产业结构的优化，实现利润最大化的目标。鼓励双向投资的协调发展，要兼顾投资国和东道国的双重身份，作为投资国，可以把不适合在国内生产的产业转移出去，既开展对外直接投资；作为东道国，要善于引进外商直接投资，利用其高新技术、优秀人才和成熟的管理经验等发展本国经济。

第二节 不足与未来研究方向

一、研究不足之处

第一，由于外商直接投资与对外直接投资的数据有限，我们更多地使用了宏观数据，如历年《中国统计年鉴》、UCATAD 数据库等，欠缺对微观数据的验证。

第二，忽略了 IFDI 与 OFDI 之间的相互关系。传统 IDP 理论与调整后的 IDP 理论都把解释变量设置为一个双向投资指数（净对外直接投资额与 TI 指数），虽然这样便于把 IFDI 与 OFDI 放在同一框架下研究，但隔断了 IFDI 与 OFDI 之间的内在关系。

第三，缺乏数理推理模型。主要通过文献研究和理论假说，通过计量方法进行验证，没有建立更严谨的数学推理模型。

第四，忽略了国际环境对一国双向投资地位的影响。从综合一国具有的东道国和投资国双重身份出发，研究国内因素对双向投资地位的影响，而忽略了外界国际环境的多端变化。

二、未来研究方向

第一，通过应用微观数据库，研究企业的双向投资发展过程，使 IDP 理论微观化，并把微观的研究结论与宏观相比较，总结出相同点和差异性，明确宏观政策与微观行为之间的矛盾。

第二，研究外资流入与流出之间的作用机制，关注一国外商直接投资对该国对外直接投资能力的作用，重点探究其深层次的变化规律。对正在实施发展战略的国家进行全面的对比研究，注重理论与实际相结合，为进一步揭示双向投资的内在关系提供证据，为协调发展双向投资互动机制提供有效的政策方针。

第三，尝试建立数学动态模型，在规范的理论推导中模拟出双向投资发展规律及决定因素的影响机制，更科学严谨地完善双向投资理论。

第四，把握全球资本国际流动新动向，不但关注本国双向投资的总体变化，更要注重中国与具体国家进行的双向投资，即双边投资。在未来的研究中，将进一步从国别角度，分析汇率、制度、政治风险、产权保护与腐败、金融发展水平等因素如何影响双边投资或多边投资，并从国家间开放战略博弈角度重新制定最有利于本国发展的开放战略。

参考文献

［1］ Barro R J, Sala-i-Martin X. Convergence ［J］. Journal of Political Economy, 1992, 100 (2)：223-251.

［2］ Bitzer J, Görg H. The Impact of FDI on Industry Performance ［R］. Research Paper, 2005.

［3］ Blonigen B A, Ellis C J, Fausten D. Industrial Groupings and Foreign Direct Investment ［J］. Journal of International Economics, 2005, 65 (1)：75-91.

［4］ Bloom D E, Sachs J D, Collier P, et al. Geography, Demography, and Economic Growth in Africa ［J］. Brookings Papers on Economic Activity, 1998 (2)：207-295.

［5］ Bornstein E, Gregorio J D, Lee J W. How does Foreign Direct Investment Affect Economic Growth? ［J］. Journal of International Economics, 1998 (1).

［6］ Buckley P J, Castro F B. The Investment Development Path：The Case of Portugal ［J］. Transnational Corporations, 1998 (7)：1-16.

［7］ Buckley P J, Devinney T M, Louviere J J. Do Managers Behave the Way Theory Suggests? A Choice-Theoretic Examination of Foreign Direct Investment Location Decision-Making ［J］. Journal of International Business Studies, 2007 (38)：1069-1094.

［8］Buckley P J, Casson M. The Future of the Multinational Enterprise ［M］. London: MacMillan, 1976.

［9］Chenery H B, Strout A M. Foreign Assistance and Economic Development ［J］. American Economic Review, 1966 (56): 679-733.

［10］Deng P. Investing for Strategic Resources and Its Rationale: The Case of Outward FDI from Chinese Companies ［J］. Business Borizons, 2007, 50 (1): 71-81.

［11］Dunning J H. Explaining International Production ［M］. Unwin Hyman, 1988.

［12］Dunning J H. Multinationals, Technology, and Competitiveness ［M］. Unwin Hyman, 1988.

［13］Dunning J H. The Eclectic (OLI) Paradigm of International Production: Past, Present and Future ［J］. International Journal of the Economics of Business, 2001, 8 (2): 173-190.

［14］Dunning J H. The Eclectic Paradigm of International Production: A Restatement and Some Possible Extensions ［J］. Journal of International Business Studies, 1988, 19 (1): 1-31.

［15］Dunning J H. Explaining Changing Patterns of International Production: In Defense of the Eclectic Theory ［J］. Oxford Bulletin of Economics and Statistics, 1979, 41 (4): 269-295.

［16］Dunning J H, Narula R, Hoesel R V. Explaining the "New" Wave of Outward FDI from Developing Countries: The Case of Taiwan and Korea ［R］. MERIT, Maastricht Economic Research Institute on Innovation and Technology, 1996.

［17］Dunning J H. The Theory of Transnational Corporations ［M］. Routledge, 1993.

［18］Goldfarb A, Tucker C. Digital Economics ［M］. Journal of Economic Literature, 2019, 57 (1): 3-43.

［19］Harrold P, Lall R. China: Reform and Development in 1992–1993 ［R］. World Bank–Discussion Papers, 1993.

［20］He W, Lyles M A. China's Outward Foreign Direct Investment ［J］. Business Horizons, 2008, 51 (6): 485–491.

［21］Higgins M, Williamson J G. Age Structure Dynamics in Asia and Dependence on Foreign Capital ［J］. Population and Development Review, 1997 (1): 261–293.

［22］Hymer Stephen H. The International Operation of National Firms: A Study of Direct Foreign Investment ［M］. Cambridge Mass: The MIT Press, 1976.

［23］Jakobsen J. Old Problems Remain, New Ones Crop up: Political Risk in the 21st Century ［J］. Business Horizons, 2010, 53 (5): 481–490.

［24］Kojima K. Japanese–Style Direct Foreign Investment ［J］. Japanese Economic Studies, 1985, 14 (3).

［25］Kojima K. Direct Foreign Investment: A Japanese Model of Multi–national Business Operations ［M］. Routledge, 2010.

［26］Kornai J. The Socialist System: The Political Economy of Communism ［M］. Princeton University Press, 1992.

［27］Krishnan–Kutty G. The Political Economy of Underdevelopment in India ［M］. Northern Book Centre, 1999.

［28］Lankes H P, Venables A J. Foreign Direct Investment in Economic Transition: The Changing Pattern of Investments ［J］. Economics of Transition, 1996 (1).

［29］Liu Yang, Lio Waichon. Power Option Pricing Problem of Uncertain Exponential Ornstein – Uhlenbeck Model ［J］. Chaos, Solitons and Fractals, 2024 (178): 114–293.

［30］Lucas Jr R E. Supply – Side Economics: An Analytical Review ［J］. Oxford Economic Papers, 1990, 42 (2): 293–316.

［31］Luo L, Luo Y, Liu C. Multilevel Determinants of Subsequent FDI in

China [J]. Thunderbird International Business Review, 2008, 50 (2): 105-120.

[32] MacDougall D S. The Dollar Problem: A Reappraisal [J]. Princeton Essays in International Finance, 1960 (34): 33-35.

[33] Montiel P. Obstacles to Investment in Africa: Explaining the Lucas Paradox [R]. IMF Working Paper, 2006.

[34] Moon H C, Roehl T W. Unconventional Foreign Direct Investment and the Imbalance Theory [J]. International Business Review, 2001, 10 (2): 197-215.

[35] Narula R. Multinational Investment and Economic Structure: Globalization and Competitiveness [M]. Routledge, 1996.

[36] Nicolas F. Chinese Direct Investment in Europe: Facts and fallacies [M]. London: Chatham House, 2009.

[37] Ning L, Guo R, Chen K. Does FDI Bring Knowledge Externalities for Host Country Firms to Develop Complex Technologies? The Catalytic Role of Overseas Returnee Clustering Structures [J]. Research Policy, 2023, 52 (6): 104-767.

[38] Noor Bakhsh F, Palomi A, Youssef A. Human Capital and FDI Inflows to Developing Countries: New Empirical Evidence [J]. World Development, 2001, 29 (9): 1593-1610.

[39] Ozawa T. The New Economic Nationalism and the "Japanese Disease": The Conundrum of Managed Economic Growth [J]. Journal of Economic Issues, 1996, 30 (2): 483-491.

[40] Pan A, Zhang W, Zhong Z. How Does FDI Affect Cities' Low-Carbon Innovation? The Moderation Effect of Smart City Development [J]. Emerging Markets Finance and Trade, 2023, 59 (4): 1247-1261.

[41] Porter M E. The Competitive Advantage of Notions [J]. Harvard Business Review, 1990 (73): 91.

[42] Potter S J, Reddaway W B, Taylor C T, et al. Effects of U. K. Direct

Investment Overseas：［M］. Cambridge U. P. 1968.

［43］ Qamruzzaman M. Effects of Financial Development, FDI and Good Governance on Environmental Degradation in the Arab Nation：Dose Technological Innovation Matters? ［J］. Frontiers in Environmental Science, 2023 (11)：1094976.

［44］ Srivastava H S. An Investigation of Risk and Return in Forward Foreign Exchange ［J］. Journal of International Money and Finance, 1984 (1) .

［45］ Swenson D L. The Impact of U. S. Tax Reform on Foreign Direct Investment in the United States ［J］. Journal of Public Economics, 1994, 54 (2)：243-266.

［46］ Vernon R. International Investment and International Trade in the Product Cycle ［M］. Academic Press, 1996.

［47］ Wilkins M. The Maturing of Multinational Enterprise：American Business abroad from 1914 to 1970 ［M］. Harvard University Press, 1974.

［48］ Xiao W. Can Indeterminacy Resolve the Cross-Country Correlation Puzzle? ［J］. Journal of Economic Dynamics and Control, 2004, 28 (12)：2341-2366.

［49］ Yan Y. The Chinese Path to Individualization ［J］. The British Journal of Sociology, 2010, 61 (3)：489-512.

［50］ Żmuda M. The Determinants of Chinese Outward Foreign Direct Investment to Developing Countries ［J］. Prace Naukowe Uniwersytetu Ekonomicznego, 2012 (256)：86-97.

［51］ 曹书维. 数字经济发展对中国双向 FDI 基本动机的影响研究 ［D］. 吉林大学, 2022.

［52］ 曹知修. 政府激励与我国双向跨国投资 ［D］. 南开大学, 2012.

［53］ 陈洪，王运良，刘崇书. 投资便利化对中国 OFDI 的影响——基于企业性质的异质性研究 ［J］. 新金融, 2022 (6)：30-37.

［54］ 陈继勇，盛杨怿. 外商直接投资的知识溢出与中国区域经济增

长［J］.经济研究，2008，43（12）：39-49.

　　［55］陈建勋，翟春晓.投资发展周期：新兴市场国家的检验与拓展［J］.财贸经济，2015（2）：87-96.

　　［56］陈俊聪，黄繁华.对外直接投资与贸易结构优化［J］.国际贸易问题，2014（3）：113-122.

　　［57］陈漓高，黄武俊.投资发展路径（IDP）：阶段检验和国际比较研究［J］.世界经济研究，2009（9）：51-56.

　　［58］陈伟光，王燕.全球投资治理下的国际投资协定多边谈判与中国对策［J］.天津社会科学，2017（3）：99-104.

　　［59］陈炜煜，顾煜.产业结构调整的原则与思路［J］.广西经济，1999（4）：2.

　　［60］陈兆源，杨挺，程润.2023年中国对外直接投资趋势展望［J］.国际经济合作，2023，422（2）：48-59+92.

　　［61］程伟东，毛良伟.外商在华直接投资对中国的正面作用［J］.现代商业，2016（22）：134-135.

　　［62］代迪尔.产业转移、环境规制与碳排放［D］.湖南大学，2013.

　　［63］董雪兵，朱西湖，周伟，等.重视风险防控和安全保障 为"一带一路"建设护航［J］.紫光阁，2017（5）：40-42.

　　［64］窦菲菲.经济新常态下我国双向直接投资发展［J］.财经科学，2015（2）：1-12.

　　［65］范建红，闫乐，王冰.数字经济对双向FDI的影响——基于省级面板数据的实证分析［J］.投资研究，2022，41（9）：91-105.

　　［66］冯慧莹.制度质量影响外国直接投资流入的实证分析［D］.山东大学，2019.

　　［67］冯伟.经济增长中的本土市场规模、对外贸易与制度差异：理论与实证［J］.制度经济学研究，2011（4）：148-164.

　　［68］高建刚."互联网+"驱动我国产业高质量发展的路径与对策

研究［M］. 北京：经济管理出版社，2024.

［69］高敏雪，李颖俊. 对外直接投资发展阶段的实证分析——国际经验与中国现状的探讨［J］. 管理世界，2004（1）：55-61.

［70］龚梦琪，刘海云. 中国工业行业双向 FDI 的环境效应研究［J］. 中国人口·资源与环境，2018，28（3）：128-138.

［71］顾雪松，韩立岩，周伊敏. 产业结构差异与对外直接投资的出口效应——"中国—东道国"视角的理论与实证［J］. 经济研究，2016，51（4）：102-115.

［72］管豪. 基于国内需求的我国对外直接投资［D］. 湘潭大学，2006.

［73］郭春丽，相伟. 以产业结构升级促进消费结构升级［J］. 宏观经济管理，2013（8）：15-17.

［74］郭凯，任儒. 我国出口商品结构影响因素及优化建议研究——基于 1995-2017 年季度数据［J］. 东岳论丛，2018，39（5）：148-157.

［75］韩立岩，顾雪松. 中国对外直接投资是过度还是不足？——基于制度视角与跨国面板数据的实证研究［J］. 中国软科学，2013（10）：21-34.

［76］韩亚峰. "一带一路"倡议下中国双向投资与对外贸易增长的协调关系研究［J］. 宏观经济研究，2018（8）：52-59+74.

［77］何玉琼. 长江上游地区环境规制对外商直接投资的影响研究［D］. 四川农业大学，2022.

［78］胡方，连东伟，徐芸. 外国直接投资对中国出门贸易结构的影响［J］. 国际商务（对外经济贸易大学学报），2013（1）：19-27.

［79］胡钧. 正确认识政府作用和市场作用的关系［J］. 政治经济学评论，2014（3）.

［80］胡雅蓓，陈群，徐锋. RCEP 背景下江苏自贸区数字贸易发展机遇与推进策略［J］. 对外经贸实务，2021（5）：19-22.

［81］胡昭玲，张玉. 制度质量改进能否提升价值链分工地位？［J］.

世界经济研究，2015（8）．

［82］黄凌云，刘冬冬，谢会强．对外投资和引进外资的双向协调发展研究［J］．中国工业经济，2018（3）：80-97．

［83］黄宗智．中国发展经验的理论与实用含义——非正规经济实践［J］．开放时代，2010（10）．

［84］吉小雨．美国对外直接投资的利益保护——从双边协定到海外私人投资公司［J］．世界经济与政治论坛，2011（2）：57-68．

［85］贾妮莎，韩永辉，邹建华．中国双向FDI的产业结构升级效应：理论机制与实证检验［J］．国际贸易问题，2014（11）．

［86］江小涓．吸引外资、对外投资和中国的全面小康目标［J］．国际贸易问题，2004（1）：14-17．

［87］江小涓．中国对外开放进入新阶段：更均衡合理地融入全球经济［J］．中国工商管理研究，2006（8）：29-33．

［88］姜宝，邢晓丹，李剑．"走出去"战略下中国对欧盟逆向投资的贸易效应研究——基于FGLS和PCSE修正的面板数据模型［J］．国际贸易问题，2015（9）：167-176．

［89］姜巍，傅玉玢．中国双向FDI的进出口贸易效应：影响机制与实证检验［J］．国际经贸探索，2014，30（6）：13．

［90］姜真林．战略性对外直接投资：发展中大国的一种选择［J］．江苏科技大学学报（社会科学版），2009，9（2）：62-65．

［91］蒋冠宏．制度差异、文化距离与中国企业对外直接投资风险［J］．世界经济研究，2015（8）：37-47．

［92］李逢春．对外直接投资的母国产业升级效应——来自中国省际面板的实证研究［J］．国际贸易问题，2012（6）：124-134．

［93］李洪英．中国对外投资与外商投资结构协整分析［J］．国际贸易问题，2015（8）：104-111．

［94］李一文．我国海外投资风险预警研究［J］．管理世界，2016（9）：21-36．

［95］连增，孙艺华．中国对外直接投资与非洲东道国出口贸易结构升级［J］．北京社会科学，2022（12）：80-91．

［96］梁军，谢康．中国"双向投资"的结构：阶段检验与发展趋势［J］．世界经济研究，2008（1）：3-9．

［97］梁少锋．新形势下中国对外直接投资与国内需求关系研究——基于PVAR模型的实证分析［J］．武汉金融，2017（8）：29-34．

［98］刘爱兰，王智烜，黄梅波．新常态下中国对非洲出口贸易商品结构的影响因素研究——基于非正规经济的视角［J］．国际贸易问题，2016（2）：122-133．

［99］刘海云，龚梦琪．环境规制与外商直接投资对碳排放的影响［J］．城市问题，2017（7）：67-73．

［100］刘明霞．我国对外直接投资的逆向技术溢出效应——基于省际面板数据的实证分析［J］．国际商务（对外经济贸易大学学报），2009（4）：61-67．

［101］刘树林，王义源，王征．金融发展与出口结构优化——基于金融效率的实证分析［J］．国际贸易问题，2017（7）：142-151．

［102］刘炜珊，付江．逆全球化的动因及我国的应对［J］．中国外资，2022（23）：55-58．

［103］刘洋．数字技术应用对中国制造业企业产能利用率的影响研究［M］．北京：经济管理出版社，2024．

［104］刘永辉，赵晓晖．中东欧投资便利化及其对中国对外直接投资的影响［J］．数量经济技术经济研究，2021（1）：83-97．

［105］刘振林．东道国（地区）数字经济发展对中国对外直接投资的影响研究［J］．当代财经，2023（4）：118-130．

［106］刘主光．新发展格局下RCEP对广西外贸发展的影响及应对策略研究［J］．广西社会科学，2022（1）．

［107］卢汉林．引进外资的理论分析与实践比较［J］．武汉大学学报（人文社会科学版），1998（2）：29-35．

［108］罗伟，葛顺奇．跨国公司进入与中国的自主研发：来自制造业企业的证据［J］．世界经济，2015，38（12）：29-53.

［109］马霞，李荣林．"一带一路"建设与中南双向投资［J］．太平洋学报，2016，24（2）：93-97.

［110］马霞，李荣林．中国与发展中国家（地区）双向投资：趋势及战略选择［J］．国际经济合作，2015（4）：27-32.

［111］孟秀惠，张宏．开放条件下中国自主创新能力的提升——IFDI与OFDI的双重影响［J］．山东财政学院学报，2011（2）：83-86.

［112］牟亚静．双向直接投资对我国制造业价值链升级的影响研究［D］．江苏海洋大学，2022.

［113］潘英丽．人民币汇率内在不稳定性：结构与制度的原因［J］．国际经济评论，2004（1）：43-45.

［114］庞玉红，关安柏．逆全球化思潮的挑战与应对［J］．哈尔滨师范大学社会科学报，2022，13（6）：42-47.

［115］彭继增，邓千千．金融集聚、OFDI逆向技术溢出与产业结构升级［J］．武汉金融，2020（2）：50-57+76.

［116］钱彤斐．中国对外直接投资发展阶段检验及影响因素分析［D］．江苏海洋大学，2022.

［117］任义才．扩大有效需求：我国经济增长的长期政策取向［J］．贵州财经学院学报，1999（2）：1-8.

［118］上官绪明．FDI、经济增长与环境污染——基于SVAR模型的实证分析［J］．生态经济，2014，30（10）：46-49.

［119］沈桂龙，于蕾．外商直接投资对我国经济发展的负面影响及对策思考［J］．世界经济研究，2005（11）：6-12.

［120］盛斌，吕越，Lin Hong．外国直接投资对中国环境的影响——来自工业行业面板数据的实证研究［J］．中国社会科学，2012（5）．

［121］宋勇超，张佳讯，周广亮．新发展格局下FDI质量对扩大内需的影响［J］．企业经济，2022，41（9）：39-50.

[122] 孙华平，陈丽珍，陈海宁．FDI 与 OFDI 的互动机制及其就业效应——基于省际面板数据的实证分析［C］//国际投资论坛——中国跨国公司的成长与培育：理论、环境与模式会议．中国世界经济学会，对外经济贸易大学，2012．

[123] 覃淙治，石翠凡．逆全球化背景下构建国内经济大循环的战略意义和实现路径［J］．广西经济，2022，40（5）：50-53．

[124] 唐坚，刘文川．逆全球化浪潮与中国的开放之路——基于世界贸易平衡视角［J］．经济问题探索，2019（12）：135-145．

[125] 唐晓彬，董曼茹，乔天立．中国资本市场资产价格波动的动态关联性检验［J］．统计与信息论坛，2020，35（1）：53-63．

[126] 特日格乐．中小型制造企业数字化转型能力影响因素研究［D］．北京建筑大学，2022．

[127] 田素华，杨烨超．FDI 进入中国区位变动的决定因素：基于 D-G 模型的经验研究［J］．世界经济，2012（11）：59-87．

[128] 万丽娟，彭小兵，李敬．中国对外直接投资宏观绩效的实证［J］．重庆大学学报（自然科学版），2007，30（5）：143-149．

[129] 万志宏，王晨．中国对外直接投资与跨国公司国际化［J］．南开学报（哲学社会科学版），2020（3）：67-77．

[130] 汪晓文，张辉．"一带一路"倡议下青海省出口贸易结构实证研究［J］．青海社会科学，2020（3）：89-95．

[131] 王博．风险与外商直接投资——建立在美国数据基础上的实证研究（英文）［J］．中国外资，2014，307（4）：4-8．

[132] 王凤彬，杨阳．构建两栖型跨国企业的 FDI 模式——以联想集团国际化为例［J］．财贸经济，2010（9）：6．

[133] 王晶晶，黄繁华．FDI 结构性转变是否促进经济增长［J］．南方经济，2013（12）：1-12．

[134] 王培志，刘雯雯．中国出口贸易结构变迁及影响因素分析——基于技术附加值的视角［J］．宏观经济研究，2014（10）：52-

60+146.

[135] 王鑫. 制度视角下提高中国双向 FDI 创新效应研究 [J]. 中国经贸导刊, 2018 (20)：2.

[136] 王叙果, 倪志伟, 刘军. 外商直接投资下的外债风险及控制研究 [J]. 财政研究, 2010, 332 (10)：58-63.

[137] 王志民. 新型工业化道路与中华民族的伟大复兴 [J]. 国际商务 (对外经济贸易大学学报), 2003 (1)：4.

[138] 王志鹏, 李子奈. 中国 FDI、出口及经济增长间的因果关系研究 [C]. 21 世纪数量经济学 (第 4 卷), 2003.

[139] 王竹君, 魏婕, 任保平. 异质型环境规制背景下双向 FDI 对绿色经济效率的影响 [J]. 财贸研究, 2020, 31 (3)：1-16.

[140] 魏静. 外商直接投资风险防控对策研究 [D]. 山东大学, 2017.

[141] 吴刚, 黄节裕. 试论引进外资的适度规模 [J]. 浙江社会科学, 1995 (2)：41-44.

[142] 吴先明. 中国企业对发达国家的逆向投资：创造性资产的分析视角 [J]. 经济理论与经济管理, 2007 (9)：52-57.

[143] 吴晓涵. 外商直接投资对我国产业结构升级的影响研究 [D]. 安徽财经大学, 2022.

[144] 邢厚媛. "引进来" 与 "走出去" 应相互融合 [J]. 经济研究参考, 2008 (24)：35-35.

[145] 徐坚. 逆全球化风潮与全球化的转型发展 [J]. 国际问题研究, 2017 (3)：1-15.

[146] 徐雨欣, 苏明, 陈佶玲. 外商直接投资拉动了我国的消费需求吗?——基于全国 30 个省份面板数据的实证分析 [J]. 现代金融, 2022 (12)：17-22.

[147] 许创颖, 于开贺. 粤港澳大湾区与 "一带一路" 沿线国家双向投资对经贸发展的作用机制分析 [J]. 商业经济研究, 2021 (10)：148-151.

［148］许士密．"逆全球化"的生成逻辑与治理策略［J］．探索，2021（2）：74-87.

［149］阎大颖，洪俊杰，任兵．中国企业对外直接投资的决定因素：基于制度视角的经验分析［J］．南开管理评论，2009，12（6）：135-142.

［150］杨宏力．巩固与完善农村基本制度研究［M］．北京：经济科学出版社，2023.

［151］杨建清．对外直接投资的区域差异及决定因素研究［J］．管理世界，2015（5）：172-173.

［152］杨娇辉，王伟，谭娜．破解中国对外直接投资区位分布的"制度风险偏好"之谜［J］．世界经济，2016（11）：3-27.

［153］杨柳勇，金戈．利用外商直接投资的经济主权风险监测与控制［J］．浙江大学学报（人文社会科学版），2002（4）：139-146.

［154］杨涛．环境规制对中国FDI影响的实证分析［J］．世界经济研究，2003（5）：65-68.

［155］杨挺，卢进勇．投资促进在FDI中的作用——基于中国的实证研究［J］．国际贸易问题，2011（1）：110-117.

［156］杨先明，赵果庆．基于技术创新能力的国际直接投资阶段论及对中国的验证［J］．世界经济研究，2007（3）：55-62.

［157］杨校美．吸引外资能促进对外投资吗——基于新兴经济体的面板数据分析［J］．南方经济，2015（8）：63-76.

［158］杨晔．外商在华直接投资区位选择的实证研究［J］．科技管理研究，2007，27（1）：248-251.

［159］杨志学．我国企业FDI的区位选择［J］．中国外资，2004（5）：10-11.

［160］杨智淇．数字经济对外商直接投资的影响机制研究［J］．中国商论，2022（20）：37-39.

［161］尹华，邓宇瑶．"一带一路"建设对中国机电行业出口产品

质量影响效应——基于全球价值链视角［J］.价格月刊，2021（11）：47-53.

［162］尹音频，高瑜."走出去"：税收激励与制度优化［J］.国际税收，2009（3）：38-41.

［163］张宝友，朱卫平，孟丽君.物流产业 FDI 风险的形成机理、测度与产业政策［J］.山西财经大学学报，2012，34（8）：79-87.

［164］张棣.我国外资适度规模的测算基于"双缺口模型"的实证研究［J］.国际贸易问题，2007（3）：67-71.

［165］张金杰.中国海外并购趋势［J］.中国金融，2014（7）：60-61.

［166］张俊彦，贾玉成，张诚."逆全球化"是否冲击了中国对外直接投资［J］.贵州财经大学学报，2021（4）：44-54.

［167］张洛民，王增涛.中国吸引外资与对外投资的比较分析［J］.经济问题，2009（12）：28-30.

［168］张菀洺，代伟.中国特色数字经济治理体系构建［J］.社会科学战线，2023（4）：250-254.

［169］张微微，王媛.数字经济发展能否促进双向直接投资？［J］.金融与经济，2022（10）：79-91.

［170］张亦凡.云南省引进 FDI 挤出效应和产业结构风险分析及其对策建议［J］.时代金融，2008，376（9）：39-40.

［171］张志新，张琳琛，刘欣.外资流入、人力资本与我国出口贸易结构分析［J］.商业研究，2017（8）：55-63.

［172］张宗斌，朱燕.中国关于国际投资重要论述的理论逻辑与现实路径［J］.山东师范大学学报（社会科学版），2020（6）：70-82.

［173］赵琳瑞.制造企业数字化转型对技术创新能力的影响研究［D］.哈尔滨理工大学，2022.

［174］赵明亮.国际投资风险因素是否影响中国在"一带一路"国家的 OFDI——基于扩展投资引力模型的实证检验［J］.国际经贸探索，

2017，33（2）：29-43.

［175］赵奇伟．东道国制度安排、市场分割与 FDI 溢出效应：来自中国的证据［J］．经济学（季刊），2009，8（3）：891-924.

［176］仲鑫，马光明．金融危机对近期中国对外直接投资的影响［J］．国际贸易，2009（7）：56-59.

［177］周杰琦，张莹．外商直接投资、经济集聚与绿色经济效率——理论分析与中国经验［J］．国际经贸探索，2021，37（1）：66-82.

［178］周璐璐．中国数字经济发展对吸引外商直接投资的影响研究［D］．河北经贸大学，2021.

［179］朱金生．我国对外直接投资的理论基础与现实意义［J］．武汉汽车工业大学学报，2000（1）：77-81.

［180］朱念，谷玉，庞子冰．"一带一路"沿线国家投资便利化水平对中国对外直接投资的影响研究［J］．区域经济评论，2022，60（6）：140-147.

［181］郑磊．中国对东盟直接投资研究［D］．东北财经大学，2011.